Marseille, une ville impossible

Documents Payot

Jean Viard

Marseille, une ville impossible

DU MÊME AUTEUR :

La Campagne inventée (écrit avec Michel MARIÉ), Actes Sud, 1977.
La Dérive des territoires, Actes Sud, 1981.
Penser les vacances, Actes Sud, 1984.
Le Tiers-Espace, Méridiens Klincksieck, 1990.
La France de demain vue par les lycéens d'aujourd'hui (en collaboration avec Sonja BOUÉ), Éditions de l'Aube, 1993.
La Société d'archipel ou les territoires du village global, Éditions de l'Aube, 1994.

Direction d'ouvrages :

Morceaux en forme de poire. Essai et commentaire sur la décentralisation, Actes Sud, 1983.
Le Temps des cerises. Sur le mythe révolutionnaire, Actes Sud, 1985.
Nous, Je, Actes Sud, 1984.
Marseille ou le présent incertain, Actes Sud, 1985.
Avignon, une double identité, Autrement, 1990.

À mes parents, qui m'ont fait découvrir Marseille.

Remerciements

Ce livre ne serait pas ce qu'il est sans le travail attentif de Sonja Boué, qui a accompagné jour après jour sa conception, et sans les relectures critiques d'Olivier Amiel, Paul Chemetov, Marion Hennebert et Bernard Morel. Qu'ils en soient remerciés, tout comme le Centre national de la recherche scientifique, qui me permet depuis près de vingt ans de poursuivre mes travaux.

Introduction

Je ne fais d'effort ni pour qu'on m'aime ni pour qu'on me suive. J'écris pour que chacun fasse son compte.

Jean Giono

« Il était une fois Marseille, cité phocéenne vieille de plus de 2600 ans. » Comment commencer autrement un livre sur une ville si ancienne et où tant d'hommes sont passés ? Le poids de ce temps accumulé et celui des récits de tous ses passants sont plus lourds que l'œuvre des hommes qui, aujourd'hui, habitent la ville. Eux sont moins d'un million et, même si leurs paroles sont pléthoriques, ils ne s'adressent le plus souvent qu'à eux-mêmes, tant il est vrai que le destin de leur ville leur a en partie échappé, surtout depuis que le voile du deuil colonial recouvre la cité.

En cette fin de siècle, on ne passe plus par Marseille, ou si peu. La cité est lourde d'un silence retrouvé, l'assèchement d'une remue d'hommes gigantesque, entamée vers 1860, se jouant du face à face Nord-Sud qui crée en Méditerranée une frontière épaisse. La ville paraît ainsi se réveiller comme une station touristique aux premiers jours de septembre : trop grande pour ceux qui y demeurent, trop chargée de tous ces discours de passage qui l'ont comme réduite à n'être qu'un immense cours qui, des docks à la gare Saint-Charles, était l'apanage de tous ces errants en transit. Et sans oublier les derniers îlots de l'Empire, qui achèvent de fournir la ville en hommes. La vague des Algériens « touristes » des années quatre-vingt, quant à elle, n'est plus guère qu'un souvenir qui hante encore Belsunce, dans l'attente de la nouvelle vague, celle des Algériens réfugiés, qui n'est pas encore certaine.

Un siècle durant, la Méditerranée a été bouleversée par ce trafic des hommes, ce trop-plein de bras de l'Europe du Sud, ces réprouvés multiples que les guerres nationalistes et les révolutions ont mis sur les routes, le puissant appel colonial, ses violences et son reflux, enfin par les choix industriels des années soixante, qui ont valorisé l'importation de main-d'œuvre.

Ce temps-là est bien révolu. Marseille se réveille avec un peuple en stock qui n'est plus que l'écume d'un immense tumulte. Demeure, comme un dépôt au fond des meilleures bouteilles, un reliquat de chaque vague passante, des Italiens, des Espagnols, des Arméniens, des Russes, des Grecs, des pieds-noirs dont beaucoup de Juifs sépharades, des Algériens, des Tunisiens, des Marocains, quelques Turcs, des Africains. Et, oubliée, jamais citée, la plus grosse colonie « d'estrangers de Marseille », des Français de toutes régions qui ont choisi le Sud. Des Français dans la cité! Longtemps ils y furent plus étrangers que nombre de ceux que nous avons désignés. Et ces Français de France jouent un rôle décisif dans la ville et dans la région, même s'ils ne forment pas communauté. Dans le même temps, le trop-plein de bras submerge, un siècle après l'Europe du Sud, le Maghreb – comme on dit aujourd'hui – et l'Afrique. Alors, face à Marseille, s'affole un monde sans soupape, un monde bloqué de tous côtés, renvoyé comme à sa propre origine et dont seul un mince filet parvient, au travers de multiples dangers, à gagner le Nord. Mais ce filet n'est plus guère marseillais, car son trajet n'est plus guère maritime. L'avion et la route ont capté le rôle hier dévolu au transport maritime. Est-ce la chance ou le drame de Marseille? À coup sûr, un tournant majeur.

Certes, Marseille n'a pas vécu seulement du commerce des hommes. C'est bien celui-ci qui a structuré la ville moderne, organisé sa culture et son espace, retardé l'entrée des femmes dans la vie salariée, déterminé des formes politiques singulières, nourri des trafics divers et souvent sulfureux, imposé un travail rare et mal payé. Mais ce commerce-là n'était qu'une facette des autres commerces, un usage complémentaire des quais et des bateaux, de la gare, une ressource précieuse pour des industries de main-d'œuvre, plus tard pour un secteur du bâtiment un moment vigoureux. Cette dynamique propre du négoce industrialisant [1] bâtit une ville riche de ses nombreux pauvres et de quelques très riches. L'industrie, sauf en matière navale, y resta techniquement simple, appuyée sur une éphémère rente de position.

Pourtant, Marseille fut au XIXe siècle un des hauts lieux de l'affrontement entre la géographie et les progrès industriels. Sans cesse elle eut à lutter contre la mise à l'écart de la Méditerranée, contre la rareté de la houille, contre l'effondrement des coûts de transport lié à la vapeur, contre l'enfermement du Sud français dans une économie toujours proche de la main et du corps, là où d'autres jouaient de la proximité des grands marchés du Nord pour produire machines et biens. Elle fit des tuiles, du savon, des huiles, des pâtes, s'appuyant sur ce que drainait son port pour nourrir des usines qui n'étaient que l'annexe des bateaux, et en mettant à la besogne des passants prêts à tout. Elle eut même des succès imprévus, notamment avec le plomb. Mais, sur le fond, l'extraordinaire aventure de Marseille au XIXe siècle fut d'arriver à incarner un mythe du développement, la figure de proue de l'alliance de l'Orient et de l'Occident, alors même que le destin de la Méditerranée paraissait scellé.

Le XIXe siècle est celui du grand chambardement marseillais, quand sans cesse les innovations techniques ou politiques ouvrent des portes qui se ferment aussitôt : la navigation à vapeur, le canal de Suez, le train, les colo-

1. Suivant l'expression devenue classique de Marcel Roncayolo.

nies, le libre-échange... Chaque fois, nous le verrons, il y a une période de grâce, mais bien vite d'autres sites sont mieux à même de profiter de l'innovation ou bien, surtout en matière politique, celle-ci sera éphémère et révélera des vices cachés.

Cependant, Marseille se bat, et très bien. Notamment sous l'impulsion de sa chambre de commerce et de Cyprien Fabre, qui réussissent la transformation industrielle de la place de négoce qui permet à la ville de vivre au sein de l'espace colonial. Cette vérité tardive, à la césure du siècle, prolongera l'âge d'or marseillais du XIXe siècle, qui triomphera dans la grande exposition coloniale de 1906. Avec le recul de la colonisation, la chambre de commerce à nouveau pense l'avenir et ouvre de nouvelles terres de mission vers l'est, autour de Berre et du pétrole, puis autour de Fos et de la sidérurgie.

Mais, cruel paradoxe d'une ville, le négoce qui ouvrit à l'industrialisation tend à disparaître depuis quarante ans, miné de l'intérieur par des jeux fonciers spéculatifs et, surtout, par la mondialisation de la décision, qui vide les ports de leurs rôles d'inducteurs de stratégie. Marseille est aujourd'hui comme un paquebot en panne de moteur et qui s'ensable. Sa position maritime demeure, mais périphérique, alors que sa position terrestre est en train de naître au cœur potentiel de l'arc méditerranéen, en façade d'une Europe puissante et incertaine. Le front de conflit s'est déplacé. Les bons stratèges marseillais ne doivent plus seulement manier des mers et des océans, ils doivent aussi penser Provence, Lyon, Barcelone, Nice, Montpellier, Turin, Genève et Bruxelles. La mer est certes encore là, mais plus qu'hier pour l'art de vivre, et comme mémoire. Peut-elle encore être le principal moteur ? Le doute est pour le moins permis.

Mais comment une mémoire de la navigation et du voyage peut-elle dynamiser des actions terrestres ? Comment la fierté de la liberté des mers, la culture du négoce – certes industrialisant – peuvent-elles porter une ville sédentarisée qui se découvre ville du rivage, elle qui se croyait cité adjacente à la terre? Elle a perdu la richesse que lui donnaient ces hommes même pauvres qui passaient – attachés à la ville par un cousinage, un village d'origine, le souvenir seulement d'une connaissance passée là –, qui dormaient, qui mangeaient, qui faisaient de petits travaux, qui cherchaient les trois sous pour partir ailleurs, mais aussi bien sûr qui allaient dans les bordels, qui se procuraient, éventuellement hors de la légalité, les ressources dont ils avaient besoin. Ville de passage donc, de transit, comme dira Anna Seghers [1] après la Seconde Guerre mondiale, Marseille redevient une ville de migration, comme toutes les grandes villes, ni plus, ni moins; plutôt moins en vérité que dans le Nord qui, plus puissant, attire plus. Il n'y a pas, aujourd'hui, plus d'étrangers à Marseille qu'à Lyon, Paris, Dusseldorf ou Bruxelles.

La ville alors se pose des questions sur elle-même, sur son utilité, sur sa place entre mer et continent, et notamment sur ce qu'on pourrait faire circuler ici, si ce n'est plus d'abord des hommes. Des marchandises, des savoir-faire, des découvertes, des savoirs, des valeurs, quoi d'autre encore? Autrement dit, Marseille est amenée à se reposer ces questions éternelles, mais en sachant que sa position particulière, unique, entre la Méditerranée et le sillon rhodanien, qui explique sa longue histoire, ses soubresauts, la discontinuité de sa richesse et de son peuplement, l'enjeu progressif que la France y a vu, cette position ne suffira plus à lui assurer un destin au sein d'un monde globalisé où la vieille géographie est comme bousculée.

Ces questions n'avaient pas disparu tout à fait depuis que le train et la navigation à vapeur avaient fait de cette ville un immense passage, mais elles s'étaient quelque peu estompées du fait du rôle stratégique du site, et grâce à la dynamique industrielle puis à l'économie coloniale. Aujourd'hui, c'est avec l'héritage de cette période révolue qu'il faut affronter le présent et le futur, avec les mémoires de l'arrachement de la ville à son économie

1. Anna SEGHERS, *Transit*, Alinéa, 1986.

ancienne, et de la sombre dépression qui en a résulté. Dans le vide des trente dernières années, on peut voir ce qui hier était caché, une accumulation de savoirs, une position extraordinaire sur une façade maritime qui fait rêver toute l'Europe, un site superbe, avec une prégnance si forte de la ligne blanche des collines et de la mer, ce paysage qui unit la plus pauvre des cités d'HLM à la plus riche des bastides.

Au fond, cette ville est en train de vivre ce qu'a vécu la gare d'Orsay, le ralentissement, le quasi-abandon du passage, et la réutilisation d'un site et d'un imaginaire pour autre chose, pour une autre façon de vivre, pour d'autres gestes, d'autres dangers. Il n'est bien sûr pas question de dire que Marseille devient un musée, mais il faut comprendre que les raisons mêmes qui ont fait hier le dynamisme de la ville sont bouleversées, ouvrant une période nouvelle dans laquelle la force du site et le poids des mémoires accumulées sont devenus des atouts déterminants.

Cette mue ne se perçoit souvent qu'à travers la violence du jeu politique. C'est bien normal au fond, car celui-ci a pris ici une place plus forte qu'ailleurs face à la nécessité de réguler une masse d'hommes aux appartenances multiples et à la citoyenneté souvent incertaine. Le « defferrisme » incarne bien cet enjeu si particulier, lui qui, à ses débuts, par un clientélisme systématique, a su tenir cette ville instable pour la remettre en marche après la guerre et une longue tutelle étatique; puis au travers des bouleversements de la décolonisation, en évoluant avec la ville quand le passage des hommes n'eut plus la même place, qui a trouvé le moyen de loger les Marseillais et d'équiper la cité.

Il y a une logique politique marseillaise particulière de gestion de la relation entre ceux qui ne font que passer, ceux qui arrivent pour s'installer et ceux qui étaient déjà là hier. Cette logique a connu différentes périodes, pas toutes glorieuses, mais elle a tendu à se banaliser quand le passage s'est réduit, alors même qu'on pensait encore les migrants comme des passants. Cela a conduit aux crises des années soixante-dix et quatre-vingt où, derrière les événements qui attirent sans cesse les médias dans la cité, il y a, au-delà des batailles d'hommes, une ville en pleine mutation, une mutation de *nature*, qui a trait à l'utilité même du site, aux raisons d'y vivre, entre l'Europe qui s'affirme et des mondes méditerranéens qui s'affrontent sous l'effet de la division Nord-Sud.

La compréhension de la théâtralité publique et de la mue de la ville est le grand projet de ce livre. Il faut croire aux idées, à leur nécessité, pour que les acteurs se situent et agissent face aux bouleversements du monde. Ce fondement est souvent battu en brèche dans nos sociétés contemporaines, qui craignent de retourner vers les ornières idéologiques et dont la médiatisation croissante favorise les jeux au détriment des enjeux. Et cela est particulièrement fort à Marseille, qui investit peu dans l'accumulation intellectuelle et où la légitimité même de l'intellectuel à prendre la parole est faible.

Marseille est donc confrontée à une guerre avec sa propre culture, avec le mythe qu'elle en a forgé, avec l'image que les autres ont d'elle. La ville est divisée au plus profond d'elle-même, dans un Sud partagé entre des nordistes qui rêvent de soleil, des pieds-noirs nostalgiques, des Méditerranéens échoués. Or elle doit apprendre à être une ville du Nord, elle qu'on n'a cessé de chanter au Sud. Elle doit inventer une nouvelle relation entre son imaginaire, son fonds culturel, la logique des affaires et sa position géostratégique. En fait, elle doit prendre pied sur le continent pour renouer un développement possible avec sa mer adjacente, acceptant d'être un « quai du Nord » au cœur d'une façade européenne brillante, un porte-rêve d'un nouveau mode de puissance et de valeurs face à un Sud qui s'éloigne. Mais ce retournement n'est pas sans éveiller des douleurs, briser des racines, questionner des identités.

La ville paraît tanguer, sa sédentarisation la secoue, elle craint et espère la Méditerranée comme l'Europe. Elle pose ses marques contre ceux d'en face et les aime plus qu'on ne le croit. Les raz de marée politiques la submergent comme autant de grandes secousses névrotiques. Le Pen, Vigouroux et Tapie y font des triomphes. Le refus des immigrés, l'antiparisianisme, l'antitourisme, le rejet de Bruxelles s'affirment dans un vieux corps qui a tiré sa richesse du négoce avec la France mais qui crut rester autre, avant de s'opposer au centralisme et de s'enfermer dans l'espace colonial.

Marseille a aujourd'hui une nouvelle place à prendre. Mais au nord, comme vitrine européenne vers le sud, en apprenant du Berlin et de la Vienne de la guerre froide, tout autant que de Barcelone et de Turin qui, chez elles, sont au nord. Or, du Nord, ici, personne ne veut vraiment. Ni dans la cité qui se réveille du deuil colonial, ni juste au-delà de ses collines, ni plus au nord encore où la Méditerranée fait pauvre et fait peur.

Le « travail » a commencé, mental et imaginaire, mais aussi spatial, formel, politique, caché par la longue période du deuil colonial qui entraîne la cité depuis trente ans et qui est en train de se clore. À force de protester, la ville commence à céder, à déplacer ses fronts de conflits, à « marquer à la culotte » ses rivales périphériques, comme hier elle eut à se battre contre Aigues-Mortes ou Beaucaire, La Ciotat ou Cassis, Arles et Aix déjà. Elle s'intéresse à l'arc latin, commence à se voir dans les yeux des autres; sa vitalité culturelle et scientifique surprend parfois... Nous sommes partis pour le long terme de l'histoire, mais le dossier paraît solide.

Le soleil inonde la Californie; Nice, Aix et Montpellier sont en pleine gloire; l'Italie et l'Espagne se réorganisent; la France de l'Est continue sa vieille montée séculaire de la Côte d'Azur à l'Alsace; le Languedoc s'étire de Barcelone à Lyon comme un chat au sortir de son panier. Et l'Europe du Sud devient un atout pour faire face à l'intégrisme et rééquilibrer les marches ouvertes vers l'Est européen. Autrement dit, la Méditerranée et la Russie deviennent des zones d'influences indispensables à qui veut créer un monde multipolaire où l'Asie et les États-Unis ne règnent pas en maîtres.

Dans ce nouveau concert, Marseille a un jeu à jouer ; tonitruant ou discret, c'est à voir. Si la ville est toujours à l'ombre du décor, le temps du deuil paraît terminé : ses interrogations pèsent de plus en plus, ses plages s'organisent, les jolies filles aux seins nus ne sont plus le monopole de la Croisette, ses banlieues s'urbanisent, son Vieux-Port se met en scène, ses bâtiments haussmanniens sont revitalisés. Ce livre veut raconter l'aventure de cette ville, aller aux sources du présent, mais avec une intention de parti pris : le parti du choix de l'avenir dans un contexte urbain et géostratégique mouvant, dangereux et passionnant. À l'heure où les villes redeviennent acteurs d'un monde planétaire enfin dégagé de l'hégémonie occidentale et du monopole politique des États-nations, une cité aussi viscéralement hétérogène que Marseille est un lieu ressource de l'observation et de la pensée, un lieu où s'expérimente une nouvelle logique de puissance dont l'Europe devra bien finir par se doter si elle ne veut pas finir comme la Grèce face à la romanité.

PREMIÈRE PARTIE

L'aventure d'un site

Chapitre premier

Une ville passionnément géographique

Marseille est (presque) la seule ville française en bord de Méditerranée, et à coup sûr la seule vraie cité méditerranéenne de l'Hexagone. La seule dont la raison d'être, le peuple et les bourgeois soient longtemps venus de cette mer commune, de cette scène close où, depuis des millénaires, circulent des désirs et des haines, des hommes et des bateaux, des croyances et des savoirs. L'Europe, elle, commence aux collines qui enserrent la ville, sur la crête de l'Étoile et de Marseilleveyre, tout au plus vers le Rove. L'Europe descend jusqu'aux plages vers Nice et le Languedoc, elle a une façade qui donne sur les planches à voile ; la Méditerranée, elle, a en Marseille une escale, un dépôt de migrants chassés par la misère ou l'histoire, une mémoire industrielle, un imaginaire en crise.

Si l'on comprend ce double mouvement, et qu'en outre la Méditerranée ne fait plus rêver – pour cause de guerre, de fanatisme, de pauvreté, de croissance démographique, de dictature et autres défauts du genre humain –, alors on approche du drame marseillais, on perçoit la nécessité d'un imaginaire propre et neuf pour « oublier Marseille », c'est-à-dire en vérité commencer à l'accepter et à l'aimer. Ce que ni ses habitants ni ses non-habitants n'arrivent à faire complètement, chaque journée commençant par « Vous savez, Marseille est quand même aimable. » On dirait le discours d'un passionné pour une bossue.

En fait, Marseille est en plein « travail », car le scénario imaginaire où elle a été enfermée dans la dernière période de sa longue aventure bouge, son vieux compagnonnage râleur avec le continent fait question, le deuil de l'Algérie se clôt, la limite des collines blanches devient chaque jour plus virtuelle ; il commence même à y avoir des projets pour demain, la façade de l'Europe vers le sud se cherche, on parle d'arc latin à une ville qui se sait grecque.

Pour comprendre et accompagner ce « travail », il faut revenir aux épisodes successifs de la vie de la cité. Chercher pourquoi elle qui, il y a un siècle à peine, était portée par le mythe de l'Orient, elle qui a eu un moral d'acier, malgré tous les pauvres qui touchaient ses quais, ne trouve plus le moral et paraît hésiter sur sa baraka. Mais, pour relire cette histoire et proposer des pistes, il faut d'abord découvrir le corps de la cité, la forme de ses collines et la beauté de sa baie. Car sa morphologie fonde sa position dans la bataille des hommes pour approprier les mers et les continents.

Cette approche est ici plus nécessaire qu'en maints lieux, car Marseille est une ville de site : entre mer et terre, rivage et collines hautes, sud et nord, elle n'est en effet qu'une superbe calanque que des hommes ont découverte toute façonnée. Sa chance fut que cette calanque-là était plus grande que celles qu'on trouve ordinairement sur la côte, et que les îles et la double rangée de collines qui délimitent le site permettaient de jouer avec les vents dominants. Depuis la mer, l'arrivant découvrait en passant l'île de Maïre une baie de vingt-cinq kilomètres d'ouverture, ceinte de hautes collines boisées qui isolaient de la terre, une vaste plaine de plus de dix mille hectares qui semblait fertile. Au cœur de ce dispositif de rêve pour des explorateurs, après avoir laissé Pomègue et Ratonneau à babord, soudain à tribord voici la passe qui permet d'accéder à ce qui est devenu le Vieux-Port et qui jadis était plus vaste, marécageux vers la Canebière, abrupte sur trois côtés. Tout naturellement, les premiers navires allèrent, sous le mistral, s'amarrer au plus profond du bassin naturel.

Ce n'est sans doute que plus tard que ces découvreurs cherchèrent le bon usage de cette position pour les voies du commerce, se contentant d'abord d'un havre avant la remontée difficile de l'énorme masse d'eau du Rhône, qui pousse de forts courants le long des côtes languedociennes, elles-mêmes basses et sans escale aisée.

De cette origine-là il découle que Marseille est une ville passionnément géographique. Tel est l'argument que je voudrais développer ici, mais tel est aussi l'outil que je voudrais utiliser pour façonner cet argument. Autrement dit, « Marseille est une ville passionnément géographique » est une phrase qui m'obsède, et je la soupçonne de condenser tout ce que Marseille me dit. Si je la qualifie d'une manière aussi abrupte, c'est parce que je crois qu'une ville est d'abord un corps avec une histoire, une mémoire, un non-dit et un trop-plein de dit. Pour nous qui ne sommes pas des créateurs de villes, mais des ingénieurs du sens, cette première donnée est notre matière, avec laquelle et au travers de laquelle nous lisons le paysage, les mythes et images d'individus qui souvent n'en demandent pas tant.

Ce corps historique de la ville, matière charnelle et immatérielle, vit avec l'image qu'il se donne de lui-même et avec celles que les autres ont de lui. Ces diverses figures ne se recoupent pas tout à fait : l'espace de l'indicible doit être laissé ouvert, surtout quand le site dont on parle est un lieu-carrefour, mémorisé et pensé de loin. D'ailleurs, les lieux dominants du pouvoir de dire, et de dire le désirable, sont souvent ailleurs. Et l'histoire de Marseille montre ce poids des mots et des images. Tant que la cité phocéenne resta suffisamment isolée, elle fut grande de se posséder elle-même, économiquement, politiquement, mais surtout par le langage et la culture. Quand elle devint une place franque, elle perdit peu à peu le pouvoir de se dire. Depuis, elle se bat pour retrouver le mythe de son altérité. Et même si les faits sont têtus, la ville paraît n'y vouloir jamais céder.

Un perpétuel renouvellement

« Marseille est une salope. » Ville de truands et de maquereaux, de trafics et de fausses factures, de clientélisme et de batailles sulfureuses pour la mairie : rien ne lui est épargné. Point n'est alors nécessaire de corriger son accent ou de cacher son rejet des derniers arrivants. Premier port de Méditerranée et de France, deuxième port d'Europe, elle condense notre imaginaire du port et du passage. Plus que toute autre, elle symbolise la difficile relation de la nation France avec l'extérieur, d'un pays de la terre avec le commerce.

Mais la question marseillaise, qui recouvre le poids des transits et de leurs discours, celui des deuils, est aussi celle des silences de la ville, de ses faiblesses, de ses regrets. Marseille n'existe que dans le perpétuel renouvellement de son peuple ; jamais, depuis l'époque heureuse des Grecs, ne s'y sont accumulées de longues lignées d'érudits, d'hommes d'affaires, de créateurs, de savoir-faire complexes. Jamais ou presque jamais. Car Marseille a toujours été un sas entre plusieurs mondes ; les acteurs du moment l'occupent en se coulant dans un moule millénaire contraint par la seule limite des collines posées au bord de l'eau.

Dès l'origine, Marseille est une histoire de femme qui s'offre à un marin de passage. Romulus et Rémus n'étaient même pas nés que déjà Gyptis tombait dans les bras de Protis. Point de jumeaux ici, point de fratrie divisée, mais un accouplement fondateur ! Le marin et la fille de paysan posent les bases de l'imaginaire collectif sur un promontoire entouré d'eau de trois côtés. Depuis, chacun pose sa marque sur celle de ses prédécesseurs, puisant une énergie sans cesse renouvelée à effacer les signes de ceux qui le précèdent. Aussi ne peut-on suivre l'histoire des pierres pour reconstituer la vie des hommes, ou si peu. Il faut, pour rentrer vraiment dans la ville, la regarder comme de l'extérieur, au carrefour des enjeux géographiques qui tendent son histoire. Lorsque, après chaque grande épidémie, chaque grande tempête, les hommes des montagnes voisines et des marins se sont précipités pour chercher les bras vides des veuves.

Si l'on essaie un moment de regarder Marseille comme Fernand Braudel regarda nombre de villes, on voit le monde maritime méditerranéen, le Sillon rhodanien, un port naturel ceinturé de collines et d'une plaine, et, dans le lointain du bassin marseillais, un horizon de « chaînes et de monts ». Au-delà commence la Provence, le pays romain du droit écrit, monde des lignées de maîtres. Chaque moment de Marseille est le fruit d'un montage original de ses quatre éléments ; et quoi que suggère le nom du département, « Bouches-du-Rhône », Marseille n'est pas le débouché naturel du fleuve. Seules Aigues-Mortes, Arles ou Saint-Gilles peuvent y prétendre.

Adossée aux terres

Vis-à-vis du Rhône et du Sillon rhodanien, les tentatives furent nombreuses pour implanter un port plus logique techniquement et plus souple politiquement. Mais la structure du delta et les formes de la côte donnèrent chaque fois raison à Marseille. Jusqu'au jour où les techniques du béton et du dragage, liées à une volonté farouche de l'État central de ne pas perdre pied en Méditerranée après la guerre d'Algérie, concoururent à bâtir le complexe portuaire de Fos-sur-Mer. Commence alors une aventure qui repose la question de l'utilité de Marseille, ouvrant à des angoisses et des espérances multiples qu'expriment assez bien les raz de marée successifs de son expression politique...

Avec la Provence non plus les relations ne furent jamais simples. Ce monde de marins habitués aux risques de la mer, au piratage, aux voyages à l'étranger se liait mal avec la société sédentaire, sa voisine. Sans doute l'huile provençale s'écoulait-elle par Marseille, sans doute celle-ci attirait-elle par sa liberté de manières et de mœurs, par la mobilité des fortunes qui tenaient la place. Mais, au-delà de cette perméabilité par où les sociétés s'aèrent, il n'y eut jamais de liaisons vraiment articulées. D'autant qu'Aix était comme la dernière marche du grand monde alpin par où se fit l'unité des cultures européennes, tandis que Marseille jouait dans le monde méditerranéen, avec les Grecs, les Levantins, les Barbaresques, les Catalans, les Siciliens, etc., les partages successifs entre islam et chrétienté y déterminant son destin. Ainsi les reliefs dressés entre Aix et Marseille sont bien autre chose que de « vilains tas de cailloux ». Des mondes s'y délimitent. En franchir les hauteurs fut un des grands moteurs de l'activité des hommes, que ce soit pour se désencanailler en quittant Marseille ou pour descendre y passer sa nuit de noces !

À côté de ce jeu qui prolonge ceux éternels des Alpes et de la Méditerranée, le Rhône, s'il était une barrière, a toujours fonctionné comme axe d'échange ouvrant au Lyonnais, à la Bourgogne, à la Champagne... et à la France ; plus largement, à la grande plaine continentale avec son monde immense du servage et de la glèbe, d'où les villes eurent à s'arracher pour inventer la modernité. Ici, au sud, la culture des cités est pour ainsi dire immémoriale, l'unité du village apparaissant singulière tant chaque communauté humaine est en fait hétérogène, liée aux labours et aux échanges en même temps. Marseille était donc voisine de ces différents mondes, proche mais à l'écart du fait de son site « décalé ». Comme le dit Édouard Barratier, en ouverture de l'*Histoire de Marseille*, « le site originel de Marseille est remarquable dans une situation marginale [1] ». L'histoire de cette ville va être de nouer ces deux caractéristiques pour se constituer un destin.

La géographie n'y favorisant pas un vrai carrefour

1. Édouard Baratier (dir.), *Histoire de Marseille*, Privat, 1987.

entre des lieux où l'expérience de vie fut si dissemblable, Marseille s'arc-bouta longtemps contre la terre, jouant le jeu de la mer. Or, celui-ci se polissant moins vite que le jeu terrestre, il n'y eut ni État ni religions maritimes. L'unité politique est terrestre. En mer, le risque et la discontinuité sont omniprésents, le brigandage y fut plus tardif et l'unité religieuse ne vint jamais. Ce monde dangereux et violent n'est pas celui des récoltes et des successions bien ordonnées. C'est pourquoi, sans cesse, le peuple de Marseille se renouvela, la ville important ses maîtres comme ses bras. L'histoire de Marseille est l'aventure de cette tension entre différentes attractions. Tantôt cette tension traverse la ville, et celle-ci est proche de l'éclatement, tantôt la ville est unie contre Rome, César, les Barbaresques, la Provence, le Royaume, l'État central, et sa cohésion sociale s'affirme. D'où un vieux fond protestataire encore plus radical que celui de l'ensemble du Midi.

En regardant une carte du monde, on peut suivre l'évolution des grandes civilisations maritimes, passant des zones d'îles aux petites mers, puis aux mers plus larges. L'eau est un lieu favorable au contact, facilitant la circulation des hommes et des cultures. Même en période de grande insécurité, le monde de la mer reste vivant. Ces particularités maritimes font la base de Marseille. Surtout en France où la culture des grands migrants européens, plus terrienne, a fini par prendre « le dessus ». On pourrait sans doute tirer ce trait plus loin et penser en termes d'opposition du stable et de l'instable, de la durée et de l'éphémère. La mer a longtemps été plus hasardeuse et spéculative que la terre, la culture des hommes y a été autre. Ce n'est qu'avec le train, puis l'aviation et la voiture, enfin les médias et l'informatique, que la mobilité vraie saisit la terre. La mer y perd une de ses particularités essentielles pour entrer dans la chaîne des systèmes de transport.

Des millénaires de différences s'estompent là. Commence une société de la terre, à penser elle aussi selon les notions de stable et d'instable, de désordre et d'incertitude ; comme si la culture maritime avait fécondé celle de la terre, prenant à contre-pied la personnalité bigarrée des cités du rivage, l'usage des rives prenant à son tour le pas sur celui de la *haute* mer, requalifiant les flots d'un imaginaire ludique. Marseille passe d'un monde à l'autre. Certes, la mer lui reste – y compris son port –, mais elle appartient chaque jour davantage à la société européenne de la terre, même si elle l'accepte mal. C'est ce profond retournement qui fait la ville d'aujourd'hui et qu'il nous faut penser dans les cadres mouvants de sa culture locale. Comme si la ville s'enracinait dans son continent au moment où la culture terrienne devenait instable et incertaine – d'où la curieuse position paradoxale de cette ville ; la question qu'elle nous pose étant alors du bon usage de cette culture de l'instable dans une organisation renouvelée des territoires continentaux.

L'œuvre de la ville est toujours de donner à habiter dans son site, mais peut-être faut-il maintenant regarder la mer depuis la terre, cessant ainsi de penser la ville de la mer comme un havre de marins enfin abrités du mistral et des pirates. Les voies du commerce et du brigandage y deviennent « plan d'eau », la Méditerranée frontière, « l'en-face » souvenir et tragédie relevant d'une autre logique. Mer ludique et mer du travail se séparent quand un continent sécularisé est insécurisé par un vis-à-vis tout de religiosité nimbé.

Marseille n'a jamais été qu'une simple calanque. La vie y fut riche, car les collines protégeaient une vaste plaine tardivement irriguée. Pour faire image, on pourrait dire qu'au soubassement de Marseille se trouvent une cité-port et un chapelet de communautés agraires. De tout temps Marseille a été une société à deux faces, mer et labour. De là viennent sans doute la culture terrienne de ses élites, leur amour des bastides et des jardins, des canaux et de l'irrigation, des murs de pierres qui délimitent les propriétés en les protégeant du vent et des maraudeurs inévitables dans un site de passage. Marseille n'a pas d'hinterland comme Barcelone ou même Gênes, mais elle disposa longtemps d'un terroir qui nourrit usuellement ses habitants (excepté pour le blé qui lui venait souvent par bateaux). Ceci fut une de ses grandes forces. D'où le rôle des maraîchers, des cabanons et des bastides dans la culture locale. Et combien de familles marseillaises enrichies par la mer investirent dans la terre au point de perdre le goût de l'aventure ! Colbert ne tonnait-il pas contre cette logique qu'il trouvait anti-économique, mais combien agréable et valorisante ?

Ici se trouvent le fondement de la mentalité d'enclave de cette ville, le soin jaloux qu'ont ses habitants de leurs particularismes, les racines de son identité. Même transformé, ce fond demeure. Chaque vague migrante imite peu à peu cette tradition pour parfaire son intégration, si possible en se regroupant sur des bases géographiques. Et ainsi, plus la population se renouvelle, moins la culture locale évolue, et paradoxalement aujourd'hui on peut se demander si la diminution des arrivées ne favorise pas une effervescence plus créative de ce vieux fond.

Ce poids de la terre explique l'importance de l'eau douce dans cette ville de marins : pour boire évidemment, mais également pour l'irrigation et pour les usines. La stratégie de la ville va donc tendre à capter dans le haut pays l'eau de la Durance et du Verdon. Cette vieille obsession marseillaise explique nombre de décisions modernes, y compris concernant le canal de Provence. Et la construction dans le site va être marquée, jusqu'à l'invention de l'eau sous pression, par les niveaux successifs des canaux à flanc de colline, celui de Marseille délimitant notamment la hauteur des immeubles et la chaîne des bastides des XVIIIe et XIXe siècles. Il y a encore vingt ans, une partie de la ville fonctionnait avec des « caisses à eau » sous les toits.

Ainsi, à l'arrière-plan de la ville-port, il faut penser ce terroir, avec sa logique de communautés rurales qui deviendront peu à peu la base des quartiers, les fameux 111 quartiers de Marseille. La plupart de ces quartiers sont d'abord des lieux d'habitat anciens, recouverts peu à peu par les groupes migrants au fur et à mesure de leurs arrivées ; d'abord en périphérie du port, plus tard entre port et gare – là bat le cœur des migrations. Puis le tramway permit l'articulation de la cité ancienne et des vieux noyaux villageois, favorisant des regroupements communautaires plus lointains.

Marseille est une ville peu dense, mosaïque de quartiers typés, au charme chaque fois singulier, vivant cachés les uns des autres et plus encore des passants qui ne voient que le cœur de l'ancienne cité. Cette structure encore si forte il y a peu s'affaiblit à vue d'œil, comme partout, du fait des déplacements et du brassage républicain et commercial, mais elle demeure dans la variété des façons d'habiter cette ville qui en font sa puissante séduction.

Sans doute les appartenances se transforment, l'origine revient à la mode, les trajets intégrateurs sont interrogés, les racines venant en quelque sorte rattraper les enfants des deuxième et troisième générations. Par exemple, les Arméniens ne sortent plus le dimanche matin causer, parfois en français, dans leurs quartiers. Mais ils créent une école arménienne pour les arrière-petits-enfants des survivants du génocide. Ce déplacement des formes d'appartenances, classique aujourd'hui, marque évidemment plus une ville comme Marseille que bien d'autres cités. Les différences y resurgissent, comme renforcées sous l'uniformité des comportements publics et avec la transformation en signes culturels appris de ce qui fut hier l'héritage de comportements ancestraux. La ville en est bien changée, car l'origine y est revalorisée derrière une « francitude » parfois inquiète, elle devient une revendication culturelle à penser face à la citoyenneté, là où hier elle était un état dans une citoyenneté partagée en perpétuelle construction. Et que l'on ne confonde pas cela avec le problème des jeunes beurs, qui est largement celui de leur acceptation par une société qui n'a pour l'instant l'usage ni de jeunes ni d'Arabes.

Une identité éphémère

Cela dit, toujours à l'arrière-plan de l'histoire marseillaise, le site reste dominant. Il fait que la ville est là, que l'homme a envie d'y bâtir sa vie. Il représente une valeur en soi, donnée par un repli des collines plus que par l'activité humaine. À chaque époque revient la question de l'utilité d'y faire vivre une ville, question à laquelle n'est jamais donnée de réponse définitive. L'utilité marseillaise est évolutive, en perpétuel devenir, ce qui entraîne un être-là spéculatif toujours en quête de profit et de sens.

Mais cet être-là est par nature éphémère, et les Marseillais le savent. La mer leur a appris cette absence de durée prévisible, la densité des éléments qui échappent à leur pouvoir, le poids des engagements politiques et militaires. Il n'y a pas ici de source naturelle et continue de richesse : ni mine, ni vignoble réputé, ni voie incontournable du commerce, ni capital culturel irremplaçable. Le site est seul, et l'art de ses habitants est de savoir le remplir, à leur profit, des flux que souvent ils ne créent pas. Le trait est peut-être marqué, soit, mais je le crois vrai.

De cet éphémère de la mer et des sources de richesse dans une enclave qui bien souvent a rêvé de la terre ferme vient que Marseille a peu de classes dirigeantes enracinées dans des lignées. Jamais on n'y a tenu longtemps le haut du pavé. Sans cesse les capitaux gagnés grâce à des « coups » ont été consommés dans le faste, ou perdus, ou investis dans la terre et des rentes plus sûres. Et de nouveaux maîtres arrivaient, ou se levaient des rangs du peuple, rejouant cet enrichissement spéculatif. Aussi l'histoire de la ville est-elle en dents de scie.

Une histoire géographique

Cette ville si géographique dans sa forme générale comme dans sa morphologie intérieure va être, au fil des siècles, puissante ou misérable en fonction des liens qu'elle établira avec la terre, avec la mer ou entre les deux. Autrement dit, point de passage non naturel en bordure de plusieurs mondes, cette cité née d'une civilisation maritime va se débattre entre des influences contradictoires, en retirant par périodes puissance et richesse. Pour comprendre la ville d'aujourd'hui, il faut parcourir le fil de cette aventure. Ensuite seulement nous pourrons chercher à comprendre ce qu'a changé, dans ces jeux géostratégiques, la société planétaire dans laquelle nous sommes entrés.

L'idée du proche et du lointain n'est plus de même nature qu'hier, les civilisations maritimes y sont en repli face aux continentales, les océans dominent les mers intérieures. Marseille pourra-t-elle y rester passionnément géographique ou est-elle dévolue à une position de direction locale, voire à un repli ? Saura-t-elle se faire assez européenne dans ses affaires et dans son imaginaire pour pouvoir porter jusqu'aux brumes du Nord et de Bruxelles la parole d'un Sud qui s'éloigne ? La réponse est pour le prochain siècle encore incertaine.

Chapitre II

La cité au seuil de son histoire

Marseille a été, il y a un siècle à peine, parmi les quatre premiers ports du monde. Le basculement vers l'Atlantique n'était pas achevé, la révolution industrielle battait son plein, la mer Noire se libérait provisoirement entre l'Empire turc et l'Empire russe, le canal de Suez ouvrait au Pacifique, l'Empire français était considérable, l'Europe du Sud exportait ses enfants par millions, la vague démographique en Afrique n'avait pas démarré. Régnait alors un « mythe de Marseille », comme dit Louis Girard [1], qui attirait les capitaux, les décideurs et des hommes en très grand nombre. Beaucoup ne faisaient que passer, mais cette étape symbolisait souvent pour eux la liberté, comme la ville au Moyen Âge en Europe.

Cette extraordinaire conjonction de flux et de forces est à la base de la ville moderne, dans sa réalité comme dans son imaginaire et dans ses images. De là viennent et sa difficulté à se penser à sa « juste mesure devenue » et le stock d'images négatives que son retrait, conjugué à un gigantesque brassage d'hommes pauvres, a produit. La ville, au-delà du deuil colonial qu'elle porte plus que toute autre dans l'Hexagone, est lourde du poids de cette grande période. Même si la chute ne saurait lui incomber, son recul l'a, un demi-siècle durant, rendue moins attractive et placée dans le mauvais camp. Aujourd'hui, le

1. In Édouard Baratier, *Histoire de Marseille, op. cit.*, p. 344.

travail du temps, l'attraction nouvelle dont jouit le Sud européen, les dangers de « l'autre » Sud, la vitalité de Barcelone et des cités du Nord italien, le besoin français de s'appuyer sur les pays de l'Europe latine pour faire jeu égal avec l'Allemagne réunifiée et bien d'autres raisons encore changent les données du « problème marseillais ».

La ville qui a tant été traversée, réduite à un charroi entre gare et port, retrouve de l'épaisseur et de la complexité. Périodiquement, elle s'ébroue comme un ours âgé, et tout le monde sursaute. On la croit raciste, elle fait un triomphe à un néosocialiste ; on la croit anti-européenne, elle s'engage avec le plus européen des candidats ; on la croit enfermée dans ses collines, ses habitants n'ont de cesse de les franchir ; on y sait l'exclusion puissante, la pauvreté souveraine, le chômage triomphant, mais elle garde son calme et donne bien des leçons aux restaurateurs de villes ; on dénigre la cohésion sociale fondée sur l'OM, elle affiche plus d'abonnés au théâtre que partout en France et plus de spectateurs en salles que sur le stade ; on lui parle d'arc latin, elle hésite devant cette notion qui nie son origine grecque, même si elle y voit une espérance.

Peut-être, surtout, on s'intéresse à elle pour organiser la façade française, et la voici, si peu terrienne, qui risque de trouver un destin avec un arrière-pays où elle aurait une place centrale. Mais comment engager dans un même projet des cités si voisines, et à l'air et l'esthétique si divergents ? Nous ne sommes pas ici aux États-Unis, où des mégapoles géantes associent des espaces sans histoire. Nous sommes dans un trop-plein d'histoire submergé par notre moderne mobilité et nos puissances techniques de transformation des voisinages. Alors, comment penser des villes complémentaires, associées, hiérarchisées ? Là est toute la question. Mais il ne pourra rien advenir sans connaissance du passé, amour et respect de la mémoire, acceptation des pesanteurs. Car les appartenances et les partages de demain risquent d'être encore plus nourris « d'authentique » mis en scène que ceux d'aujourd'hui.

Repartons en arrière. Le récit de la fondation de la ville il y a plus de deux mille six cents ans est, nous l'avons dit, banal, mais il situe la ville dans le camp des vraies cités, celles qui ont un récit mythique de leur fondation, ici du côté de la simplicité, de l'amour rapide et fort d'une fille de roi paysan qui se donna à un marin de passage, un amour dont nous retiendrons simplement que c'est Gyptis qui a choisi Protis. Et il ne faut pas sous-estimer cette histoire pour comprendre Marseille en profondeur.

Naît ainsi une cité grecque qui, quand on connaît Marseille et son image pour le moins ambiguë, surprend : elle est, des siècles durant, un foyer intellectuel et culturel de création, de formation des hommes et de voyageurs découvreurs du monde, la ville d'où seraient partis au IVe siècle avant Jésus-Christ Euthymène à la découverte de l'Atlantique, puis Pythéas vers les brumes du Nord. C'est cette ville-là qui reste un État indépendant jusqu'en 49 av. J.-C., fidèle à la tradition des cités grecques. Elle est marquée par l'austérité, la discipline et, comme le disent ses historiens, c'est cette autorité et cette discipline qui lui donnent les meilleures chances de survivre dans son isolement occidental.

Ensuite vient Carthage : déjà, l'autre rive. Là, en face, une ville impérialiste s'oppose à Marseille, qui est trop petite pour se protéger seule. Alors elle s'allie à Rome pour lutter et garder sa place ; Rome qui a constitué un empire à partir de la terre, par une organisation esclavagiste poussée à son extrême, et qui peut trouver intérêt à disposer d'un allié maritime. Marseille change ainsi d'orbite et entre dans l'Empire romain, déjà en position « adjacente », déjà si différente de la Provence, de ce monde de la terre et de l'Alpe dominé par les tribus gauloises qu'avec les Romains elle contribue à défaire.

Dans ces conflits aujourd'hui oubliés, Marseille défend

sa culture, son héritage et la liberté de circulation de ses navires. Ses stratégies successives s'expliquent par cet objectif permanent. Et avec Rome, qui était plus de la terre que de la mer, il y avait plus de complémentarités que d'oppositions. Se dessine là l'éternel jeu marseillais qui consiste à allier sa passion maritime avec une puissance d'une autre nature, si possible un peu lointaine.

Mais elle fera le mauvais choix dans le conflit entre César et Pompée, croyant qu'elle serait plus libre avec Pompée. César vint donc la soumettre, installant son camp là où il y a aujourd'hui la gare Saint-Charles. La position devait être bonne pour que, bien plus tard, les ingénieurs du train choisissent à nouveau cette hauteur pour lier définitivement la ville au continent. Avaient-ils lu *La Guerre des Gaules*? Toujours est-il que la ville finit par capituler et se retrouva dans le cortège triomphal du vainqueur à Rome.

Mais Rome ne profita pas de cette passe négative. Le redressement de Marseille fut rapide. Sans doute parce qu'elle était utile aux stratégies romaines. Seulement, plus Rome colonisait la Gaule, plus les collines qui enserrent la ville se mirent à l'isoler de cette romanité riche et organisée. Dans ce monde-là, la mer était moins centrale et cette « civilisation de la terre » favorisa naturellement Arles comme carrefour de voies romaines et de voies d'eau. Marseille se replie alors sur l'antique réputation de ses écoles et il est instructif pour l'avenir de la voir résister à une transformation de ses réseaux économiques par son art de la rhétorique et de la philosophie. Et au fond, cela n'est pas sans rapport avec la vitalité culturelle de la cité aujourd'hui.

Les historiens semblent ignorer les premiers pas des chrétiens dans la ville, mais ils suggèrent que leur présence fut précose car les idées ont souvent circulé par la mer. De toute façon, la croyance nouvelle arrive au travers des enjeux territoriaux de la romanité, notamment en 418, quand le pape Zosine tenta de faire dépendre Marseille du diocèse d'Arles. Comme toujours, Marseille s'y refusa.

Avec l'apport progressif des « barbares » à l'aventure de l'Occident, l'usage des collines autour de Marseille s'inverse à nouveau ; autant elles avaient isolé la ville de l'organisation terrestre des Romains, autant elles vont la protéger du charroi terrible des barbares. Quand Narbonne ou Arles se trouvent menacées, Marseille, un peu à l'écart, est moins affectée par les invasions. Surtout, l'affaiblissement des transports terrestres dû à l'effondrement de la romanité contribue à remettre au premier plan les transports maritimes, redonnant ainsi du lustre à la ville, même dans un contexte général de récession.

Écoutons un instant les historiens : « Certes, en 476, Marseille devra se soumettre aux Wisigoths d'Euric ; mais c'est le moment où s'effondrent les derniers restes de l'Empire romain et, devant cette déchéance, les Marseillais pouvaient penser avec Salvien que " les barbares ont une mission, qui est de purifier la société romaine de ses vices ". Marseille, " de grecque qu'elle était, est devenue barbare ", notera au siècle suivant le continuateur de Procope, le byzantin Agathias ; mais il constatait en même temps qu'elle n'avait presque pas déchu de son antique renommée [1]. »

Il est passionnant de voir la géographie toujours déterminer l'aventure de Marseille. Le jeu du relief, la forme des collines fondent, même dans des époques aussi différentes des nôtres, le particularisme marseillais. Remarquons qu'elle est bien une enclave de la mer sur la terre, qu'elle est un port « protégé » du continent, et cette position difficile lui autorise une stratégie d'autonomie, notamment culturelle, qui fit si longtemps sa force, lui permettant d'attendre, dans la période où le trafic maritime reculait, une nouvelle chance.

Aux Vᵉ et VIᵉ siècles, Marseille continue, semble-t-il, cette alliance des lettres et du commerce. Les choses, il est vrai, tournent plus mal par la suite, car l'affaiblissement occidental partout, et surtout en Méditerranée, ouvre une longue période difficile du VIIIᵉ au Xᵉ siècle, où

1. *Ibid.*, p. 49.

la ville est soumise à la pression des Sarrasins. Rattachée de fait à un État continental, elle se retrouve exsangue entre une mer où la chrétienté a reculé et des maîtres dont les stratégies sont ailleurs : « Marseille aurait pu être le grand port méditerranéen du royaume franc, mais Mérovingiens et Carolingiens n'ont jamais eu une politique méditerranéenne. Désormais, Marseille n'est plus qu'un port vide, sur un rivage déserté, exposé aux incursions ennemies [1]. »

La cité mettra du temps à retrouver un rôle en Méditerranée. Elle ne participe guère aux deux premières croisades, même si des habitants s'y engagent à titre personnel. À nouveau, ce sont les ports du delta rhodanien qui tiennent les flux nord-sud : comme au temps des Romains, dans un État continental, Marseille est mise à part. Ce trait est décidément décisif de son histoire.

Les fluctuations de l'Occident en Méditerranée

Par quelques alliances habiles, Marseille finit par affaiblir les petits ports du Sillon rhodanien. Elle s'appuiera même un moment sur Raymond VI de Toulouse, en lutte avec le royaume de France et Simon de Montfort, pour prendre Beaucaire, place commerciale tout à fait importante. Cette stratégie « permet l'émancipation politique du grand port phocéen [qui] s'explique en partie par l'essor du commerce et du trafic depuis la fin du XIIe siècle. Marseille, dès cette époque, remplace peu à peu Saint-Gilles comme principal marché des produits du Levant et des étoffes de Flandres dans la basse vallée du Rhône [2] ».

La politique chrétienne en Méditerranée la favorise alors, au point qu'en 1180 les Templiers et les Hospitaliers s'y installent, au bord du Lacydon. C'est une grande époque. Richard Cœur de Lion fait même étape dans la

1. *Ibid*, p. 59.
2. *Ibid.*, p. 74.

cité. La ville développe ses relations avec les foires de Champagne, elle a de bonnes positions en Méditerranée. Et ainsi, « en un peu moins d'un siècle, Marseille, malgré son éloignement des bords du Rhône et l'aridité des collines qui l'entourent, est parvenue à retrouver son rôle antique de grand marché méditerranéen au débouché du couloir rhodanien [1] ». Mais dans cette nouvelle puissance de la Marseille chrétienne, retenons deux traits qui ne se démentiront guère par la suite ; d'une part, le primat des intérêts marseillais dans le commerce par rapport à l'industrie ; d'autre part, une culture individualiste des affaires qui fait qu'on sort peu du cadre familial.

Un autre fait mérite d'être relevé : déjà au XIVᵉ siècle, les bourgeois de Marseille tiennent à la terre. L'argent gagné en mer est investi en immeubles ou en vignes. Quelle curieuse permanence que cette volonté incessante des riches Marseillais de transformer l'acquis spéculatif du commerce en « vraies richesses » ! Comme si maintenant, au fond, le modèle de la Provence romanisée, agricole et terrienne, était le rêve secret de ce monde instable qui s'enrichit au gré des tempêtes et des prises. Ce modèle est en vérité peut-être général, aristocratique, mais il impose pour partie à Marseille de « passer » en Provence, de franchir la limite des collines et de se mettre à l'écart de la vie de la cité. Marseille ici est différente du modèle des cités-États italiennes ou de Barcelone, car la richesse longue de la terre est comme déliée de la richesse brusque des spéculations maritimes ; celle-ci ne « s'enracine pas », les capitaux ne sont pas accumulés et sans doute la géographie y est-elle, là aussi, pour beaucoup. Se fonde ainsi une culture marseillaise qui, nous le verrons, se transmet jusqu'à la dilution de la bourgeoisie dans les spéculations foncières du XXᵉ siècle.

Parallèlement, à côté de « l'effervescence religieuse et de l'essor prodigieux du trafic maritime et commercial, la vie intellectuelle et artistique fait piètre figure dans ce

1. *Ibid.*, p. 78.

grand port méditerranéen [1] ». Le lien paraît bien coupé avec la ville grecque d'antan, le long creux de l'activité entre les deux périodes de richesse semble avoir ouvert une profonde discontinuité dans la culture des hommes, même si, chaque fois, les nouveaux habitants du site ont à jouer et jouent admirablement entre leur double frontière, de la mer et des collines.

Aux XIIIe et XIVe siècles, Marseille profite des stratégies des Angevins vis-à-vis de l'Italie. Dans le cadre de cette véritable politique méditerranéenne, la ville connaît une nouvelle phase de richesse. « Seulement, écrivent les historiens, insensiblement, les Marseillais abandonnent en partie leurs activités économiques, au profit des transports qui offrent moins de risques et rapportent de beaux bénéfices aux armateurs [2]. » Marseille, loueuse de bateaux pour Charles Ier, néglige ses intérêts commerciaux, comme si elle tendait déjà à préférer la rente du commerce des hommes que nous retrouverons au XIXe siècle.

Surtout, la Méditerranée est en plein changement, et dans un sens qui de nouveau ne la favorise pas. Saint-Jean-d'Acre a été repris par les musulmans, le pape prohibe le commerce avec Alexandrie. Les chrétiens abandonnent les ports d'Égypte et de Syrie, et ce au moment où, le détroit de Gibraltar prenant de plus en plus d'importance, les vieilles voies terrestres par la Champagne et la vallée du Rhône sont délaissées. C'est dans ce contexte, où la Méditerranée ébauche des passages vers l'Atlantique et se ferme en partie à la chrétienté, que les papes s'installent à Avignon au début du XIVe siècle.

Marseille en pleine récession garde cependant une fonction de port de la cité des papes, où se fixent un moment les nœuds du commerce et de la banque. Les descendants des audacieux marins du siècle précédent investissent dans la terre, la ville se dépeuple. Sa population, qui était montée à 25 000 habitants au XVe siècle,

1. *Ibid.*, p. 88.
2. *Ibid.*, p. 94.

paraît être redescendue à moins de 10 000 au XIVe. Même son agriculture de subsistance, qu'elle avait jadis su développer dans son vaste terroir, a été délaissée au profit de la vigne. Car pendant la période de richesse précédente, le blé arrivait trop facilement par la mer, et le vin se vendait bien.

En cette fin de XIVe siècle, Marseille devient « un nid de forbans qui jouit d'une très mauvaise réputation, notamment auprès des marchands toscans d'Avignon [1] ». Il faut dire que les Marseillais ne sont pas les seuls à se lancer dans la piraterie en cette époque troublée : la ville va elle-même être pillée, et attaquée par les épidémies. En 1423, elle brûle pendant trois jours, après son invasion par Alphonse V d'Aragon qui se venge, en rentrant chez lui, de n'avoir pu prendre Naples.

Marseille renaît quelques décennies plus tard, quand la France, à nouveau, peut s'affirmer dans le monde méditerranéen. Avec la fin de la guerre de Cent Ans, les voies du commerce se rouvrent vers le sud, les foires de Lyon et de Champagne redémarrent, et Marseille sort de la décadence et de l'isolement. Jacques Cœur, célèbre argentier du roi Louis XI, déplace ses galères de leur port d'attache traditionnel, Aigues-Mortes à nouveau ensablée, vers Marseille, dont il est fait citoyen.

Avec cette localisation des galères commence une longue époque florissante. Il est utile d'insister sur le rôle décisif que la France y joua, même si Marseille à l'époque était toujours « terre adjacente » de la Provence. Aussi, « le rattachement au royaume, tous les Marseillais l'attendaient, beaucoup l'espéraient, certains y avaient travaillé. Pour ces gens d'affaires et de commerce, la perspective de voir tomber la frontière qui les séparait des foires de Lyon, leur principal débouché terrestre, était bien alléchante, et l'appui de la monarchie française devait constituer un atout sérieux dans la concurrence internationale [2] ». Commence donc ainsi, sous les meilleurs

1. *Ibid.*, p. 107.
2. *Ibid.*, p. 122.

auspices, l'histoire de la ville française qui fut marquée, en 1482, par le transfert officiel et cette fois-ci définitif des galères d'Aigues-Mortes vers la cité. Mais si Marseille s'appuie à nouveau sur une force continentale, c'est comme toujours avec un sentiment net de son autonomie ; cette double logique est à garder en mémoire si l'on veut bien saisir la dynamique de la cité.

Les croissances de la population illustrent la nouvelle période de richesse. S'ils n'étaient sans doute que 15 000 vers 1520, les Marseillais sont 26 000 en 1544, 30 000 dix ans plus tard et sans doute 45 000 dès le début du XVIIe siècle [1]. Le peuplement se fait bien sûr essentiellement par migrations, migrations à l'époque généralement par professions, en fonction de traditions anciennes et bien établies. Les gens du Dauphiné sont maçons ou muletiers, les Savoyards marins ou tisserands, les Auvergnats bouchers ou cantonniers. Les montagnes sont donc toujours productrices de bras en surnombre. Les Provençaux, comme de nos jours, sont présents un peu partout, et les plus riches Marseillais viennent de Gênes ou de Florence.

La ville est redevenue un centre de négoce, mais un centre de négoce toujours attiré par la terre, par les titres nobiliaires qu'elle donne, et qui continuent à réinvestir hors du commerce les bénéfices issus du commerce. Se met donc en place une spirale du renouvellement rapide des élites de la cité, chaque fortune acquise permettant de changer de monde, de laisser la place sur les docks à de nouveaux venus prêts à prendre tous les risques pour faire jouir leurs descendants d'une position aristocratique, bien souvent à Aix – pensons aux Albertas ou aux Forbin qui ont donné leurs noms à de si jolies places aixoises.

Cette particularité marseillaise ne s'explique pas par un vice particulier des hommes ou une incapacité à bâtir de longues fortunes dans le commerce et l'industrie. Plus profondément, c'est sans doute la différence de culture entre la Provence et Marseille qui est une des grandes

1. *Ibid.*, p. 138.

causes de ces transferts de richesses. Là où Marseille la Grecque était le lieu de la culture, la ville qu'on ne pensait pas quitter pour un monde rustique, gaulois, la Marseille de la Renaissance occupe déjà la position qu'on lui connaît aujourd'hui. Elle se confronte à une Provence qui a bénéficié à plein et dans le long terme de la romanité, où se sont constituées une culture et une population enracinées dans le travail du sol, qui définit un art de vivre attractif, la porosité entre Marseille et la Provence jouant alors au désavantage de la ville. Logiquement, l'activité marseillaise est sans cesse aux mains d'étrangers, les capitaux sont avignonnais, lyonnais ou transalpins. Si la ville est lieu de transit des biens et des personnes, elle n'en est pas le moteur. Elle en est seulement le site. Ce trait déterminant pour l'histoire future de Marseille mérite d'être relevé.

Aussi « les Marseillais ne sont pas des manieurs d'argent, pas plus que des marins ou des industriels ; sauf exception, ce sont des courtiers qui cherchent avant tout à faire travailler leur argent à court terme. Tout ce qui réclame un investissement tant soit peu important leur paraît incertain. Ils négligent les foires que le roi René leur octroie en 1447 et qui devraient bénéficier de la position géographique de la ville. Ils préfèrent se rendre à celles de Lyon qui deviennent vite un grand marché international. Ce phénomène relève moins des lois économiques que de la psychologie locale ; la tendance générale est à l'individualisme et chacun préfère être maître de sa petite entreprise plutôt que d'aliéner une partie de sa liberté [1] ».

L'activité de Marseille est donc essentiellement un commerce de transit entre le monde méditerranéen et le continent. C'est qu'il y a des acheteurs des deux côtés : des consommateurs orientaux qui veulent des draps des Pays-Bas, des consommateurs européens qui veulent des épices. Et la ville échange le confort des riches Levantins contre le confort des riches Européens.

1. *Ibid.*, p. 144.

Au XVIe siècle, pour des raisons diverses, la prédominance des Italiens dans le commerce de la cité recule. Des Allemands interviennent, mais surtout, fait relativement nouveau, des Marseillais tentent d'asseoir leur économie commerciale sur une économie de transformation. Il semble y avoir eu là, autour des années 1570, avec des fabriques de draps, de savon, de sucre, une tentative locale qu'on retrouvera trois siècles plus tard, mais qui ne résistera pas longtemps, deux décennies tout au plus.

Marseille est sans doute, plus qu'on ne l'a souvent dit, une cité industrieuse, notamment au début du XIXe siècle. Aux XVIe et XVIIe siècles, il y a déjà des activités de transformation dans la ville, mais il y faut des activités qui dépensent peu de chaleur, car les ressources en bois et en eau sont rares ; donc, suivant les époques, principalement du textile, ou les cuirs et peaux. Et toujours, bien sûr, on répare les bateaux. Parfois même on en construit.

Fernand Braudel a bien décrit le rapport entre la lente poussée des arbres et la richesse des ports de Méditerranée, expliquant que les périodes de déclin sont indispensables à la poussée des grands arbres qui font les bons bateaux. Et qu'à l'inverse, en période d'expansion de longue durée, il faut aller de plus en plus loin pour les chercher, une fois qu'on a arasé toutes les forêts de proximité. Comment comprendre autrement le dénuement absolu des blanches collines qui entourent la baie de Marseille ?

Le poids croissant du royaume

La ville n'a toujours que 67 hectares en 1600 et, jusqu'à la Révolution française, si sa population triple, atteignant 120 000 habitants, c'est avec une densité qui ne change guère, car la ville de la Révolution française n'a encore que 195 hectares. Pourtant, entre ces deux dates, un profond changement est intervenu : en 1666, sur décision de

Versailles, et sous l'impulsion de Colbert, la ville se met à entourer son port. Le port entre dans la ville, qui s'élargit autour de son site traditionnel. Une ville neuve se dessine à côté de l'ancienne, et commence alors la lente conquête du terroir marseillais par les hommes, les entreprises, les maisons, qui va amener, en moins de trois siècles, la ville de sa forme presque originale à celle d'aujourd'hui, relativement peu dense.

Surprenante est l'histoire de cette ville petite, tassée, longtemps surpeuplée, qu'il va falloir ouvrir presque de force face à une « une âpre résistance [1] » des responsables de la communauté. Et « aux premiers coups de pioche sur les remparts vénérables, une " terreur panique " se répandit dans l'ensemble de la cité. Avec ses murs qui s'effondraient, tout un morceau d'histoire tombait : passant des mains des Marseillais dans celles du roi, la ville changeait de figure. On n'était pas loin du sacrilège... Et, malgré tout cela, cette métropole élargie, enveloppant, enserrant le port comme sa chose, quel merveilleux symbole! La ville ouverte, offerte à la mer qui la pénètre, tandis qu'elle se ferme, qu'elle tourne le dos à son pays, quelle confirmation de son destin séculaire! S'évadant davantage du milieu local, renforçant comme jadis les comptoirs phéniciens ou grecs, un complexe d'insularité, un réflexe d'isolement, elle s'oriente délibérément vers les horizons maritimes. La forme de la ville a changé, mais son avenir se lit plus clairement dans les lignes de son nouveau visage [2] ».

À partir d'ici, il faut raconter deux histoires distinctes pour la comprendre. Celle qui poursuit l'épopée entamée, l'aventure historique, le rapport avec la France, la position en Méditerranée, les tendances protestataires locales, etc., et une autre qui commence et transforme le corps de la ville dans son espace. Une histoire qui, au long de trois siècles, sera faite de percements, de canalisations, de constructions, de bidonvilles, de politiques urbaines et

1. *Ibid.*, p. 164.
2. *Ibid.*, p. 166.

d'absence de politiques urbaines, de banlieues dans la ville, de crises des banlieues, etc.

Cette histoire est certes liée à la première, parce qu'elle en est en partie la conséquence, mais elle en est aussi indépendante, car l'économie spéculative, l'investissement foncier et la rente des grandes opérations immobilières deviennent peu à peu acteurs propres de la dynamique urbaine. Le rôle du pouvoir municipal s'en trouve lentement transformé car, garant d'un maintien en l'état, il devient transformateur du corps spatial, et donc acteur des mutations du corps social, des sources de la richesse et de la spéculation. Plus tard, après la fin de la croissance urbaine, il se posera logiquement des questions sur son rôle de moteur économique; on connaît les débats qui entourent ce sujet depuis plus de dix ans, les ambiguïtés multiples liées à l'attribution des marchés publics sur les réseaux d'eau ou d'information, les controverses sur le rôle des maires comme leaders économiques de leur cité. À Marseille, on peut dater de la fin du XVIIe siècle l'ouverture de ce champ nouveau, ceci par décision du pouvoir central.

Avec Colbert, la ville commence à bien s'organiser autour de son port. Les quais avancent sur l'eau, dégageant un arrière-plan de stockage et de travail, aussi bien du côté du port ancien, là où les Grecs menaient leurs bateaux, que vers les anciens salins que l'on a conquis pour ordonner l'arsenal autour d'un canal intérieur qui ne sera comblé qu'au XXe siècle et remplacé par la place d'Estienne-d'Orves. Cette ville nouvelle s'agrandit lentement, comme si les Marseillais hésitaient à quitter leurs collines, à descendre des Accoules et de Saint-Laurent. La ville ancienne reste surpeuplée, et elle le restera jusqu'à ce qu'on la démolisse, notamment pendant la Seconde Guerre mondiale. Et n'oublions pas, même si jusqu'ici nous avons peu insisté sur ce point, que, dans l'irrégularité du peuplement et du destin, surtout pour un site portuaire comme celui de Marseille, il n'y a pas que les rapports de forces politiques ou la lenteur de la croissance des arbres. Les grands fléaux naturels, les maladies dont Marseille fut frappée rudement plusieurs fois y tiennent aussi leur place.

Au-delà de l'agrandissement, Marseille, comme beaucoup de places du royaume, eut à se soumettre au centralisme français. On y envoie des troupes qui cantonnent sur place. On bâtit deux forts, de part et d'autre de l'entrée du port, qui, fait exceptionnel, sont construits tout autant pour tenir la ville en respect que pour la protéger d'une agression extérieure. Enfin, Louis XIV y pénètre par une brèche ouverte dans les remparts, le 2 mars 1760. À partir de là, la ville est administrée par des marchands, les nobles sont exclus de la gestion des affaires publiques. Dans l'imaginaire local, cette période marque la fin de l'autonomie marseillaise. Pourtant, il s'agit du passage d'un ordre nobiliaire à un ordre marchand mis en place certes par la monarchie absolutiste, mais dans une ville qui s'enorgueillit à juste titre d'avoir la plus vieille chambre de commerce du monde, fondée en 1599.

Il serait évidemment faux de voir dans cette prise en main de la cité par le centralisme royal une volonté de l'appauvrir. Elle obtient même le monopole du commerce avec le Levant mais elle n'a plus l'autonomie politique d'hier et sa dépendance vis-à-vis des voies du commerce continental est affirmée; si hier déjà elle s'appuyait clairement sur la force du royaume pour le développement de son commerce, elle avait le sentiment que c'était en toute liberté... et, dit-on, dans une certaine indiscipline locale. L'ordre royal est un ordre aussi bien interne qu'externe, et la présence des forts, des soldats, amène à une ambiance urbaine plus pacifique. Aussi cet épisode de l'aventure marseillaise est-il resté, dans la mémoire collective, comme celui du deuil d'une liberté perdue. Et la mémoire collective marseillaise, peut-être parce qu'elle se ressource sans cesse dans la vie méditerranéenne, n'arrive pas à cicatriser cette rupture.

Une longue période de richesse entraîne la ville. Désormais bâtie autour de son port, elle vit toujours pour lui ; le négoce, dont découle la richesse, domine. Les historiens nous parlent de capitalisme commercial. On raffine le sucre, on fabrique des savons, un artisanat actif et divers s'y développe autour des bateaux, des emballages. Puis, peu à peu, au cours du XVIIIe siècle, comme partout, la fabrique chasse l'artisan et l'atelier ; on en voit de plusieurs centaines d'ouvriers. Le travail du textile s'intensifie, dont quelques manufactures de soie. L'une d'entre elles, créée en 1685, sera reprise par Joseph Fabre.

Il n'y a là au fond rien que de très ordinaire : la transformation de produits qui passent par la ville, dont, « en vérité, la grande, la véritable industrie était celle du savon [1] »... En 1789, avec 33 fabriques réunissant environ 700 000 quintaux, pour une valeur d'environ 30 millions de livres, la savonnerie représente à elle seule la moitié de la production industrielle locale. Mais c'est quand même le commerce qui domine ; c'est là qu'est la source première de la richesse.

Le véritable tournant du XVIIIe siècle est celui de l'horizon : de méditerranéen, il s'élargit à un début d'horizon mondial. Pour des raisons aussi bien techniques que politiques, la navigation passe de plus en plus facilement au travers du détroit de Gibraltar, déplaçant la prospérité de la ville vers l'océan Indien, les Indes, la Chine, et ce malgré les conflits franco-britanniques. Et « l'impulsion des négociants protestants fut ici décisive [2] ».

Parallèlement à cette ouverture à l'ouest, la Méditerranée s'ouvre également à l'est, vers la mer Noire, grâce au recul du Sultan après 1774. Le monde russe, mais aussi par contrecoup le monde austro-hongrois, s'ouvrent aux voies du commerce maritime, Odessa et Trieste deviennent des destinations familières. La Révolution française saisit donc Marseille très largement sortie de son territoire ancestral.

À l'époque révolutionnaire, la ville compte à peu près

1. *Ibid.*, p. 208.
2. *Ibid.*, p. 214.

100 000 habitants. Elle ne se tient pas, on le sait, à l'écart des événements. Le ferment révolutionnaire la travaille, mais ceux-ci marquent un coup d'arrêt brutal et fort dans la dynamique générale de la ville. Non qu'elle ne soit pas dans le camp révolutionnaire. Mais les luttes internes dans la cité font disparaître, ou retourner vers leurs cités méditerranéennes d'origine, une part des acteurs décisifs des échanges, et les guerres napoléoniennes, puis le long blocus anglais qui en découle, cassent le mouvement qui portait Marseille à la fin du XVIIIe siècle, favorisant des sites concurrents, achevant la première période coloniale française et renforçant l'Empire britannique.

Localement, l'essentiel de la navigation est réduit à un cabotage de proximité, et le déséquilibre des forces traditionnellement en présence en Méditerranée permet un développement des forces barbaresques, notamment des activités de courses du port d'Alger. Insécurité en Méditerranée, réduction des transferts maritimes compteront demain tout autant pour Marseille, comme d'ailleurs pour l'Algérie, que la crise radicale que marquent le blocage du port ou les idées nouvelles.

Fernand Braudel a dit de Gênes que c'était une « ville-point ». On peut reprendre cette image pour Marseille, mais en insistant, comme le montre ce rapide récit historique, sur le rôle d'arrière que jouent la France et l'Europe. Quand Marseille est vraiment une ville-point, elle est exsangue ou de fonctionnement purement local – sauf durant sa longue fidélité aux valeurs de la Grèce antique. Elle apparaît par la suite comme une enclave sur la terre, une enclave visuelle au sens où le continent lui est caché, mais ce sentiment est pour partie un leurre, comme si les hautes collines blanches masquaient à la conscience marseillaise son rôle de port d'un vaste ensemble territorial. Alors, dans un site dont le seul horizon est la mer, les histoires qu'on se raconte pour incliner à vivre sont en léger déphasage avec la réalité. Marseille, site « décalé » du débouché rhodanien, a vécu au niveau imaginaire une histoire « décalée ». Indéniablement, si le débit du Rhône et son charroi d'alluvions avaient été autres, si Marseille avait eu une position de port d'estuaire, son scénario imaginaire aurait été différent, et son aventure aussi. Pourtant, pour l'essentiel, le charroi de ces quais aurait été le même.

Ce récit décalé de soi-même, cette puissance souvent détachée de ses vraies sources, ce territoire caché sont autant de difficultés supplémentaires à affronter quand le cours de l'histoire impose un changement de cap. Car à force de se raconter des histoires, on finit par y croire. Or Marseille n'a ni le destin de Venise, Gênes et Barcelone, ni celui d'Alger ou d'Alexandrie. Elle n'est pas l'une de ces villes italiennes – et ajoutons-y Barcelone – où a été inventé le capitalisme par des cités-États ; elle n'est pas non plus une ville cosmopolite en bordure de l'Empire ottoman. Elle est un port plusieurs fois enrichi et soumis à des logiques étatiques continentales dont l'altérité fondamentale ne découle pas des sources de la richesse inventée par la cité. Mais elle jouit d'un particularisme culturel lié à sa « maritimité », à « l'air » et aux cultures méditerranéennes qui la traversent et la côtoient, enfin à une position géomorphologique d'isolement face à la terre.

Autrement dit et pour forcer le trait, on peut se demander si, pour comprendre cette ville, il ne faut pas plus penser à une gare maritime dans un pli du relief qu'à une cité-État, même si c'est ce modèle qui, localement, anime les mentalités. Seulement une gare de la mer dans une culture de la terre, un haut lieu de la dualité fondamentale dont la Grèce et Rome sont les figures emblématiques et que porte souvent au présent l'opposition entre l'Angleterre et l'Europe. Mais cette culture de la mer est aujourd'hui bien en recul face à des continents maîtrisés et homogénéisés en termes de civilisations.

Une large part de la complexité marseillaise est liée au fait que la géographie et l'histoire ont installé au pourtour de la ville, entre elle et la Provence, comme une caricature de cette dualité, où le vécu des acteurs est nourri de l'évidence de ce voisinage faiblement poreux qui apparaît comme la preuve de l'altérité radicale de Marseille face à la France et à l'Europe. L'approche historique, quant à elle, éclaire plus des complémentarités et des prolongements qu'on ne le croit couramment.

On pourrait, pour finir, se dire que si Marseille n'a pas eu le destin de Barcelone, ou même de Gênes, cela est dû à la force du passage par le Sillon rhodanien qui a généré une domination du flux sur la production locale, d'autant que la ville est coupée par ses collines d'un arrière-pays direct limitant le jeu de sa richesse entre la terre et la ville. Là où Barcelone s'appuie sur la Catalogne pour avoir une logique d'État et où Gênes, agrippée à des collines qui tombent à la mer, est comme poussée vers le large, Marseille a seulement assez de terre pour jardiner et construire, en s'enrichissant du négoce. Cette donnée qui la limite et la spécifie lui fournira, au fil du XIXe siècle, les conditions exceptionnelles de sa plus grande richesse et de son rayonnement, un temps quasi mondial.

Chapitre III

Le cœur du mythe

Marcel Roncayolo a pu écrire : « Marseille, ville du XIXe siècle ? Le propos a quelque chose d'irrévérencieux quand on écrit sur la plus ancienne cité de l'Hexagone ; quand plus près de nous on mesure la puissance de ce port en Méditerranée au XVIIIe siècle, ou même quand, en contrepoint des difficultés actuelles, on mesure l'ampleur des transformations apportées dans les années cinquante-soixante-dix [1]. » Mais si cette question peut être posée par l'un des meilleurs connaisseurs de la ville, c'est qu'au XIXe siècle elle connaît un développement extraordinaire qui multiplie sa population par près de cinq, ouvre de nouvelles voies de navigation, fonde une véritable industrie et prend appui au fil du siècle sur la conquête de l'Algérie et des colonies – même s'il ne faut pas oublier qu'en 1914 le premier partenaire de Marseille est l'Angleterre.

Marseille connaît à cette époque une succession de démarrages portés par les progrès techniques et les logiques impérialistes. Si, chaque fois, ces démarrages se terminent dans une relative désillusion, chaque fois aussi, de nouvelles perspectives s'ouvrent, appuyées tantôt sur des forces exogènes, tantôt sur des acteurs proprement marseillais. Chaque fois, la ville-port franchit un nouveau seuil, créant en fin de compte une croissance quasi conti-

1. Marcel Roncayolo, *Marseille au XIXe siècle*, Musées de Marseille, Réunion des musées nationaux, 1991, p. 21.

nue, une multiplication des trafics et des hommes, un poids de plus en plus fort des industries.

La force « des Marseille » du XIXe siècle est d'avoir su tirer profit d'une évolution de longue période qui pourtant lui était défavorable. Peu à peu le trafic maritime mondial se déplace entre la dorsale industrielle de l'Europe, l'Amérique et les sources d'approvisionnement en matières premières. Marseille, quoi qu'elle ait pu espérer, n'est pas au cœur de ce triangle de la richesse, sauf en ce qui concerne le « matériel humain ». Et pourtant nous sommes à l'époque de sa plus grande gloire. Situation paradoxale? Galéjade locale? Point du tout. Mais la vision qui anime les contemporains n'est pas exactement la même que la nôtre. Eux pensent encore peu en termes de basculement vers l'Atlantique, et surtout pas en termes de coupure Nord-Sud. Chacun voit les innovations comme une amélioration de ses propres activités, alors qu'en fait se créent des concurrences hier imprévisibles par la modification des rapports entre coût, durée et distance. C'est pourquoi Marseille, forte de sa position au XVIIIe siècle, malgré le marasme où elle se trouve sous le Premier Empire, développe des forces extrêmes pour jouir de sa vieille position dans le cadre des nouvelles techniques et des nouvelles logiques financières et politiques. Et elle n'est pas la seule à croire à son destin : un véritable mythe de l'avenir marseillais s'instaure en France et dans le monde, attirant dans la ville capitaux, hommes d'action et pauvres – de nombreux pauvres.

Ce mythe est porté par le progrès technique et l'imaginaire de l'Orient qui dominent le XIXe siècle. Napoléon Ier en est pour partie responsable car, avec l'expédition d'Égypte et l'idée d'y inclure des savants, il a ouvert une brèche dans l'ignorance qui s'était instaurée entre Orient et Occident. Dans les années 1830, il sera relayé par les disciples de Saint-Simon qui pensent, notamment avec le père Enfantin, que la Méditerranée doit être le centre d'une alliance entre l'Occident technique et l'Orient croyant. Leurs actions aujourd'hui trop oubliées ont été importantes, notamment en Égypte et en Algérie, avec des conséquences jusqu'au cœur du présent. Sans doute l'avenir de la Méditerranée aurait-il été autre si leur influence avait été plus décisive et leurs idées d'alliance plus largement réalisées. Ils faillirent réussir avec Napoléon III qui fit, sur leurs conseils, le projet d'un royaume arabe, mais on connaît la suite portée par la montée des nationalismes.

1815

En 1815, « l'effondrement du grand commerce place Marseille au rang des sites les plus défavorisés par le système napoléonien », alors que « d'autres centres ont su tirer profit des possibilités offertes par le système continental au secteur industriel [1] ». Non seulement la ville est au plus bas, mais d'autres lieux ont su profiter de la période. Au plus bas l'activité portuaire, au plus bas les multiples artisanats qui lui étaient liés, et sans doute aussi au plus bas le moral urbain – n'oublions pas que dans la lutte contre la Gironde le Directoire a été jusqu'à débaptiser la cité pour l'appeler « la ville sans nom ». Cette blessure d'amour-propre sera réactivée avec la mise en tutelle à la fin des années trente, comme si, entre la cité méditerranéenne et l'État continental centralisé, le respect mutuel était toujours difficile.

Marseille redémarre dès 1822 grâce à « l'arrivée des armateurs grecs [2] », après les massacres de l'île de Chio. Certains s'installent comme négociants en blé ukrainien, créent des semouleries et des minoteries, attirent de la main-d'œuvre varoise puis italienne. Ces activités importées font que, dès 1825, Marseille dépasse la position

1. Édouard Baratier, *Histoire de Marseille, op cit.*, p. 303.
2. Gilbert Rochu, *Marseille. Les années Defferre*, Alain Moreau, 1983, p. 31.

qu'elle tenait avant la Révolution, sans oublier la reprise des activités traditionnelles locales.

Cependant, il ne faut pas penser que Marseille est toujours sauvée par les derniers arrivants. Son extraordinaire développement du XIXe est porté autant par des natifs que par des gens de l'extérieur. À la fin de la Restauration, elle compte 9275 établissements représentant 180 types d'industries différentes. Certes, la plupart sont de tout petits ateliers mais ce tissu diffus dans le corps de la ville utilise de multiples savoir-faire et des techniques variées. Cette base industrielle se développe et « Marseille participe pleinement au premier mouvement de l'industrialisation continentale [1] ».

L'objectif de ces activités industrielles consiste d'abord à compléter les trafics portuaires dans le but de transformer des matières premières qui ne vont pas forcément trouver preneur, de fabriquer des bateaux, de chercher de la houille et de faire travailler l'import-export. Mais elles forment un terreau autonome dans la ville bâtie sur l'agroalimentaire et les activités complémentaires de la marine. Comme l'écrit Pierre Rastoin, qui est directement issu de ce milieu, « le vrai jeu, le métier fondamental, c'était d'abord d'acheter et de revendre des cargaisons ». Alors, quand « ils n'arrivaient pas à vendre à temps, le jour où arrivait le bateau, on allait décharger la cargaison de graines et on la triturait à l'usine ». « Comme il s'agissait d'abord de spéculateurs, de négociants, on comprend pourquoi ces hommes ne s'intéressaient pas tellement à l'évolution technologique [2] », et ils réinvestissaient en rentes foncières ou en titres, dans la plus pure tradition locale, ce qu'ils gagnaient.

Autour de cette richesse-là, on trouvait des activités d'habillement, très morcelées, et tout ce qui touche au bâtiment : carrière, tuiles... Puis bien sûr, et de plus en plus vers la fin du siècle, l'arrivée et le passage des

1. Gérard CHASTAGNARET, Émile TEMIME, « L'âge d'or de l'industrie », in *Marseille au XIXe siècle, op. cit.*, p. 112.

2. Pierre RASTOIN, *Quai d'avenir*, Jean-Claude Lattès, 1985, p. 82.

hommes : Gavots, Provençaux, Languedociens, Corses se pressent dans la ville pour occuper les emplois que crée son industrie, puis la ville deviendra l'un des grands relais de l'immigration des Italiens, ceux qui passent pour le nouveau monde, ceux qui vont rester massivement à la fin du siècle, puis le refuge des Arméniens, des Grecs, des antifascistes, des républicains espagnols. Ainsi le trafic passagers fera « plus que quintupler entre 1875 et 1913 [1] ». L'histoire des migrations dirigée par Émile Temime est le monument de cette épopée. Ces éléments, peu à peu bouleversés par les progrès techniques et leurs conséquences contradictoires, resteront tout au long du siècle, et même jusqu'à la crise des années soixante et soixante-dix du siècle qui suivra.

1830

1830, c'est l'année de la prise d'Alger. Marseille a été « dès 1830, favorable à l'entreprise algérienne [2] ». Il faut dire qu'au départ la prise d'Alger vise à affaiblir les flottes barbaresques qui, ayant profité de la présence anglaise, se sont développées et gênent le commerce de la ville. Mais l'Algérie est perçue comme un débouché dès 1840, la conquête de l'Algérie ne s'achevant vraiment qu'en 1847.

Plus largement, pour faire une parenthèse sur la colonisation, il faut se rappeler qu'en 1815 de vastes parties du monde restaient inconnues et que, dans ces luttes avec l'Angleterre des XVIIe et XVIIIe siècles, la France a perdu presque toutes ses premières colonies. Au XIXe, elle occupe donc l'Algérie, puis le Viêt-nam. Par la suite, la colonisation résulte d'abord des conflits entre les puis-

1. Émile TEMIME (dir.), *Migrance. Histoire des migrations à Marseille,* Édisud, 1991, p. 85.
2. Roland CATY, Éliane RICHARD, « Le port et le négoce », in *Marseille au XIXe siècle, op. cit.*, p. 71.

sances européennes, la grande poussée coloniale française ayant lieu après le Second Empire et jusqu'en 1914. Leur contribution à la richesse des métropoles reste discutée. Benjamin Disraeli, futur Premier ministre britannique, ne dit-il pas, dès 1852, que « ces funestes colonies sont suspendues à notre cou comme une meule [1] »? Des analyses récentes ne semblent pas lui donner tort [2], mais la richesse publique et l'enrichissement des particuliers ont toujours été deux choses distinctes...

Sans doute les hommes d'affaires marseillais « poussent le gouvernement français à étendre son influence sur ces contrées d'où ils importent des produits oléagineux qui servent de matières premières à l'huilerie comme à la savonnerie marseillaise », et « le trafic colonial constituera 20 % du tonnage des marchandises à la veille de la Grande Guerre [3] ».

Pourtant, la croissance marseillaise du XIXe siècle doit encore peu aux colonies. La ville coloniale de la fin du siècle ne doit pas cacher la grande ville portuaire et industrielle qui la précède, dont le recul induira justement un repli sur les colonies, celles-ci étant une tentative finale de la longue période de richesse du XIXe pour contrebalancer le basculement vers l'Atlantique qui devient irréversible vers 1880, et surtout après 1914.

Pour Marseille, l'Algérie et la conquête africaine sont un tournant fondamental, mais sur un autre plan : historiquement, la ville n'a pas eu de stratégie territoriale, c'est un port de commerce et rien d'autre. On n'est ni à Gênes ni à Barcelone. D'ailleurs, le peuple marseillais a longtemps été anticolonialiste, car ici l'Algérie et les autres pays riverains de Méditerranée appartiennent au même monde. La richesse est liée à l'échange des biens et des hommes dans cet espace. Au-delà des aventures

1. *Le Grand Atlas de l'histoire mondiale*, Encyclopaedia universalis, 1985, p. 245.

2. Jacques MARSEILLE, *Empire colonial et capitalisme français*, Albin Michel, 1984.

3. Roland CATY, Éliane RICHARD, in *Marseille au XIXe siècle*, *op. cit.*, p. 71 et 85.

divergentes, la sécularisation est au Nord, la foi au Sud. N'a-t-on pas longtemps été l'allié du grand Turc?

L'enjeu de Marseille, c'était la liberté du commerce et l'accès aux sources de matières premières du Sud, notamment agricoles. Par la suite, cela devint évidemment un débouché important d'industries locales qui reculaient pour des raisons géographiques vis-à-vis des marchés européens et mondiaux. Mais « l'aventure algérienne », comme le dit la formule consacrée, est dans l'histoire de Marseille plus profondément, et sans doute plus durablement, un changement de monde. La domination de celui qui hier était un voisin crée une distance pour le long terme, bien au-delà de la décolonisation.

Paradoxalement, c'est à ce moment-là que Marseille s'inscrit en profondeur dans l'aventure du Nord. Elle a choisi son camp, un peu en dépit de ce qui était prévisible à l'époque. Et sa lutte au XXe siècle pour faire des colonies sa « chose », la richesse qu'elle y gagnera ne feront qu'accentuer le mouvement. Elle devient, qu'on le veuille ou non, organisatrice de territoires, sur l'autre rive certes, demain peut-être sur la sienne. Elle ne pourra plus revenir en arrière et se croire pure ville-point méditerranéenne carrefour de mondes, sauf à s'engager dans une impasse. De ville-port, elle est passée au statut de ville à hinterland, même si celui-ci était « en face ». Mais elle mettra longtemps à l'accepter. Pour l'instant, fermons cette parenthèse qui ne prendra son plein effet qu'en 1906 avec l'Exposition coloniale et bousculera la cité en 1962.

La vapeur et le train

La rencontre des deux innovations techniques que sont la vapeur et le train joue évidemment un rôle décisif dans le développement de Marseille. En 1818, le premier vapeur qui entre dans le port est napolitain. Ce n'est qu'en 1831 que Marseille aura ses premiers navires à vapeur sous l'impulsion d'un Alsacien, Hyppolite Worms, gros transporteur de charbon [1]. Dès 1840, « le port compte 13 vapeurs quand Le Havre en aligne déjà 32. Mais Marseille ne tarde pas à combler son retard : en 1850, chacune des deux places représente 31 % du tonnage de la marine à vapeur française [2]. »

Alors vient le train. Cette invention, qui permet de concurrencer le trafic atlantique par la voie terrestre grâce à la création du PLM, sous l'impulsion de Paulin Talabot avec le soutien des Rothschild et de Mirès, lui ouvre de nouveaux horizons. Peu à peu s'engage la concurrence entre les vapeurs, de plus en plus rapides, et le train. Cette bataille entre le rail et la mer pour atteindre au cœur de l'Europe détermine les usages de la place qui les lie, et par conséquent les destins successifs de Marseille. Du moins jusqu'à l'arrivée du camion, qui favorisera définitivement les ports du Nord au siècle suivant. Le Vieux-Port est alors un handicap considérable pour le développement de la cité, tant il est peu adapté aux trafics rapides et réguliers des vapeurs, et surtout aux transbordements des vapeurs aux trains.

Aussi le vrai tournant de la vieille cité phocéenne peut-il se résumer par trois dates inséparables : 1848, inauguration de la gare Saint-Charles; 1849, canal amenant les eaux de la Durance; 1853, achèvement du nouveau port de la Joliette. Brutalement, l'accès à l'Europe est en contact avec un appareil portuaire adapté aux vapeurs, qui permet de réduire considérablement non seulement les coûts de transports, mais aussi les coûts de manutention sur les ports. Dans le même temps, l'arrivée de l'eau de manière régulière et continue permet aux industries une activité constante, y compris en été, ce qui n'était pas le cas antérieurement. C'est en cela que les trois événements sont inséparables, permettant une véritable synergie des rôles industriel et portuaire qui struc-

1. Gilbert Rochu, *Marseille. Les années Defferre*, *op. cit.*, p. 32.
2. *Ibid.*, p. 69.

turent le second XIXe siècle à Marseille. Et la ville va être emportée par une logique de grands travaux qui la redessinent, alliant bâtiments religieux et civils, logements, entrepôts et bureaux.

« Le rêve méditerranéen qui porte Marseille en ces années triomphales qui coïncident avec le milieu du siècle (1840-1865) est d'abord le rêve saint-simonien de réconciliation entre les hommes et de prospérité des peuples par l'ouverture des frontières et le développement commercial [1]. » À partir de 1850, on peut donc dire que « Marseille sera désormais enracinée plus qu'elle ne l'a jamais été dans le continent [2] » en s'ouvrant sur la mer par le long port de la Joliette. Celui-ci est sorti du cœur de la ville au moment où le train fait sauter le verrou des collines et ouvre l'accès rapide à la France du Nord, transformant la géographie au sein de la ville, entre celle-ci et la terre, entre le Sud et le Nord. C'est la plus belle période de l'aventure marseillaise, faite de rêves, de grands travaux, de richesse, de voyages lointains.

Suez et le libre-échangisme

Deux événements viennent encore renforcer le rôle de la place : d'une part le traité de commerce entre la France et l'Angleterre de 1860, qui libéralise les échanges, ce que Marseille, traditionnellement libre-échangiste, demandait depuis longtemps ; d'autre part, l'inauguration en 1869 du canal de Suez, qui bouleverse la géographie, la Méditerranée pouvant maintenant accéder à l'Asie directement par mer. Ces deux événements tant espérés au niveau local ne vont pas avoir que des conséquences heureuses. La libération du commerce est une bonne chose, certes, mais l'abolition des barrières douanières, c'est aussi la commande par les armateurs marseillais de bateaux sur

1. Émile TEMIME, *Marseille au XIXe siècle*, *op. cit.*, p. 417.
2. Édouard BARATIER, *Histoire de Marseille*, *op. cit.*, p. 359.

les chantiers anglais dont les prix sont moins élevés qu'en France. Et l'ouverture du canal de Suez, à laquelle on avait cru au point que « les Bouches-du-Rhône sont le deuxième département après la Seine à soutenir financièrement la construction du canal [1] », entraînera vite des désenchantements, car il modifie considérablement le coût de la tonne transportée. « Par exemple, entre Marseille et l'Indochine, celui-ci tombe de 1000 francs la tonne en 1860 à 86 en 1868. Le prix du transport de marchandises qui passent par Suez s'égalise, qu'elles soient à destination de la Méditerranée ou de la mer du Nord. [...] Ainsi, la vapeur a pratiquement annihilé les avantages de la position géographique de Marseille à mi-chemin entre les sources de matières premières et les pays industriels du Nord-Ouest. [...] Marseille doit renoncer à devenir le grand entrepôt méditerranéen comme elle l'avait un temps espéré [2]. »

Le progrès technique en matière de transports, qui a fondé la période faste de Marseille jusque sous le Second Empire, crée donc par la suite de nouvelles concurrences, quand le prix, la distance et la durée cessent d'être liés par les règles anciennes. Le coût du transport continental est à nouveau défavorable par rapport au coût du transport maritime sur des trajets essentiels pour la cité, et par conséquent la position de Marseille s'affaiblit, même si elle semble poursuivre sur sa lancée. D'autant que vers l'est, le percement des voies ferrées alpines à partir de Gênes fait passer par cette ville les transits vers l'Europe centrale et la Suisse.

1. Roland Caty, Éliane Richard, in *Marseille au* XIX*e siècle, op. cit.*, p. 77.

2. *Ibid.*, p. 80 et suiv.

1880

Au-delà de la forte dépression générale des années 1880, si le trafic continue à croître, cette croissance est faible par rapport à celle qui entraîne le monde industrialisé en cette fin du XIXe siècle. Certes, il n'y a pas recul de Marseille mais il y a progressivement perte de sa position relative : « Marseille est dépassée par Hambourg en 1880, par Anvers en 1893, et par Rotterdam en 1896 [1]. »

La riposte sera industrielle puis coloniale. La chambre de commerce et en particulier Cyprien Fabre, l'armateur qui en fut un dynamique président, aperçoivent l'aspect inexorable de ces évolutions. Dès lors, ce monde de négociants, pour qui la transformation industrielle était un complément somme toute secondaire d'une culture fondamentalement commerciale et spéculative, contribue à ouvrir à Marseille une vraie carrière industrielle, bâtie sur un sentiment de survie dans un contexte mondial qui la dessert et ne peut que la desservir plus encore demain. Nous entrons là dans la grande époque industrielle de la ville, mais il s'agit d'une industrie toujours liée au port, qui vise à transformer les matières premières importées pour les réexporter par l'outil portuaire. Le but est donc bien de faire fonctionner le port à plein régime, l'industrie en est le moyen. Mais le continent y prend moins de part. On pourrait presque parler à cette époque d'un « modèle à la japonaise », c'est-à-dire que d'avoir peu de ressources locales impose une activité intense pour créer de la richesse par importation de matières premières et exportation de produits transformés simplement.

Pour stimuler cette activité, les armateurs ouvrent des lignes de plus en plus lointaines vers l'océan Indien, Madagascar, la mer du Nord, la Baltique, l'Amérique, etc. Ces lignes activent parallèlement le rôle de grand passage de la ville, qui se fait exportatrice de main-d'œuvre vers

1. *Ibid.*, p. 81.

l'Amérique. Paradoxalement, si Marseille a reculé en place relative, c'est en même temps le moment où le port prend vraiment sa dimension mondiale, non qu'il soit en haut de la hiérarchie portuaire, mais parce qu'il est présent sur toutes les mers.

Cette réaction industrialisante qui porte le développement est un moyen de lutter contre la dépossession en cours des négociants locaux. Plus le trafic est géré globalement, moins les hommes de la ville y ont un rôle, les négociants comme les autres. Aussi est-ce au nom du peuple travailleur que la chambre, qui est à l'époque le pivot politique de la cité, monte au créneau. « La lutte (il n'y a pas d'autre mot) qui s'engage alors entre les compagnies associées – compagnies extérieures à Marseille et jugées non marseillaises – et la chambre de commerce, qui se considère responsable des intérêts marseillais, est significative. C'est, si l'on voulait schématiser sommairement, la lutte de Marseille contre Paris. Lutte en définitive victorieuse, Marseille reprenant le commandement d'elle-même, et de valeur exemplaire – surtout si l'on compare aux événements des années soixante et aux problèmes de Fos [1]. »

En cette fin de XIXe siècle, « après avoir regardé vers l'Hexagone, Marseille se détourne du continent pour se tourner petit à petit exclusivement vers la mer ». Progressivement, elle se constitue en une sorte de « territoire autonome » intégrant, en un ensemble unique et structuré, l'industrie, le commerce et le port. En 1914, 80 % des trafics portuaires concernent directement Marseille [2]. Alors, à la veille de la Grande Guerre, « le bassin méditerranéen ne fournit plus que 32 % du tonnage des industries marseillaises contre 65 % dans les années 1830. Les cinq pays avec lesquels Marseille commerce le plus en 1913 sont, par ordre décroissant, l'Angleterre, l'Algérie, la Rus-

1. *Histoire de Marseille, op. cit.*, p. 361.
2. Bernard MOREL, Philippe SANMARCO, *Marseille, l'endroit du décor*, Édisud, 1985, p. 17.

sie, les Indes anglaises et l'Argentine [1] ». Marseille a donc bien été un moment un des grands ports mondiaux, mais elle l'a été contre la terre, en position de port quasi extraterritorialisé.

Cette position si forte va être ébranlée par la Grande Guerre et peu à peu, par la suite, on va voir croître le rôle de l'empire colonial, et du pétrole, qui va remplacer la houille et faire de Marseille un grand port pétrolier. Mais il ne se reproduira pas au XXe siècle autour du pétrole ce qui s'est produit au XIXe autour de la houille, c'est-à-dire une révolte contre un rôle de pur transit et l'élaboration d'un modèle industriel original dans une niche géographique et sur une gamme particulière de produits, l'agroalimentaire et le passage des hommes.

1906

C'est l'année de la grande exposition coloniale. En soi, au-delà de l'événement, c'est un repère de la place nouvelle de l'Empire dans la stratégie de la cité. C'est aussi le triomphe des technologies nouvelles et notamment de l'électricité, qui permet le développement du tramway dans cette immense cité, bouleversant les équilibres anciens, puis plus lentement l'électrification des usines, des rues et des maisons [2].

L'économie marseillaise « jamais n'a semblé aussi florissante qu'à la veille de la Première Guerre mondiale. Mais ce n'est qu'un masque. La rente cache l'indigence industrielle, et le repli sur le port et les traditions marque son extrême fragilité. Au lendemain de la guerre, la crise économique, qui atteint la plupart des pays du monde, clients et fournisseurs de Marseille, le développement de jeunes nations ambitieuses comme la Turquie et l'Égypte, la modification

1. *Ibid.*, p. 89.
2. Gérard CHASTAGNARET, Émile TEMIME, in *Marseille au XIXe siècle*, op. cit., p. 110.

des régimes tarifaires en matière d'importation des céréales, perturbent le développement marseillais qui va devoir s'appuyer exclusivement sur l'empire colonial [1] ». Marseille va se faire alors protectionniste pour profiter au mieux du système colonial. Elle, la ville libre-échangiste qui commerçait hier avec l'Angleterre, se replie dans l'entre-deux-guerres ; la politique, avec le système militaire et colonial, protège dorénavant son activité.

Pour finir sur cette ville à l'époque de son mythe, il faut citer ce que nous avons systématiquement occulté, parce que nous y reviendrons, à savoir le rôle prépondérant du foncier, de la spéculation, des grands travaux, des richesses et des faillites qui accompagnent ce qu'on a pris l'habitude d'appeler la période haussmannienne. Ce sont parfois les mêmes qui spéculent sur le port et dans l'immobilier. Or, à partir du XIXe siècle, la richesse que produit le corps même de la ville dans sa nécessité d'agrandissement face à l'exode rural et à la hausse des populations urbaines devient l'un des rouages de la richesse inséparable du commerce et de l'industrie. À Marseille, où la population, somme toute, n'a pas crû plus vite qu'à Lyon ou qu'à Paris mais dans le même ordre de grandeur, les fortunes tirées de la construction, des multiples industries afférentes – carriers, cimentiers, ferronniers – et de la métallurgie, etc. sont devenues sur cette période un élément même de l'économie urbaine. Et le développement du ciment puis du béton armé y joue un rôle important. Mais nous reviendrons sur ce travail au plus près du corps de la ville.

Ce rapide mais vaste parcours historique ne prétend rien apporter de nouveau ; il n'est là que pour servir à la réflexion sur la ville d'aujourd'hui, dans un souci de fidélité aux historiens. Avec Roland Caty et Éliane Richard, je conclurai volontiers que « Marseille s'est donc adaptée depuis 1830, en dépit de crises et d'obstacles dont elle

1. Bernard MOREL, Philippe SANMARCO, *Marseille, l'endroit du décor*, *op. cit.*, p. 18.

n'avait pas l'entière maîtrise. Grâce au dynamisme de ses négociants et de ses armateurs, elle a tiré parti de sa position géographique, développé une industrie portuaire, diversifié ses trafics, pénétré de nouveaux marchés. Ainsi a-t-elle mis en place un système économique qui atteint son apogée à la veille de 1914 et lui assure un rayonnement mondial [1] ». Mais ce qui est passionnant, au-delà des faits, c'est que Marseille a été portée par le rêve de l'Orient, que celui-ci a mû les hommes en leur ouvrant des portes et des perspectives auxquelles les progrès techniques ne l'auraient pas conduite. À l'inverse même, c'est parce qu'existait ce rêve des forces nouvelles servant à réunir ce qui hier était distinct que se sont dégagées les voies pour combattre ce qui semblait inexorable. Marseille et les saint-simoniens ont refusé que la Méditerranée devienne un lac marginal, ils ont cru au développement, aux nouvelles vitesses du monde dans les vieux trafics entre l'Orient et l'Occident, transformant d'un côté le chemin des caravanes en canal, de l'autre le vieil isthme rhodanien en voie ferroviaire.

Mais la force des nationalismes européens à la fin du XIXe siècle a tout emporté sur son passage, le heurt des puissances, comme on disait à l'époque, a transformé le monde en un immense Monopoly. Cette crise des appartenances dans une Europe bouleversée par l'industrialisation a imposé une voie qui n'était pas unique mais dans laquelle Marseille et les Marseillais se sont engagés au début du siècle parce qu'elle était la seule source de richesse qu'ils apercevaient, coincés qu'ils étaient entre leurs positions marginales dans un Hexagone protectionniste et le détournement des trafics par mer à leur détriment. Depuis Marseille doit porter ce choix, comme le souvenir d'avoir été une ville animée par un rêve, puis une capitale – on l'oublie trop – de l'Empire et une cité mondiale connue avant la guerre de 14-18 dans les ports des cinq continents. Le souvenir d'avoir été grande est de

1. Roland Caty, Éliane Richard, in *Marseille au XIXe siècle, op. cit.*, p. 89.

toute manière dorénavant inséparable de la mémoire marseillaise et de son image.

Bien sûr, on pourrait trouver des causes moins géostratégiques au destin de Marseille : se dire que la bourgeoisie marseillaise n'est devenue industrielle que par réaction contre une fonction de transit que voulaient lui imposer l'État et le PLM, qu'elle n'a jamais vraiment quitté son port, qu'elle a toujours pensé à travers celui-ci. Mais ce discours sur la culture locale est-il suffisamment argumenté ? Ce qui compte ici, c'est la permanence de cette vérité et l'incompréhension profonde dans la culture économique et politique française du rôle du commerce international jusque tard dans le XXe siècle. Il faut aussi compter avec le refus colbertiste de laisser s'organiser une capitale seconde de la France méditerranéenne, qui aurait pu être l'égale de Barcelone.

Il y a eu ainsi un moment de l'aventure de Marseille où se sont mises en place les bases d'une future puissance. Seulement, dans cet ordre mondial, de nouvelles concurrences sont nées, et Marseille s'est trouvée au faîte de sa puissance et de son rayonnement avant que ces concurrences ne s'affirment et qu'il ne lui faille se replier sur l'Empire.

Chapitre IV

Le deuil d'un certain monde

Il n'y a pas de date charnière claire pour marquer la fin du mythe de Marseille, ce que nous appelons le deuil de la ville mondiale. 1962 est certainement un tournant. Mais déjà, depuis la Première Guerre mondiale, la ville fait moins unanimement rêver. S'enfermant peu à peu dans l'espace colonial, elle tourne le dos à la terre. Elle a été dénigrée durant la Grande Guerre parce qu'elle a tiré profit de l'effort de guerre sans en subir de dommages. Ses hommes mêmes ont été calomniés comme soldats. La barrière des collines fonctionne ainsi à plein régime sur la période.

Et puis la ville ne cesse de se peupler, de servir de refuge aux Méditerranéens qui ont dû fuir leur pays à la suite du conflit mondial : Arméniens, Russes, Grecs. Ils s'entassent dans des camps, dressent des bidonvilles, et des conflits naîtront entre tous ces pauvres, entre eux et les bons Marseillais. Les élites se mettent à distance de cette ville qu'il ne reconnaissent plus. Le pouvoir local finit par tomber aux mains de Simon Sabiani, d'abord leader tribunitien enraciné dans le port, qui va se lier au gangstérisme avant de glisser vers la collaboration.

L'image de Marseille est de plus en plus louche, encore fascinante pour les paysans pauvres qui continuent à dépeupler le Sud français, mais répulsive pour les mondes terriens proches, pour les notables radicaux de l'époque, pour la France continentale. Et cette situation s'alourdira par la suite en raison des dégâts de la Seconde Guerre mondiale, de l'arrivée des pieds-noirs.

Ainsi, comprendre le deuil de la ville mondiale qui emporte Marseille dans la seconde moitié du XXe siècle, c'est à la fois saisir la chute d'un imaginaire et des images qui le portent, comprendre une mutation économique, les espérances locales et le long silence qui suivit la perte de l'Algérie. Comme si la Méditerranée était pays du sel répandu et que, comme hier avec Carthage, il fallait oublier définitivement l'épopée coloniale, ses acteurs et ceux qui s'y battirent. Mais au sein de cette période difficile il y eut aussi la naissance d'une politique sociale et de logement, la construction de Fos-sur-Mer, les prémices d'une ville de culture et de savoir, l'accumulation créatrice d'ensembles communautaires. C'est ce basculement inachevé et incertain qu'il nous faut maintenant relater. Il éclaire la ville que nous avons en mémoire, il réinterroge quelques certitudes, il montre aussi les abîmes vers lesquels Marseille donne parfois le sentiment de déraper et qu'elle a su – pour combien de temps encore? – éviter jusqu'à présent.

L'État coupable

En bon fils de Marseille que je ne nie pas d'être, je commencerai l'analyse de cette période par les contraintes que les politiques publiques ont imposées à la ville : « Il faut le reconnaître : entre 1870 et 1940, l'erreur des responsables de la politique économique de la France a été de ne pas avoir admis que le libéralisme douanier pouvait être un stimulant. [...] De ne pas avoir soutenu [Marseille], au contraire de l'avoir constamment freinée, contrariée, comme si cette place de commerce type n'était pas nationale, parce que maritime, parce que commerciale. Inévitablement, du début de la période à sa fin, on est passé d'un espace de relations presque universel à un espace méditerranéen, puis à celui de la France d'outre-mer, et finalement à celui de l'Algérie – et en 1940, nous sommes à deux décennies de 1962 [1]... »

Si Marseille est une ville impossible, cela tient certes à ce site, à sa mémoire, à son rôle de grand passage et d'accueil de toutes les pauvretés et tristesses de Méditerranée, mais cela tient aussi aux chances manquées par une France qui croyait encore à la ligne Maginot... « Les intérêts du Sud [sont] sacrifiés à ceux du Nord », écrit Édouard Baratier [2]. Marseille, terre plus adjacente que jamais au début du siècle, est prise comme à contre-pied par la pression des groupes agricoles qui essaient de lutter contre les importations. Elle est gênée par les prix aléatoires pratiqués après la Grande Guerre : dans une activité où l'on achète des matières premières pour les revendre, sinon les transformer et les réexpédier durant le trajet, l'absence de prix fermes est un handicap considérable.

En outre, le prix des transports terrestres est, dans l'entre-deux-guerres, de plus en plus calculé au kilomètre, ce qui désavantage Marseille, plus éloignée des grandes zones de consommation de la France du Nord que les ports de l'Atlantique. « Entre 1930 et 1938, si les importations de graines augmentent de 5 % à Marseille, à Dunkerque, c'est de 40 %. Il faudra attendre 1938 pour obtenir vraiment des tarifs dégressifs longue distance, pour les huiles et les savons. Trop tard. De capitale mondiale des corps gras végétaux puis de capitale nationale, Marseille tend à devenir capitale régionale pour le Sud-Est et l'Algérie [3]. »

Ainsi la stratégie coloniale de Marseille et le manque de stratégie libre-échangiste de la France se complètent, mais en enfermant l'économie nationale dans le cercle de l'Empire, ce qui bloque Marseille dans la diversification de ses fonctions. Il faudra attendre la décolonisation pour

1. Édouard Baratier, *Histoire de Marseille, op. cit.*, p. 383.
2. *Ibid.*, p. 376.
3. *Ibid.*, p. 377.

qu'il y ait une radicale modification de ces stratégies. Autant dire que Marseille n'est pas la seule responsable de son évolution.

Une économie des rentes

Cela dit, reconnaissons qu'elle l'est pour une lourde part. Les décideurs économiques de la cité refusent d'envisager des secteurs techniquement plus complexes pour ne pas désorganiser leurs modes de fonctionnement. Pendant la Grande Guerre, comme à Toulouse avec l'aéronautique, des industriels des régions de l'Est et du Nord voulaient se délocaliser non seulement face à l'avancée allemande, mais encore durablement, Peugeot et Hotchkiss notamment. « Des terrains, ceux occupés aujourd'hui par le stade vélodrome, sont même achetés. Mais le patronat marseillais fait pression pour que rien n'aboutisse. Il craint la constitution d'une classe ouvrière bien payée et revendicative qui " contaminerait " et entraînerait les éléments locaux. Seule l'industrie aéronautique sera rescapée, mais installée en périphérie vers Marignane et souvent oubliée par les responsables économiques locaux [1]. »

Les patrons marseillais tentent ainsi de garder leur base ancienne de négoce industrialisant, qui est d'abord une rente de position dynamisée par l'usage d'une main-d'œuvre peu qualifiée et mal payée. « Il n'y a pas de logique industrielle » propre, ce qui empêche l'industrie marseillaise de s'intégrer à ce qu'on appelle le mode de régulation fordiste, c'est-à-dire une logique où l'accumulation de plus-value couplée à une politique salariale et une dynamique de la productivité permet d'adapter la demande à la production ; c'est la spirale qui entraîne, au niveau mondial mais pas à Marseille, le mouvement

1. Bernard Morel, Philippe Sanmarco, *Marseille, l'endroit du décor, op. cit.*, p. 20.

économique jusqu'aux années soixante-dix. Or, ici, tout contribue à faire pression sur les salaires, en limitant les activités industrielles à des transformations simples dans le but principal d'alimenter l'activité du port par l'import-export.

À partir de là, ce que Philippe Sanmarco et Bernard Morel appellent le « système économique marseillais » de l'époque est un couplage entre deux secteurs liés entre eux et mus par une dynamique externe : « D'un côté, la structure industrielle liée au port avec ses nombreuses activités de sous-traitance et le négoce qui alimente le système financier, de l'autre côté toute l'économie d'accompagnement dont la dynamique est due à l'accroissement démographique et qu'alimente en retour le système financier. Le port joue un rôle central par l'intermédiaire du négoce qui dirige les profits vers le système financier local. À partir du pôle port-négoce, on a un système autorégulé, un circuit qui se referme sur lui-même pourvu qu'il soit alimenté de l'extérieur [1]. »

Ce système atteint sa maturité dans les années cinquante. Ensuite, il entre dans une longue phase de récession liée à la décolonisation. Plusieurs fois pendant cette période, la ville a profité de la conjoncture internationale et des guerres, notamment 14-18, puis 39-45 encore, avec le plan Marshall. Ensuite, bien sûr, il y a la longue période de la guerre d'Algérie, et là encore Marseille trouve une vitalité liée aux « événements ».

Mais au-delà de ces profits de conjoncture, Marseille ne cesse de reculer ; même dans le domaine agroalimentaire, car elle n'arrivera pas à passer du lien entre port et industrie au lien entre recherche, innovation et production. La pression de la main-d'œuvre à bon marché, les habitudes acquises sous l'effet de la rente coloniale et peut-être surtout la taille familiale des entreprises entravent les évolutions nécessaires. Nous n'allons pas reprendre ici l'ensemble des secteurs, que ce soient les corps gras, les pâtes, le sucre, la réparation navale, etc., mais la logique,

1. *Ibid.*, p. 28.

dans les années soixante et soixante-dix, est partout la même. Marseille se désindustrialise et perd des pans entiers de ses activités traditionnelles.

Faut-il penser que les leaders marseillais sont devenus totalement aveugles aux transformations du monde ? Pas du tout. Mais la politique de construction de la ville moderne, qui est le cœur du defferrisme, ouvre d'immenses espaces à la spéculation sur le foncier et l'immobilier où le savoir-faire familial et rentier de la bourgeoisie marseillaise donne sa juste mesure – permettant de ressortir en liquidités les placements anciens dans la terre et les bastides ! Colbert aurait été ravi. Sauf que ces liquidités sont peu investies dans de nouveaux secteurs économiques. Surtout, les grandes familles marseillaises ont un grand projet complémentaire de l'activité précédente : l'étang de Berre et le port de Fos.

S'ils voient sans trop d'angoisse des vieux secteurs s'effriter, c'est parce qu'ils sont convaincus de tenir leur chance à portée de l'influence de la ville avec la maîtrise nouvelle d'un hinterland dans leur voisinage. On croit à l'immense zone industrialo-portuaire de Fos, on croit que pour être moderne il faut savoir non seulement créer les nouvelles échelles de l'économie-monde, mais aussi délaisser les anciennes – avec cette façon si particulière d'envisager la modernité en France, en investissant par exemple des milliards dans l'informatique, en oubliant qu'on est le premier producteur mondial de brouettes ! On retrouve ici le travail de l'imaginaire dans la dynamique économique : « la damnation de Fos [1] » ne cède en rien au mythe de Marseille à la fin du XIXe siècle.

Les leaders marseillais voient enfin là une double opportunité. D'une part, séparer les usines du tissu urbain : c'est dès cette époque un des premiers signes de la sensibilité écologique... qui favorise par la même occasion la disponibilité foncière des terrains. D'autre part, et dans le même mouvement, la possibilité de séparer la population ouvrière des autres milieux – donc de réduire

1. Bernard PAILLARD, *La Damnation de Fos*, Seuil, 1981.

l'influence communiste qui, comme nous le verrons dans l'analyse politique, est le grand problème municipal.

Enfin l'idée dominante, dans les années soixante, est qu'une grande ville moderne est une ville tertiaire, socialement homogène, et que les activités de production, forcément polluantes, et le peuple qui y travaille, forcément protestataire, doivent partir vers les banlieues, espaces fonctionnels dégagés du tissu ancien de la ville, celui-ci devant être mis en valeur, mis en scène, produit comme lieu de commandement d'une société qui « quitte la ville pour découvrir l'urbain », comme l'écrira Françoise Choay.

Avec cette image de la modernité se construit une nouvelle stratégie de ce que doit être l'avenir de Marseille. On repense aux liens avec l'économie industrielle du Nord, on repense aux liens avec Lyon et avec la Ruhr par le canal Rhin-Rhône. La fermeture relative de la Méditerranée avec la décolonisation, le rapatriement des pieds-noirs, la montée des nationalismes dans les pays du Sud tendent à clore la période de l'aventure de la ville construite en tournant le dos au continent par une activité industrielle nourrissant l'import-export.

Il y a là un véritable retournement stratégique qui vise, toujours avec un port mais un port moins central, à refaire de Marseille un chaînon de la structure économique du continent. Les questions se reposent de la même manière qu'en 1840-1870, sauf que le basculement vers l'Atlantique est devenu un cliché largement partagé. Mais « cette stratégie séduisante a en grande partie échoué [1] », notamment parce que, dans la période contemporaine, l'industrie dispose d'une dynamique propre et que les fonctions de commandement se réorganisent au niveau national et international. Autrement dit, les échelles d'action et de décisions ne sont plus les mêmes qu'hier, même si Marseille est bien sûr éternelle.

1. Bernard Morel, Philippe Sanmarco, *Marseille, l'endroit du décor*, *op. cit.*, p. 71.

Mythe et réalités de Fos-sur-Mer

L'idée de créer un complexe industrialo-portuaire à Fos comme avenir de Marseille l'européenne, au-delà de ce que nous avons dit sur la stratégie urbaine, découle de deux grandes logiques. La première est de se doter d'un grand port moderne en eau profonde où les transbordements pourront être les plus rapides, avec, directement disponibles, des milliers d'hectares de terrains plats et viabilisés. Là pourront s'installer des industries lourdes, et notamment la sidérurgie qui maintenant se délocalise des mines françaises car le minerai est importé par la mer.

La deuxième logique relève de ce qui fait de Marseille-Fos un très grand port pétrolier (on ajoute souvent les tonnages de transits pétroliers aux autres tonnages pour montrer la taille du port face à ses concurrents). Le pétrole représente environ 70 % des activités portuaires. Le pôle de raffinage de la zone de Berre est donc un pôle de la plus haute importance. Mais chacun sait que si le raffinage manipule d'énormes quantités, il crée peu d'emplois et peu de valeur ajoutée au site de l'usine. Ajoutons que les pays producteurs raffinent de plus en plus, et qu'une bonne partie des hydrocarbures qui arrivent à Marseille-Fos sont en fait traités à Lyon, où ils montent par pipeline.

L'État central a retenu à l'époque du gaullisme ces projets d'origine locale dans une double stratégie. D'une part reprendre des parts de marchés en Méditerranée que l'on tenait hier grâce au système colonial. On peut appeler cela une saine gestion économique de la décolonisation. Seulement, la France ne sera pas la seule à avoir cette stratégie, les anciennes colonies elles-mêmes s'attaquant à l'industrie lourde. D'autre part, rééquilibrer le territoire national par une politique volontariste d'aménagement. Cette orientation bénéficie à plein au Sud français. Selon

Bernard Morel [1], c'est la région de France où l'État a le plus investi à cette époque, et ce dans des secteurs les plus divers mais porteurs d'avenir : Fos-sur-Mer, bien sûr, avec des industries sidérurgiques, mais aussi le nucléaire, l'aéronautique, les hélicoptères, Airbus à Toulouse, la SNIAS, les industries plus ou moins liées au complexe militaire, le tourisme, etc.

Nous avons donc, en ce qui concerne Fos, une politique d'équipement mais aussi une politique industrielle, portée nettement par une volonté explicite de bousculer ce que certains croient être la vieille culture préindustrielle du Sud. « Je considère personnellement l'opération de Fos comme la plus importante opération concertée d'aménagement de dimension internationale, la plus passionnante aussi », déclare Olivier Guichard, qui ajoute : « [Nous sommes face à] l'apparition de l'industrie dans une région sans fortes traditions industrielles. » Jérôme Monod poursuit : « Ou bien l'impact de Fos sera peu à peu amorti par une région qui aura laissé passer cette chance de se dépasser elle-même... ou bien Fos aura été l'occasion d'un profond renouvellement au plan de l'industrie, des relations de travail, de la vie urbaine [2]. »

Mais Marseille ne réussira pas avec Fos ce qu'elle avait réussi avec la Joliette, malgré les bons conseils des aménageurs de la Datar ! Le nouveau port, dont ils avaient pourtant porté le projet, leur échappe, n'induit qu'une partie du développement prévu et surtout n'entraîne pas une dynamique renouvelée des acteurs économiques locaux. À l'inverse même, les années soixante-dix sont celles de la disparition des entrepreneurs marseillais.

Pendant ce grand chantier, la réparation navale, notamment, qui était un secteur fort à Marseille, est entrée dans une crise décisive. Si le rôle pétrolier du port a favorisé hier les activités d'entretien des tankers, au

1. In Xavier Gizard (dir.), *La Méditerranée inquiète*, Datar-Aube, 1993.

2. Maurice Parodi, Jean Viard, « Fos-sur-Terre », *Pourquoi*, n° 92, octobre 1973, p. 27.

point que la majorité des pétroliers réparés dans la zone de Marseille venaient de l'Atlantique, en 1978, le groupe Terrin, leader dans ce domaine, est démantelé. Cet effondrement, qui est perçu localement comme un tournant, est lié à la sous-capitalisation du groupe : le développement de la réparation navale exigeait « une surface financière puissante que n'avaient pas les industriels de la réparation navale marseillaise, somme toute familiale et autofinancée [1] ».

Le tissu industriel local, méconnu et dévalorisé dans l'orbite parisienne, achève de se défaire justement à cette époque. Si cela n'est pas dû à Fos et aux autres grands investissements publics, cela tient essentiellement au changement de taille des entreprises – qui ne s'est pas produit ici – et au rôle de plus en plus central de la technique dans des filières industrielles qui s'affirment. Ainsi le regard du Nord, l'évolution technologique et financière, joints aux intérêts et à la culture locale, ont fini par avoir raison de l'essentiel du potentiel industriel marseillais, et donc de ces acteurs, les uns constituant la base des chômeurs d'aujourd'hui, les autres étant le plus souvent passés de la rente néoportuaire aux rentes foncières et financières.

Ainsi le mythe de Fos apparaît-il comme clôturant celui de Marseille. Sous la nouveauté de la réalisation se cache l'achèvement de la logique ancienne, et c'est ce qu'exprime le discours exagéré d'échec qui accompagne traditionnellement l'opération de Fos-sur-Mer. Ce qui est perçu localement comme un véritable échec, c'est en fait le dépositionnement de la ville de son ancien rôle et de l'espace imaginaire qui l'accompagnait. Sans doute le projet de Fos a-t-il été surdimensionné ; sans doute la zone industrielle n'est-elle qu'en partie occupée ; sans doute l'ensemble de villes nouvelles qui avait été dessiné sur les cartes s'est-il réduit. Mais il demeure que Fos est l'un des plus beaux ports du monde, accessible par tous les temps

1. Bernard MOREL, Philippe SANMARCO, *Marseille, l'endroit du décor*, *op. cit.*, p. 79.

et sans marée aux plus gros bateaux connus. L'espace industriel disponible et aménagé y est considérable, la sidérurgie présente, la chimie forte. Autrement dit, dans le long temps de l'histoire, nous avons affaire à un site qui a toutes raisons de porter du développement. Avec Fos, au-delà du mythe des emplois annoncés, existe une réussite portuaire mais aussi industrielle de près de 10 000 personnes. Ce n'est déjà pas si mal, surtout si l'on tient compte de la zone de Vitrolles, en partie bâtie avec des entreprises ayant quitté Marseille, qui regroupe pour sa part à peu près le même nombre de travailleurs, tout comme Eurocopter qui fabrique des hélicoptères.

Fos est donc un « plus ». Mais un plus qui touche à la base de ce qui a fait la force de Marseille, un plus qui déplace l'essentiel du port hors la ville-mère, un plus qui attire les entreprises et les emplois, qui enlève son sens à la vieille barrière des collines, qui repose la question de l'utilité même de la ville en créant son double moderne. Aussi Marseille, après avoir tant espéré du projet, se repliera-t-elle, en partie déçue, pendant quinze ans à l'abri de ses blanches collines, et quand elle recommencera à en sortir, au début des années quatre-vingt-dix, elle aura affaire à de fortes concurrences, car entre-temps les villes industrielles de l'étang de Berre, Vitrolles et même Aix se seront découvert des complémentarités relayées par un bon positionnement par rapport à l'axe rhodanien. Comme si était né, aux portes de la vieille cité, un jumeau illégitime avec un port plus grand, des industries nouvelles, une vieille capitale judiciaire et rurale ragaillardie, et un grand projet, le technopôle de l'Arbois, apte à achever la construction de ce jumeau du XXIe siècle. Belle frayeur en perspective pour la ville qui avait cru, avec Fos, devenir millionnaire d'hommes.

L'adieu aux entrepreneurs ?

On peut partager l'avis de Philippe Sanmarco et Bernard Morel, qui écrivent : « En 1977 la bourgeoisie traditionnelle marseillaise, maîtresse jusqu'en 1960 des destinées économiques de la ville, ne tenait plus les rênes de l'économie locale entraînant un important déplacement des pouvoirs de décision [1]. » Dans l'histoire de la ville, ce n'est sans doute pas la première fois que les entrepreneurs locaux disparaissent. À l'inverse même, ce sont souvent des entrepreneurs migrants qui relèvent la cité. Mais est-on autorisé à plonger dans l'histoire longue pour relativiser ce tournant ?

Cette disparition de la bourgeoisie entrepreneuriale marseillaise est un élément décisif pour l'avenir : restent face à face un microtissu dense de toutes petites entreprises locales et un macrotissu de grandes firmes nationales ou internationales rares, avec de grosses unités d'exploitation au cœur d'une grande ville administrative. Entre les deux, il n'y a presque rien.

L'ère des entreprises familiales de taille moyenne, dotées de mémoire, d'alliances et d'intérêts, qui ont animé la ville cent cinquante ans durant, est terminée. Marseille a aujourd'hui moins de marge de manœuvre que d'autres, car le lien qui s'est défait entre le sol et le capital est un facteur de risque. On voit bien, par exemple, dans des villes comme Barcelone, Gênes, Lyon ou Turin, comment, malgré des stratégies de productivité à l'œuvre partout, demeurent structurants les liens entre les hommes et les lieux. Giovanni Agnelli peut délocaliser dans le sud de l'Italie les entreprises robotisées de la Fiat, le siège social, le commandement, la recherche, la conception et la commercialisation restent à Turin, les écoles d'ingénieurs et de techniciens aussi. On peut prendre des exemples semblables avec la chimie, la phar-

1. *Ibid.*, p. 80.

macie lyonnaises ou avec les industries de Barcelone. On n'empêchera jamais que le lieu de naissance des hommes soit un des critères du champ de l'économie, avec sa rationalité propre qui est un frein puissant à la pure rationalité du marché.

Une région qui se défait de ce lien est en grand danger. Le recréer apparaît alors comme un élément fondamental de toute stratégie, mais probablement avec de nouveaux acteurs, ou en inventant des modes de financement territorialisés où l'argent (considérable) qui fructifie par les banques locales puisse être investi dans des sociétés implantées localement. C'est ici que la mise en désir des lieux, de leur art de vivre, comme la valorisation des réseaux de proximité dans la création des richesses peuvent dessiner l'avenir des hommes qui y vivent ou le choisissent et prendre une place économique de premier rang.

Demeurent, et c'est pourquoi cela est plus fondamental que jamais, le port de Marseille et celui de Fos. Cela seul n'est pas délocalisable.

Une crise longtemps silencieuse

Ces bouleversements ont largement été masqués par la croissance continue de Marseille-ville, jusqu'au milieu des années soixante-dix. Celle-ci a plus que d'autres profité de la croissance urbaine de la période; plus que d'autres, nous le verrons, du fait des graves problèmes de reconstruction de l'après-guerre, de l'afflux de populations originaires de l'ancien empire, et parce que la politique de Defferre a d'abord été une stratégie de rattrapage en matière de logement. La ville en chantier de cette époque induit une économie en auto-allumage qui rend moins sensible la déstructuration du système économique local. Produire la ville est devenu, particulièrement à cette époque, un des moteurs mêmes de l'économie urbaine. Mais il arrive qu'il faille faire le compte. Et se demander quelle richesse produit et exporte cette masse d'hommes rassemblés. Or ce compte fut tardif et négatif.

C'est là qu'apparaît en pleine lumière l'originalité de la question marseillaise. Au-delà des stratégies nouvelles qui se sont développées dans la région et autour de Fos, au-delà de la crise des vieux systèmes économiques, somme toute traditionnelle dans la France des années soixante-dix et quatre-vingt, Marseille a vécu une crise fondamentale sans vrai discours de crise, du moins tant que la population n'a pas commencé à baisser. Il faut dire que, comme le système industriel marseillais était constitué de nombreuses entreprises, mais de taille relativement moyenne, chaque fermeture ne créait qu'un effet immédiat limité, et on ne savait jamais lesquelles partaient vers Vitrolles et lesquelles faisaient faillite. En outre, la croissance continue du trafic pétrolier masquait la baisse d'activité du port. Ainsi, la société locale a plus vécu une délitescence qu'une rupture. On n'est pas, comme en Lorraine ou dans le Nord, dans la déflagration brutale et visible d'une mégastructure productive.

En conséquence, la crise est pour ainsi dire restée dans le non-dit, le non-perçu, et il n'y a pas eu de grande politique publique nationale pour y faire face. Ce n'est qu'avec la chute de la réparation navale qu'une certaine visibilité des processus de transformation de l'économie marseillaise apparaît en pleine lumière. Seulement, cette chute-là comme celle des chantiers navals de La Ciotat, pour graves qu'elles soient, relèvent d'un phénomène de concurrence mondiale difficile à contenir.

En outre, cette relative invisibilité de la crise de l'économie marseillaise est liée au développement parallèle, et très fort, de l'économie du Sud français qui masqua longtemps, parmi les chiffres, la spécificité de la ville. Cet élément est venu se surajouter à la dynamique d'auto-allumage dont nous avons parlé. Tout était donc en place pour que les difficultés marseillaises soient voilées jusqu'aux années quatre-vingt.

Les chiffres du recensement de 1982, qui ne seront connus qu'à partir de 1987, servent de révélateur. Ils vont même être, à juste titre, utilisés par le maire pour produire un électrochoc. D'autant que ce qu'ils révèlent – que les spécialistes savaient mais qu'on tenait souvent pour des propos antimarseillais –, c'est que la ville perd des habitants mais surtout des emplois, ce qui est presque unique dans les grandes métropoles régionales. Autrement dit, la ville recule sur tous les plans et le rêve de la ville tertiaire de commandement d'un hinterland industrialo-portuaire part en fumée. Je me rappelle parfaitement la déclaration du maire à la une du *Provençal* et les réactions qui l'ont accompagnée. D'aucuns s'interrogeaient sur cette nouvelle stratégie municipale, comme si le maire avait tiré contre son camp ! Ce souvenir éclaire mieux que beaucoup d'autres la mentalité marseillaise et le sentiment d'encerclement qui y domine souvent.

La vraie crise de Marseille

Comme l'écrit Priscilla de Roo, chargée de mission de la Datar, « la crise marseillaise ne résulte pas de la crise de ses industries traditionnelles mais de la crise de sa centralité économique. Ce n'est donc pas l'industrie qui est la cause première de son dépérissement, mais le tertiaire. L'évolution des services sur le long terme est lourde de sens. [...] Car le mouvement de tertiairisation de l'économie s'accompagne en France d'un accroissement des inégalités régionales [1]. » Soudain l'angle du regard change. On s'aperçoit que le recul du système industrialo-portuaire n'est pas le tout de l'affaire et que si Marseille n'a pas atteint son but de tertiairisation, c'est pour une autre cause. C'est que « la région capitale filtre en quelque sorte les services les plus rares, que ces services assurent

1. Priscilla De Roo, *Livre blanc de l'Aire métropolitaine marseillaise*, Datar, Préfecture de région, 1992, pp. 25 et 38.

son pouvoir de commandement économique et que ce pouvoir de commandement concerne en priorité les services productifs et les services d'intermédiation »... et notamment le négoce international. Aussi, « la comparaison avec les autres régions latines met en lumière ce qui handicape le plus la capacité des régions de la Méditerranée française à s'intégrer productivement : leur dépendance aussi bien industrielle que tertiaire vis-à-vis d'une économie nationale qui fonctionne sur le mode de la répartition et qui leur assigne des fonctions spécialisées et peu directionnelles [1] ». « L'étouffement du modèle du négoce industriel par la logique industrialiste nationale a induit la disparition des services d'échanges à l'international sur lequel il était fondé. Dans le même temps, les services stratégiques aux nouvelles industries implantées dans les Bouches-du-Rhône étaient assurés par Paris [2]. »

Si le négoce Marseillais a introduit à l'industrie, le recul de celle-ci n'a pas remis celui-là au centre. Entretemps, il a été réorganisé sur d'autres bases, sans que personne s'en rende vraiment compte ; les nouvelles industries de la région sont directement reliées à Paris, ou au monde, sans avoir besoin de passer par Marseille pour accéder à un extérieur qui est aujourd'hui présent partout grâce aux communications modernes. La ville ne peut donc plus se raconter qu'elle fait cavalier seul. Là est le fondement de sa crise actuelle qui est portée par un changement de structure générale de la production des richesses. Son travail consiste alors à se trouver une niche dans ce nouveau cadre, niche d'activités, mais aussi niche culturelle apte à les favoriser. Comme elle ne possède pas en elle-même la bourgeoisie industrialisante nécessaire pour porter ce projet, c'est l'État, la société civile, la politique qui s'en voient renforcés.

La question n'est plus alors, comme hier, de chercher les voies du refus en s'abritant derrière une partie de la

1. *Ibid.*, p. 40 et suiv.

2. Priscilla De Roo, in Dominique Becquart *et alii*, *Marseille, 25 ans de planification urbaine*, Éditions de l'Aube, 1994, p. 114.

puissance française. Cyprien Fabre ne peut plus prêcher l'antiparisianisme, le rejet des nordistes. Il pourrait toujours penser que les négociants marseillais ont en charge de fournir du travail au peuple contre les stratégies centrales, mais ceux-ci n'en auraient plus les moyens. La ville doit chercher à se nicher dans une structure qu'elle ne dirige pas. Elle doit l'accepter à contre-rythme de son histoire et chercher sa stratégie dans ce cadre qui la contraint. Si elle ne fait pas cela, elle est condamnée à poursuivre son déclin.

Dans cette organisation apparaît certes un nouveau partage des rôles, où Paris polarise les services productifs, la conception, la commercialisation, etc., alors que les industries très qualifiées, hier dans l'orbite parisienne, peuvent se délocaliser vers la France profonde. Seulement cette délocalisation, qui fait appel à des compétences techniques, a plus tendance à se produire vers des lieux neufs du développement industriel comme Toulouse, Grenoble, Nice ou Strasbourg, mais aussi Aix, ou parfois vers des lieux qui relèvent de procédures spécialisées liées à la destruction de l'industrie lourde, que vers une ville comme Marseille, qui n'est ni tout à fait d'un côté ni de l'autre.

On comprend mieux pourquoi nous avons placé la période moderne de la ville de Marseille sous le titre du deuil de la ville mondiale. En effet, il serait trop simple de croire que le deuil de l'Algérie est le tout de la question marseillaise. Ce deuil-là, parce qu'il a concerné des millions d'êtres, parce que Marseille en a été à la fois le refuge et l'emblème, est le deuil visible, celui auquel on pense naturellement. Mais en fait, le deuil de l'Algérie n'est que la mise en lumière de celui plus profond de Marseille en tant que ville impulsant depuis plus d'un siècle des flux d'échanges en bordure de l'Europe et de la Méditerranée. C'est elle qui est mise à mal, car ses fonctions fondatrices liées à l'art du négoce sont captées aux niveaux national et international.

Marseille s'est fait déposséder de ce qui faisait son

savoir-faire, le cœur de sa culture commerciale, de sa culture du négoce et de l'échange. Dans ce nouveau contexte, entre les bassins de Fos et une partie de ceux de Marseille, une organisation fiable et rapide, de bonnes stratégies logistiques peuvent améliorer la situation actuelle, induire des emplois périphériques. Mais elles ne peuvent faire tourner la ville, qui doit à nouveau produire de la richesse en elle-même si elle ne veut pas se cantonner dans les activités issues des tâches de reproduction sociale (administration, éducation, santé...) et dans la survie de ses plus pauvres habitants par les transferts sociaux. Marseille est ainsi touchée en son cœur.

La logique de la contre-attaque

Produire de la richesse aujourd'hui ne peut plus se faire seulement à l'échelle d'une cité, même aussi grande que Marseille. L'habitat des hommes comme les sources de la richesse ont partout quitté les anciens territoires : ils les ont submergés, débordés. Les anciens centres-villes sont contournés par de nouvelles échelles spatiales (chacun parcourt en moyenne plus de vingt kilomètres par jour). Il est devenu nécessaire de penser en termes de mégapole, d'articuler les ensembles voisins. Marseille ne peut échapper à ce destin commun. Seulement, nous l'avons vu, le poids imaginaire et culturel des collines est ici considérable, comme celui de la mémoire de la ville hier dominante.

Toute à ses replis et à ses deuils, Marseille n'a pas beaucoup profité de la très forte croissance du Sud français, du développement du tourisme et d'entreprises de nouveau type. Elle a mal maîtrisé les bouleversements qui se faisaient à ses portes, elle s'est laissée emporter par la culture des aménageurs trop oublieuse des réalités culturelles locales, et ce malgré son immense potentiel qui est pour beaucoup dans le développement des régions voisines.

Forte de sa mentalité de passage, de ville-port et de capitale de l'Empire, elle n'a pas vu se dessiner son nouveau destin de ville continentale et sédentaire, sur une alliance avec des égaux provençaux et languedociens, avec des égaux maritimes, alliance dans le cadre d'une organisation avec des hiérarchies mais dans le respect des cultures longues. « Grecs et Romains » ici devraient pouvoir s'entendre, à l'expresse condition qu'ils se respectent dans leurs différences et leurs complémentarités. Là est aujourd'hui le travail qui attend Marseille : penser la dynamique de la façade française en Méditerranée, penser son couple avec la Provence, se retrouver en s'alliant avec le « proche étranger » pour traiter avec le Nord comme avec le Sud, avec le continent comme avec la mer. C'est ici que peut se clore le deuil de la ville mondiale pour que naisse la mégapole euro-méditerranéenne de demain.

La ville défaite d'un peuple en stock en cours de sédentarisation a les atouts de ce peuple même, sa diversité, la créativité de ses différentes cultures. Marseille est une grande métropole régionale, un fort pôle universitaire ; sait-on seulement qu'elle est l'une des premières places mondiales en mathématiques, en mathématiques « discrètes », s'il vous plaît ? Et cela n'intéresse pas que les savants. La robotique, par exemple, et la haute technologie, en général, sont concernées. Marseille est aussi une grande mémoire de l'aventure française, c'est à elle notamment qu'il incombera un jour de faire un grand musée colonial.

La ville se débat, elle est moins rétive au tourisme, à la vie culturelle ; elle a commencé à accepter que la modernité sociale soit liée au commerce des idées, à la science, à la recherche. C'est là qu'aujourd'hui les hommes se rencontrent, comme consommateurs de biens – y compris culturels – ou d'altérité. Elle a certes en son sein les oubliés nombreux de sa crise industrielle silencieuse, les derniers arrivés de l'ex-empire, notamment les Comoriens ; elle a, en somme, des bras en trop-plein et peu formés. Mais à l'actif, elle a son poids mémorial, une authenticité pas toujours bien vue par tous, une masse scientifique éparpillée mais considérable, la force de son unité symbolique, un siècle de travail social, son site et des hectares sous-utilisés au cœur d'une grande ville européenne, en bord de mer, dans un site qui fit rêver, de l'Europe protestante au désert africain, des ports du Nord à ceux du Sud.

On ne peut échanger directement de la mémoire contre de l'emploi, ni nourrir les hommes des rêves d'hier. Mais Marseille a plus que cela, elle a deux jockers : une région en plein dynamisme, même si c'est parfois contre elle; et un vis-à-vis au sud en cours d'explosion. À l'une il va falloir s'unir, à l'autre il va falloir préparer un avenir. Sa position et son histoire en font le seul lieu possible de la rencontre de ces deux nécessités.

Chapitre V

La revanche de la terre

Marseille a donc aujourd'hui franchi une partie de ses vieilles limites vers la terre. L'essentiel du tonnage du port est à Fos, celui de l'industrie entre Fos, Berre, Vitrolles et Aix-en-Provence. Toulon, qui la première était partie de la ville-mère avec la flotte de guerre, poursuit sur sa lancée de ville militaire et maritime. En outre, une partie des Marseillais, pris dans un mouvement classique de « rurbanisation », habite hors de la ville. Demeurent la Marseille capitale régionale, pôle scientifique et universitaire, lieu de commerce, poche immense de pauvreté et de transferts sociaux, et la Marseille portuaire qui continue à compter même si elle n'est plus qu'un acteur second dans sa propre ville.

Peut-on dire pour autant qu'elle a pris pied sur le continent? Peut-on croire que la continuité spatiale que lui ont permise les autoroutes qui franchissent les vieilles collines ouvrent enfin à cet hinterland qu'elle n'a pas pu ou pas voulu avoir? Autrement dit, Marseille est-elle en train de devenir vraiment à la fois de la mer et de la terre ou ses vieilles fonctions vitales l'ont-elles quittée pour chercher une continentalisation hors d'elle-même? La question revient à ceci : Marseille s'agrandit-elle ou une contre-ville est-elle en train de naître à ses portes, appuyée sur la force rhodanienne, la remise en valeur de la Provence, la place du militaire dans la région? Marseille, ville dépecée ou ville renforcée?

Des éléments plaident en faveur des deux thèses, souvent masqués par les statistiques qui regroupent administrativement les espaces sans se préoccuper toujours de la réalité de leurs contacts. Or cette question est au cœur du problème marseillais aujourd'hui, illustrant les comportements de la cité, ses angoisses, son devenir.

Question absurde? Pas autant qu'il y paraît : trois problèmes bien spécifiques créent une situation unique. En premier lieu, bien sûr, le système spatial et culturel marseillais est radicalement différent de celui de la Provence. Deux formations économiques et sociales se chevauchent et il ne s'agit pas là d'une organisation hiérarchisée. En deuxième lieu, la surface de la commune crée au sein de l'espace urbain marseillais lui-même une dynamique de ville et de villages qui ailleurs est intercommunale. Marseille a un problème interne de densité et d'organisation qui ne facilite pas l'idée d'un élargissement territorial. Enfin et surtout, nous l'avons vu, elle a connu depuis un siècle un développement en rythme complètement contraire à sa région, et ce autant en population qu'en richesses produites et accumulées et qu'en imaginaire. Par exemple, Aix-en-Provence est la ville qui attire le plus les cadres et Marseille celle dont le label des écoles est un des plus difficiles à valoriser. Les exemples pourraient être multipliés. Nous y reviendrons. Mais il faut comprendre que notre approche spatiale de l'histoire de Marseille visait à nous préparer au paradoxe suivant : la crise et la récession d'une capitale régionale dans sa propre région en croissance d'hommes et de richesses.

Marseille a déjà connu cette situation, nous l'avons vu, à la fin de l'époque romaine, quand elle s'est repliée sur ses écoles et sa culture grecque, quand les papes s'installèrent à Avignon et qu'elle devint un nid de forbans... La qualité de ces épisodes est chaque fois unique, la réponse marseillaise étant liée à la ville même, et au contexte de l'époque. En cela le présent ne peut être pure répétition, il faut sentir l'héritage de la situation d'hier sur celle d'aujourd'hui pour penser celle de demain.

Hier donc le puissant exode rural a attiré vers la ville les bras et les imaginaires de toutes les régions voisines. Qui a lu Marcel Pagnol ou Jean Giono sait que Marseille fascine dans les années trente des Alpes au Cévennes, des Maures aux Corbières. La ville mythique pour les investisseurs l'est plus encore pour les ruraux, et notamment les ruraux sans terre. Mais l'est-elle pour les vieilles élites provençales ? Pour ceux d'Aix ou de Montpellier, ceux de la Provence blanche, ceux issus des longues lignées de maîtres, ceux aussi des ports concurrents de Marseille, Martigues, Toulon, Nice, c'est moins sûr. Ceux-là ont perdu en même temps la source de leurs richesses, leur statut social et politique et la société où ils aimaient vivre. Comment comprendre autrement les complaintes de Mistral ? Ainsi la Marseille riche, la Marseille canaille, la Marseille coloniale attire le peuple du Sud et surtout celui des campagnes, là où les autres cités, et ceux qui les animent, voient un concurrent dangereux et des valeurs dégradées.

Marseille en a d'ailleurs gardé un « haut pays proche », pour ses habitants qui s'y retirent le dimanche afin de se ressourcer. Ce haut pays est constitué de trois lieux principaux : les anciennes Basses-Alpes élargies au Queyras, la Corse et le littoral, y compris, mais à un moindre degré, le Languedoc. Mais il ne concerne ni les anciennes terres papales, ni le pays d'Aix, ni le Sud aristocratique ou paysager découvert et visité par la classe oisive puis par le tourisme populaire. En revanche, vous rencontrerez des supporters de l'OM au cœur de ces hauts lieux de la ruralité marseillaise.

Cette montée en puissance de 1830 à 1960 est comme une revanche de la ville-port sur le vieux Sud terrien, une revanche du peuple éternel sur les anciennes élites, conflit territorial et social ainsi étroitement imbriqué. Et le renversement de puissance de 1960 à 1990 porte en lui les souvenirs à vif de la période précédente.

Alors on comprend mieux que se joue aujourd'hui, au pourtour de Marseille, une bataille sans pitié entre un modèle néocalifornien tel qu'on le connaît à Nice et Montpellier, et un modèle de développement urbain quittant son site fondateur pour se diffuser dans l'espace. Mais les activités et les hommes qui quittent Marseille sont vite pris en main par cette « autre » logique qui l'enserre. À nouveau, la ceinture des blanches collines joue son rôle, la ville est renvoyée à sa « maritimité » fondamentale et rejetée de la mise en désir qui a saisi le sud des pays puissants grâce à leurs usages touristiques ; mise en désir qui passe progressivement du ludique au travail, excluant les sites de vieux labeurs au profit des paysages vierges des traces de la révolution industrielle.

Dans ce mouvement que nous allons parcourir maintenant, Marseille semble au bord d'un abîme. Comme dans beaucoup d'anciennes villes-ports, le port et ses activités annexes tendent à quitter la ville ; mais, à la différence de ce qu'on peut observer à Londres ou à Boston par exemple, il n'y a pas encore reconquête des friches ainsi créées au cœur de la cité car, juste à côté, des espaces beaucoup plus attractifs sont disponibles. Comme en outre, et nous l'avons rappelé, dans le modèle français actuel, les fonctions nobles de commercialisation se concentrent dans la capitale, l'utilité même du site de Marseille est remise en cause.

Si cette évolution n'est pas freinée, Marseille perdra ses centres de recherche et ses universités qu'elle a trop longtemps repoussés aux quatre coins de son territoire, et les fonctions logistiques du port vont glisser vers le Rhône. Resteront la ville administrative et les pauvres, descendants d'ouvriers sans usines, de migrants sans transit, de commerçants sans clients. C'est ce qu'on peut appeler la perspective Liverpool. Disons d'emblée, pour rassurer nos lecteurs, que si ce risque existe fortement, la conscience en est enfin parvenue aux décideurs marseillais ; le temps de la contre-attaque commence.

Pour éclairer ces choix et dégager des perspectives nouvelles, il faut examiner au fond cette situation paradoxale où, dans une zone en croissance d'hommes, d'investissements, de désirs et d'images, une ville peut se retrouver en déroute, alors que tout le monde la prendrait *a priori* pour le pivot de cette transformation. Comprendre cette situation nous amènera à analyser deux niveaux de réalité. D'abord, le jeu du couple infernal que constitue Marseille la maritime face à la Provence terrienne, qui est un des pôles majeurs d'une région traditionnellement morcelée. Ensuite, celui des reliquats de la vieille société productive face à une économie que je qualifierai de post-touristique, parce que son origine est inséparable de la « mise en désir » par le tourisme de cette région. Et ces deux niveaux de réalité se sont mis en place de telle manière que le développement post-touristique est devenu acteur de la revitalisation des tensions territoriales anciennes, la plus haute modernité nous imposant ainsi toujours de nous affronter aux blanches collines marseillaises. Mais cette plus haute modernité peut aussi tenir les clés de la solution marseillaise, si la ville sait trouver la place de son unicité absolue par une fidélité à son authenticité la plus réelle dans ce nouveau contexte.

Aux sources de l'éclatement du Sud français

Le Sud français, au-delà du climat, des oliviers et des tuiles romaines, a été structuré par le mouvement permanent induit par le Sillon rhodanien. Ce grand passage l'empêcha de former une unité politique et même culturelle, chacun tentant d'en profiter et de s'en protéger en même temps, chacun y ayant un rôle géographiquement déterminé, chacun s'opposant au voisin pour s'affirmer dans la résistance-alliance avec ce flux. Nous l'avons montré pour Marseille, mais ce n'est pas moins vrai des autres cités.

Ainsi, profitant au mieux de la morphologie des sols, les sociétés locales s'organisèrent morcelées. Au cœur du delta en premier lieu, où il fallut attendre la fin du

XVIIIe siècle pour que la principauté d'Orange et les États pontificaux soient rattachés à la France. Mais les poches de résistance protestante vers Nîmes et les Cévennes, vers le Luberon et, plus haut, vers le Queyras, étaient comme un autre morcellement, le long de la route que les Parfaits de Genève empruntaient à l'abri des soldats du roi. Que dire par ailleurs des vieilles cités fortifiées posées en face-à-face le long du Rhône et du symbole d'Avignon, ce pont qui ne mène nulle part? Sans même encore insister sur les distinctions entre Provence et Languedoc, qui sont si fortes...

C'est de cette brisure centrale qu'il faut partir. De ces cités arc-boutées contre le passage qui les nourrit, en retrait souvent du monde de la route qui fait peur aux sédentaires... mais qui les attire. Avignon, enfermée dans ses remparts au point de s'y étouffer toujours, rejoue ici la protection que Marseille a magnifiée derrière ses collines blanches. Et, d'Avignon à Barcelone, une chaîne de villes en concurrence permanente tente de s'enraciner dans les terres le long de cet axe qui ignore la mer, tant il est tourné vers le trajet par terre. D'Avignon à l'Italie la vallée durancienne peut faire passage, mais il y a les cols. Le chemin le plus facile est par mer en embarquant sur les petits ports et finalement par Marseille triomphante. Aix refusera encore le train au XIXe siècle pour se tenir à l'écart de cette route. Et de Marseille à Gènes, les montagnes sont partout, les petites plaines cassées, tordues, enclavées. Malgré les prouesses du train et de l'autoroute, le passage reste difficile. Le TGV Marseille-Milan est d'ailleurs programmé par Lyon, c'est dire... Ce qu'on gagne en beauté des paysages par la chute directe des Alpes dans la mer est comme perdu pour les communications.

Bien sûr, au-delà de la tension dynamique entre ce grand passage que l'on a vu dominer Marseille et l'enracinement localisé, de multiples porosités et complémentarités de voisinage fonctionnaient. Avignon ne se pouvait nourrir sans les États du pape; Nîmes ne pouvait commercer sans accès à la mer; Aix et Toulouse ne pouvaient juger sans routes d'accès, relais locaux, gendarmes; les bateaux demandaient du bois; ceux qui descendaient le Rhône, mis en pièces à l'arrivée, en fournissaient aux cités du Sud, tout comme l'immense peuple de la forêt aujourd'hui disparu qui fagotait et charbonnait pour les villes, leurs ateliers et leurs cheminées. Et puis il y a les pâturages d'été en hauteur, transhumances d'ovins mais aussi d'abeilles, les huiles à vendre, les tuiles, les faïences, les boules même, le blé à faire passer dans un sens ou dans l'autre suivant les récoltes... Derrière ces échanges de proximité coulent aussi des images et des attractions, des croyances et des désirs. La ville qui si longtemps rend libre, l'aventure des voyages, les dissidences religieuses et politiques, les femmes perçues plus libres ou plus sérieuses...

Mais ces échanges et voisinages, s'ils ont donné des traits communs à cette société du Sud français, ne l'ont pas unifiée. De leur force découlait justement partout une culture semblable, celle du commerce qui fait les cités. Et de cette densité de villes si voisines naquirent des conflits permanents que la culture française, qui sait les villes et les campagnes dans leurs ancestrales complémentarités, perçoit mal. Là est la trame du Sud, celle qui a forgé son immense culture citadine, sa culture sans villages – ou ces villages avec bourgeoisie de village, comme dit Maurice Agulhon [1] –, organisation urbaine quasi généralisée par le jeu partout du passage et du produire local. Et ce, plus vers l'Alpe que vers les Pyrénées, car les circuits d'échanges y étaient plus nombreux et plus complexes. D'ailleurs, la France y fut plus tardive.

Cette intensité des échanges et de l'urbanité doit être prise en compte pour bien cerner les différences entre des régions qui sur une carte semblent si proches : de l'orientation de chaque lieu naquirent des organisations culturelles intimement liées aux passages particuliers qui l'animaient. De là le poids de la Catalogne et de l'Espagne

1. Maurice Agulhon, *La République au village*, Seuil, 1979.

à l'ouest du Rhône, mais aussi celui des zones refuges du Massif central, de là le poids du Piémont sur Nice, de la Méditerranée à Marseille et Toulon, des Alpes à Aix et Avignon...

Enfin les couples passages-territoires morcelés furent saisis par l'accélération des circulations et des échanges depuis 1850. L'axe rhodanien prit une nouvelle importance par rapport aux productions locales, mais avec l'inconvénient partout de la distance aux marchés de consommation concentrés dans le cœur industriel de l'Europe et aux frontières nord et est de la France. Aussi les régions du Sud furent-elles à la fois vidées humainement par cette attraction si puissante et accessible, et contraintes de concentrer leurs activités dans des poches de spécialités.

De là naquit le poids de l'agroalimentaire, du tourisme et des stratégies coloniales. Et celles-ci, ne le perdons pas de vue, furent au moins autant impulsées de Lyon que de Marseille, ce qu'une lecture des cartes explique aisément. N'oublions jamais Lyon, qui est le nœud du « grand passage », la vraie cité italienne, comme disait Fernand Braudel, non qu'elle fût, comme Marseille au début du siècle, peuplée d'Italiens, mais parce que sa dynamique capitaliste localisée est bien du modèle qui fit la force de l'Europe prénationale. Et aujourd'hui comme hier, le système industriel lyonnais est structurant le long de l'axe rhodanien et jusqu'aux portes de Marseille.

La première mise en modernité des « Suds » français

Nous ne reviendrons pas sur les batailles de Marseille avec les phases successives de la modernité. Ce qui nous intéresse ici, ce sont, à la même époque, les destins de la Provence, d'Avignon, de la Côte d'Azur et du Languedoc, notre but étant de mieux comprendre les logiques qui fondent, dans l'époque moderne, l'environnement marseillais.

Au cœur du delta, le train favorise un développement de la production agricole de produits frais pour les marchés du Nord. Émerge ainsi une forte société agricole au nord des Bouches-du-Rhône et dans le comtat, qui prolonge l'autonomie acquise au temps des États du pape. Cette continuité dans la richesse issue de la terre mais aussi du commerce induit une continuité de la qualité du cadre bâti qui ne sera pas pour rien dans la mode des résidences secondaires au moment du démarrage des festivals.

En Languedoc, l'enjeu était différent. En franchissant le Rhône, nous entrons dans la vieille terre de France, l'ancien sud du royaume, jadis peu ouvert à la Méditerranée malgré les tentatives de faire d'Aigues-Mortes un port. Paradoxalement sans doute pour l'observateur, nous sommes dans une société terrienne, hier dirigée depuis Toulouse qui fut le premier parlement de province, une sorte d'*alter ego* second de Paris en Occitanie, dans une région qui, vue du Nord, était d'abord la porte de l'Espagne vers l'Aragon par Toulouse et vers la Catalogne par Perpignan. Il s'agit ici d'une société depuis fort longtemps périphérique face au modèle de l'État-nation, et qui en a subi les effets de déstructuration au moment de la Révolution française. Le Bas-Languedoc, longtemps, dépendit de Toulouse, Montpellier étant la ville seconde, placée elle sur l'axe du passage au cœur de la chaîne des villes qui l'organisent du Rhône à la Catalogne, la création des départements mettant par la suite les villes plus à égalité.

Surtout, au XIXe siècle, le Languedoc, comme Marseille, découvrit l'agroalimentaire. Ici, ce fut le vin de « l'usine à vin », comme dit si bien Raymond Dugrand [1] : une usine agricole, des Côtes-du-Rhône aux Corbières, des plaines aux coteaux, mais une usine agricole bien particulière, car d'essence bourgeoise, urbaine, technique. Cette monoculture de la vigne correspond, pour le Languedoc, à ce

1. Raymond DUGRAND, *Villes et campagnes en Bas-Languedoc*, 1963.

que nous avons dit du développement de l'agro-alimentaire au Sud dans le cadre du nouveau partage national des productions. L'idée consistait à mettre sur les routes ce que l'on pouvait tirer de la terre grâce à la nouvelle culture industrielle et pour fournir justement à boire à ces masses d'ouvriers qui constituaient les grandes villes industrielles sans bases agricoles de l'Est et du Nord.

Montpellier, dans cette affaire, joua donc de sa position, du partage interrégional du travail que le train régula, mais en y ajoutant une touche particulière : un savoir scientifique issu de sa vieille histoire de ville de médecins qui lui permit la production des innovations techniques indispensables à la densification du vignoble et au transport du vin sur longue distance, comme à la lutte contre le phylloxéra. Là se noua la relation décisive pour l'avenir entre savants, techniciens et bourgeoisie entrepreneuriale, cette relation qui à Marseille n'existera jamais.

Le basculement niçois

Pendant ce temps, à l'est de Marseille s'inventait une autre face de la modernité : le tourisme. Cette mise en tourisme de Nice – l'invention du mot Côte d'Azur date de 1887 – ouvre à un développement radicalement nouveau. Au moment où Marseille devient une capitale industrialo-portuaire, Nice s'affirme comme grande cité du tourisme magnifiant, pour des raisons autant politiques qu'économiques, cette activité nouvelle. Quand Nice est rattachée à la France, le tourisme rentier lui permet de se faire une place entre la pression piémontaise et la puissance marseillaise par une relation directe avec les élites européennes.

Ainsi le tourisme n'est pas qu'un apport de richesse, une logique de ville neuve, de villas, il est aussi une ouverture territoriale vers les puissants du Nord qui permet de conforter dans la modernité un particularisme ancestral. Le mouvement, autour d'un autre produit, est le même que celui du Languedoc avec le vin, le train jouant, là encore, un rôle déterminant. Facilitant l'accès au tourisme des retraités aisés et des professions libérales, il conforte le mouvement du second XIXe siècle aux années cinquante où démarre vraiment le tourisme de masse.

Nice est alors pour les Marseillais comme l'antithèse de leurs propres valeurs : travail, usine, passage, Méditerranée. D'est en ouest, dans ce qui deviendra une seule région, deux idées de la vie et des sources de la richesse s'affrontent. On ne peut comprendre autrement le véritable refus touristique qui anime Marseille à l'époque du defferrisme et même parfois encore aujourd'hui, ni non plus le jeu de bascule entre les images des deux cités.

Dans ce mouvement continu de transformation des Suds français, il est frappant de constater que partout où il y a des transformations fortes, c'est grâce à une stratégie d'alliance, ou d'échange, avec la France et le Nord. Partout, sauf à Marseille qui a fait, elle, le choix de la mer puis de l'économie coloniale. Ceci est observable malgré la place semblable en bien des régions de l'agroalimentaire. Ainsi, cette saisie du Sud par la première modernité paraît bien avoir accentué les clivages d'orientation des différents espaces, renforçant souvent d'anciennes distinctions internes, préparant un XXe siècle contradictoire. Et n'oublions pas que Marseille ouverte au sud est de toutes les villes celle qui se peuple le plus, et que, hors les préfectures, l'exode rural frappe fortement l'ensemble de la région surtout à la césure du siècle.

L'empreinte du XXe siècle

La plus belle continuité est celle du tourisme. Avec les vacances de masse dont s'empare notre vieille culture sédentaire, la déracinant, poussant les hommes vers la mer et les montagnes, réorganisant les temps individuels et collectifs, le marché de l'oisiveté est l'un des plus porteurs du siècle. Les destinations privilégiées sont celles qui ont été mises en scène et en forme par le tourisme rentier, prolongées par les porte-rêve de nos sociétés, stars, princesses et autres célébrités. Après Nice, Hyères, le pays des Maures, c'est l'époque Saint-Tropez et finalement la vague varoise qui fait aujourd'hui de ce département le premier département touristique de l'Hexagone ; et chacun sait les violences politiques qui s'y jouent, souvent liées à des problèmes fonciers de droits à bâtir où les élus sont si souverains.

En outre, cette région qui a vu naître l'oisiveté rituelle de la modernité voit aussi naître un contre-tourisme très touristique qui emporte peu à peu l'espace intérieur des Suds, à l'abri des plages, au cœur de l'authenticité rurale délaissée. Les prémices en sont posées dès 1916-1917. Des intellectuels, par refus du « grand massacre », commencent à chanter cette société paysanne opposée à la ville, à l'industrie et au tourisme. Les trois facettes de la modernité sont rejetées dans un même mouvement, comme liées à cette boucherie gigantesque qui a particulièrement touché les fils de la terre. Genevois, catholiques et protestants de Provence et des Cévennes, intellectuels parisiens se retrouvent dans cette sensibilité. Cette réaction est comme une répétition de la réaction romantique du XIXe siècle face à l'industrialisation.

De là naîtra dans les années trente la localisation dans les hauts pays d'auberges de jeunesse, de colonies de vacances et de quelques précurseurs intellectuels ou artistes qui choisissent le « retirement », comme l'écrira Jean-Paul Clébert dans les années cinquante. Ne pensons qu'au Contadour de Jean Giono. C'est tout naturellement dans ce Sud antitouristique que se développera la vogue des festivals née avec Jean Vilar après la Seconde Guerre mondiale.

Ce tourisme « paysan » est, comme le tourisme balnéaire, mise en scène et en désir de régions entières, productions picturales et littéraires traçant lentement les voies du désir pour les générations suivantes ; certes, les traditions ne sont pas les mêmes. Encore aujourd'hui les différences sont sensibles. Par exemple, demandez à un ministre où il a une maison secondaire et vous saurez presque à coup sûr son orientation politique ! À droite on reste plus Côte d'Azur, à gauche Luberon. Seulement, et c'est par là que Marseille va être touchée, Aix-en-Provence est le carrefour de ces deux vagues désirantes. Elle est sur la route de Nice, elle voisine avec le nouveau Sud culturel. Alors, saisie entre deux esthétiques désirables, la ville se réveille peu à peu dans les années soixante et soixante-dix en tirant parti de tout ce que quitte Marseille, restée à l'ombre de ce soleil-là.

Le post-tourisme

Il n'est pas seulement question d'oisiveté : dès 1914, des industries ont commencé à choisir le Sud. À cause de la peur de l'Allemagne. Nous avons vu les patrons marseillais refuser ces usines modernes dans leur vieux tissu négociant. Mais ils furent les seuls à faire ce choix. Toulouse, la vieille *alter ego* de la capitale du Nord, sait la première saisir sa chance et poser les bases de ce qui deviendra la grande ville de l'aéronautique européenne.

Toulouse a ainsi, avec Nice, mis un pied dans ce qui va fonder la deuxième modernité du Sud. Toulouse est partie de l'industrie et d'un choix public, Nice de l'oisiveté et de choix privés. Le mouvement engagé avant la Seconde Guerre mondiale par ces deux places s'accentue quand commence à apparaître en pleine lumière un tropisme des rivages et du Sud qui va bousculer la vieille organisation française liée aux terroirs, puis au sous-sol et au pouvoir, et que l'État relaiera après 1962. Ainsi, après un XIXe siècle dominé par l'agroalimentaire et l'oisiveté rentière, la façade française se réoriente peu à peu. Le Languedoc entre en crise le premier – rappelez-vous les luttes viticoles désespérées des années cinquante-soixante – quand Marseille réduit ses positions à l'Empire et que Nice et sa région profitent à plein des congés payés.

Marseille est certes encore dominante. Mais tout est en place autour d'elle pour une transformation profonde unifiant les régions qui hier ont joué le Nord, de Nice à Montpellier. La ville industrieuse et portuaire doit alors voisiner avec des ensembles qu'elle pensait féaux et qui sont saisis en pleine lumière par les valeurs nouvelles de la société de consommation triomphante. Des régions qui attirent non seulement le désir ludique, mais aussi la culture, le savoir, la technique.

Inexorablement depuis 1960, face à l'effondrement du mythe de l'Orient, face au repli colonial, face à une Méditerranée qui s'éloigne, naît une façade de désir, une façade ludique, naturelle et ensoleillée. L'eau est toujours son emblème, mais l'eau de la baignade, du corps jouisseur, l'eau de la planche à voile, l'eau que bientôt l'on montera aux collines dans des piscines innombrables. Reculent le maritime, le marin, les cordages et la fébrilité des quais, parfois même l'irrigation des cultures.

La deuxième modernité des Suds est la généralisation de ce basculement. Et cette mise en scène saisonnière est bientôt relayée par des migrations de peuplement. Les enfants de touristes s'installent au pays du soleil, de grandes entreprises se mettent à y voir un atout de développement que la progression de Toulouse et de certaines localisations publiques rend peu à peu crédible. Là est le cœur de ce que nous appelons le post-tourisme : quand on quitte, en un territoire de vacances, les activités qui leur sont liées, pour inséminer de nouvelles activités et de nouvelles formes de travail et de richesse, fort de cet acquis désirable générant ce qu'on appelle un modèle californien. Il va falloir comprendre que ce mouvement n'est pas celui de riches veuves faisant retraite à Cannes !

À partir des années soixante et soixante-dix, cette évolution s'empare de Nice puis d'Aix-en-Provence. Les hommes et les entreprises se mettent à choisir le Sud comme il y a un siècle on choisissait le Nord. En trente ans, près de 20 % des habitants du Sud, de Nice à Montpellier, sont « descendus », comme on dit ici, dans cette perspective. Soit environ un million de personnes. Plus pour une seule région que les rapatriés pour toute la France, et les études prévoient que cela va continuer à l'horizon du troisième millénaire.

La visibilité de ce mouvement viendra de la région niçoise avec Sophia Antipolis et, paradoxalement, du Languedoc : cette région est choisie par l'État pour devenir une grande région de séjour balnéaire. L'idée est de créer un symétrique à la Côte d'Azur en vue de capter une partie du flux touristique qui se précipite vers les plages d'Espagne. Il y a là une *logique du pari* peu connue en matière de développement car on part de rien. Les confins du Languedoc et de la mer sont un univers d'étangs, de moustiques et d'immenses plages quasi vierges. Les courants littoraux y sont forts.

On pense et organise une politique volontariste, supprimant les moustiques des marais – mais laissant les marais aux Languedociens qui en ont toujours été friands –; on construit des stations de toutes pièces, qui connaissent un succès considérable : l'usine à touristes après l'usine à vin, dans une zone sans capital culturel fort, relativement plate. Un pur produit de grande consommation. C'est l'époque de la construction des grands ensembles, du béton triomphant. Le béton triomphe aussi pour les vacances.

Cette logique du pari réussi – un corps étranger volontairement introduit dans une économie désorganisée – induit dans les villes un bouleversement fondamental qui permet une reprise en partie endogène. L'État décide en outre de doter ce Languedoc, devenu Languedoc-Roussillon, d'une capitale. Montpellier est portée par ce projet public en partie restauratoire de l'ordre ancien qui visait à organiser ce Sud-là autour d'une ville-centre, même au détriment de ses voisines. Et pour ainsi dire en contrepoint de Marseille, qui était depuis près d'un siècle la vraie grande métropole du Sud, même si nous avons dit dans quelles conditions.

Chacun connaît l'extraordinaire transformation de Montpellier. Les voitures sont, pour ainsi dire, enfouies sous la vieille ville, ainsi transformée en zone piétonne, en zone de culture, le Polygone puis Antigone la prolongeant dans un grand geste urbain. Une ville nouvelle émerge avec des jardins autour de la cité ancienne, de manière peu dense et très soignée, intelligente et intégrée dans le tissu périphérique traditionnel. « Montpellier la surdouée » est née ; « petite grande ville » portée par une idée forte de l'harmonie qui vous prend en main dès votre sortie de l'autoroute par de beaux alignements de petits pins. Aujourd'hui, la ville est si désirable que même les retraités s'y précipitent.

Dans l'analyse des processus de changements sociaux, comme dirait Henri Mendras, la capacité des acteurs locaux à répercuter la logique publique du pari et à en faire une stratégie endogène est passionnante. Ceux dont les ancêtres déjà avaient impulsé l'usine à vin, la liant au milieu universitaire, ont repris la balle au bond. Sentant sans doute que Montpellier tenait là sa revanche sur les choix faits avec les départements, puis au XIXe siècle, en matière de carrefours ferroviaires, ils se lancèrent à l'assaut de cette opportunité avec ardeur, multipliant les initiatives, privées comme publiques, de hautes technologies comme de recherches, dans l'agroalimentaire comme dans les industries nouvelles ou traditionnelles, jouant une communication tout azimut. Ils investirent même dans des domaines de tourisme culturel. Et ils firent tout ceci politiquement, par une alliance ouverte des Languedociens de souche, des pieds-noirs et des nordistes pour porter la transformation de cette région.

On ne peut manquer d'émettre l'hypothèse que la liaison ancienne entre une classe entrepreneuriale même réduite, l'université et les services de l'État est, avec la force dynamique des pieds-noirs, à la base de cette construction originale. En complicité avec l'État, c'est vrai. Au point qu'on ne peut tout à fait écarter l'idée que jouer aussi fortement la carte de Montpellier a été une manière de ne pas favoriser le renouvellement de la place de Marseille, tentant, dans le fil de l'histoire longue, d'organiser le nouveau Sud sans la Méditerranée, sauf pour la baignade. Et sans le plébéien et contestataire port incontrôlable.

Au-delà de cette lecture ancienne de la France du Sud par celle du Nord, il y a un archaïsme profond de la lecture des espaces. On a laissé échapper la possibilité d'une vision neuve du grand delta qui aurait pu, avec nos techniques modernes, réunir ce que le passé avait séparé. Car ailleurs on a compris plus tôt qu'estuaires et deltas sont les nouveaux carrefours du monde grâce à la relative maîtrise du cours des fleuves. À terme, le retour à la politique du grand delta[1] est sans doute la vraie base de l'organisation de ce qui est devenue la façade française. Formule qui dit beaucoup de notre nouvel imaginaire Nord-Sud. Quand, de Montpellier à Avignon, Aix, Marseille et Toulon, les moyens de communications rapides seront en place, quatre millions d'habitants échangeront quotidiennement au cœur d'un ensemble de villes et de paysages parmi les plus beaux du monde. Mais cette vision d'aménageur est encore loin de la logique des territoires et des acteurs.

Toujours est-il que cette lecture de la mutation considérable de cette façade neuve nous montre bien que Marseille n'y a guère de place. Il y a là deux oasis de la modernité, les pays de Toulouse et de la Côte d'Azur, et un duopole pour l'instant séparé, en Languedoc d'une part, en Provence d'autre part. Dans ces lieux, que l'on soit parti du tourisme pour tendre à la recherche et à l'industrie, ou que l'on ait fait le trajet inverse, toujours est-il qu'aujourd'hui la jonction est faite entre le désir des lieux, leur mise en scène imaginaire et pratique, la tech-

1. Ce que Bernard Morel appelle « la plaque centrale » et Jean-Paul Ferrier « la Massalia ».

nique, le savoir et la production de richesse. Demeure alors relativement isolée la question de Marseille, de ses collines blanches et de leur rôle, des porosités qui s'accentuent lentement mais difficilement avec son voisinage.

Le paysage face à l'agora

Ce mouvement de saisie touristique et post-touristique des territoires a largement contribué à revivifier les anciens clivages. Cela est déterminant pour comprendre à la fois les effets du tourisme sur les sociétés locales et l'espace de jeu laissé aux acteurs. À l'origine, le tourisme est une relecture des anciennes territorialités. Il effectue une *mise en paysage* des lieux à partir de règles qui lui sont propres et qui visent à sélectionner des sites aptes à s'y soumettre. Par conséquent, l'organisation locale du territoire est captée comme par une photo : arrêt sur image. Nous sommes incontestablement face au site ancien, mais sans le mouvement qui l'a fait naître et va le prolonger. Cette production du *paysage* s'oppose alors au jeu de *l'agora* qui a concouru, lui, à cette production [1]. L'objet du présent ouvrage n'est pas de développer l'analyse de ce processus. Mais il faut accepter d'y voir le voisinage de ces deux modes de saisie d'une même région.

Et l'agora comme le paysage, s'ils ont des origines différentes, se croisent en chaque site à un moment donné. Dorénavant, l'histoire du site sera déterminée par cette double optique, et l'on voit bien comment deux légitimités s'y affrontent, l'une qui poursuit une logique liée à la création monumentale des œuvres des hommes simples qui relèvent de plus en plus du patrimoine et du temps arrêté, l'autre qui tente de prolonger la production locale liée au mouvement propre des habitants et de leurs arts

1. *Cf.* Jean VIARD, *Penser les vacances*, Actes Sud, 1984, et *Le Tiers-Espace*, Méridiens-Klincksieck, 1990.

de vivre et de produire. Ainsi, dans les régions touristiques, entre le paysage et l'agora se noue un rapport social, fait de conflits mais aussi de complémentarités par le transfert de richesses qui s'y opère.

Dans certains cas, le paysage devient trop dominant, l'agora devient symbolique mais ne fonctionne plus que dans la grille étroite que le paysage produit. C'est le modèle des stations de tourisme. Dans d'autres cas, l'agora est trop puissante et se refuse au paysage. C'est le modèle marseillais de 1850 où les prémices touristiques sont chassées peu à peu de la ville. Enfin, quand le tropisme des littoraux croise la mise en paysage, on assiste à des mariages heureux autour de ce nouveau rapport social. C'est le modèle niçois, qui crée une nouvelle agora au cœur du paysage par implantation de nouvelles activités techniques et savantes ; ce sera le modèle provençal un peu plus tardivement et d'une autre manière le modèle languedocien, sauf que là ce sont les élites locales qui vont elles-mêmes effectuer l'implantation du paysage parallèlement à la transformation de l'agora. Cas unique qui s'explique, nous l'avons dit, par la relation forte entre la route – donc l'arrivant –, la science et le pouvoir entrepreneurial.

Ces différentes situations sont liées à la migration définitive au sein de la société locale d'acteurs qui arrivent avec une culture du paysage. Autrement dit, il y a nécessairement des transfuges qui portent l'attaque de manière continue dans l'organisation traditionnelle, relayés bien sûr par les services des administrations inventés à cet effet. Et ces migrants paysagers se positionnent comme dans un décor, en retrait de la vie publique, liés entre eux d'abord par le monde professionnel ou ludique. Politiquement, tant qu'ils ne décident pas de prendre le pouvoir pour bloquer la destruction du paysage par l'agora, ils soutiennent ceux qui leur semblent les mieux à même de freiner les évolutions. Élus locaux traditionnels dont le peu de grands projets les rassure, forces extrémistes qui plaident pour la protection des appartenances anciennes.

C'est ainsi que de tranquilles joueurs de boules sont régulièrement confortés dans leur pouvoir par ces migrants savants et techniciens attirés d'abord par le désir de réussir leur vie dans ce « cadre enchanteur ». Que les mots ont du sens!

La vision paysagère qui est au cœur de ces migrations et du développement post-touristique du Sud français tend naturellement à revitaliser les vieilles différences territoriales, car le spectacle laissé par les œuvres de l'homme y a eu des conséquences inégales. La Provence aixoise saisie par Cézanne y est bien différente des Basses-Alpes de Giono, de la Provence blanche de Mistral et bien sûr de Marseille submergée par un siècle de pauvres et de HLM. La mise en paysage de Marseille qui avait débuté avec Madame de Sévigné et avait couru jusqu'à Cézanne, qui était présente chez Giono et tant d'autres, Pagnol aussi naturellement, est alors masquée. Sa restauration devient une nécessité quand la ville sort de son repli contre la terre et accepte la revanche à laquelle il lui faut céder. Mais cette restauration n'est pas que culturelle, elle doit aussi être matérielle, elle doit accepter que se fonde dans les quartiers désurbanisés la logique de destruction-reconstruction qui est le travail même de la ville, et surtout que Marseille produise une mise en paysage si forte qu'elle puisse y imposer la force de son harmonie toute de discontinuités nourrie.

Ainsi la façade française en Méditerranée, qui est un des plus anciens lieux touristiques de l'histoire de l'humanité, est-elle portée aujourd'hui par cette dynamique nouvelle, économique, migratoire et culturelle. Et les bruits que l'on entend, les craquements de cette société, y compris les débats sur l'authenticité marseillaise ou la répétition du passage, s'opposent au primat du natif. L'évolution du rapport social entre agora et paysage, les équilibres qui seront trouvés ou non déterminent pour une bonne part l'avenir économique, écologique et politique de ces régions. Ne nous y trompons pas : plus le paysage devient la référence identitaire, plus le dernier arrivé veut fermer la porte et protéger ce qu'il a découvert, y compris en excluant certains hommes qui sont « hors cadre ».

Aussi le conflit social est-il le seul garant possible de la vie, forcément instable, des équilibres à l'œuvre, car nous sommes dans un rapport social nouveau où la tentation est forte d'appeler la règle et la norme à la rescousse de l'esthétique au détriment de l'œuvre de vivre. Marseille est en train d'entrer dans cette bataille qui fait rage de Montpellier à Nice. Elle est décisive, mais les épisodes risquent d'en être rudes, plus rudes qu'en Languedoc où des regrets à la du Bellay et des conflits de voisinage l'expriment relativement paisiblement, au moins aussi rudes que le long de la Côte d'Azur où elle est parfois tragique.

Un soupçon de preuve

Pour bien saisir que nous ne sommes pas dans une approche des territoires purement culturelle, je voudrais verser à ce dossier, avant d'analyser en détail les relations de Marseille avec la Provence, les résultats des recherches de Félix Damette. Celui-ci a travaillé à partir des échanges téléphoniques. Une carte saisissante nous en est renvoyée, dont il écrit : « La périphérie marseillaise est directement branchée sur Paris; cela s'explique en grande partie par la présence des grandes entreprises beaucoup plus liées à Paris qu'à Marseille, mais l'ampleur du phénomène conduit à se demander si le mécanisme de détournement marseillais ne va pas au-delà de ces grands établissements. En effet, à l'intérieur des Bouches-du-Rhône, qui correspond bien à la région urbaine de Marseille, on constate une faiblesse généralisée des relations entre le centre et ses périphéries... Tout cela ressemble fort à un contournement marseillais. Le cas d'Aix-en-Provence est presque caricatural; ces deux villes que l'on pourrait croire complémentaires et fortement connectées, donnent plutôt l'impression de se tourner le dos. Si l'on ajoute à cela que la liaison avec Toulon est à l'indice dérisoire de 0,55, on aboutit à un sombre tableau pour une capitale régionale de l'importance de Marseille [1]. »

Mais « le contraste est frappant entre l'indigence des relations proches (Bouches-du-Rhône et Toulon) et la force des liaisons avec toute la Provence et la Corse. Le fait le plus remarquable est l'importance des liens entre Marseille et la Côte d'Azur : chaque ville azuréenne est fortement connectée à Marseille, qui semble bien être la véritable capitale économique de la zone touristique. Avec la Haute-Provence, les relations sont très fortes ». Entre Marseille et le Languedoc, « c'est un niveau de relation élevée comparable à ce que l'on trouve entre Rouen et Caen », double de ce qui existe entre Rennes et Nantes, moitié moins qu'entre Strasbourg et Nancy. Cependant, sur l'axe Bordeaux-Nice, « c'est le maillon Montpellier-Marseille qui est relativement le plus faible ».

Enfin, vu de Lyon, le problème est encore plus vaste. « La liaison Lyon-Marseille est intéressante, mais elle n'est en rien comparable à celle qui existe entre Toulouse et Bordeaux ; par contre, il n'existe rien de comparable au faisceau reliant directement Lyon à chaque entité des Bouches-du-Rhône. L'hypothèse pessimiste serait que cela traduit une capture du marché métropolitain, au bénéfice de Lyon, dans la banlieue même de Marseille – mais le pire n'est pas toujours sûr et on peut envisager l'existence de formes originales de complémentarité [2]. »

Les modes de calcul ici à l'œuvre sont complexes. Retenons seulement que les heures d'appel auxquelles les analyses sont faites correspondent à des heures de bureaux. Ces citations illustrent parfaitement bien les questions auxquelles Marseille doit faire face dans la revanche de la

1. Félix Damette, *La France en villes*, La Documentation française, 1994, p. 157 et suiv.

2. *Ibid.*, p. 165.

terre à laquelle elle est aujourd'hui confrontée. Si son poids administratif et politique lui donne une place forte dans la gestion du tourisme et des problèmes du haut pays, son jumeau illégitime semble bien, lui, avoir déjà fait l'essentiel du travail pour capter le lien avec le Sillon rhodanien et gérer directement sa relation à Paris. Autrement dit, côté terre, la bataille décisive de Marseille est dans son proche voisinage, à la différence des autres grandes métropoles qui se sont développées par tache d'huile. Revoici au premier plan la mer contre la terre, la Grèce contre la romanité.

Le couple infernal

Dès qu'on prononce les mots Marseille et Aix-en-Provence, tout est dit. Au-delà des mots, chacun pense « port et mer » contre « terre et bastides », ce qui appelle migrations et transits – d'où commerce et usines – contre lignées et rentes agraires ou universitaires... On ne peut sortir de cette opposition entre la cité grecque, qui est un havre de la mer, et la ville romaine, qui est l'avant-scène de l'arc alpin. Là est encore aujourd'hui l'essentiel. Ce clivage a été et demeure fondateur.

La distinction entre terre et mer que l'on rencontre dans toutes les régions littorales est renforcée en Méditerranée, à la différence de l'Atlantique, par l'inscription de cette dernière dans une *mare nostrum* connue et vécue. Cette référence est donc duelle, l'onde et le pourtour, ce qui permet aux ports d'appartenir à un « monde » commun à double fonctionnement, celui de la Méditerranée et celui de la navigation. Cette dualité – que l'on retrouve dans d'autres zones sur la planète où depuis des siècles le voisinage maritime est intime – distingue radicalement l'arc latin de l'arc atlantique.

Par conséquent, entre Marseille et la Provence passe la frontière de deux anciennes cultures qui ont chacune un arrière-pays et une profondeur, des refuges et des lieux cultes. Ces deux mondes sont perméables, ils l'ont toujours été, mais la possibilité de la fusion est une vue d'ingénieur parce que *les racines de l'œuvre de l'homme sont différentes*. Les difficultés du présent viennent du doute bien légitime que ce point établi par le temps soulève : notre monde est celui de la continentalisation au détriment des mers communes. Les espaces politiques sont donc en pleine mutation, l'Europe prenant peu à peu le pas non seulement sur l'Empire aujourd'hui disparu, mais aussi sur la Méditerranée comme espace partagé.

Plus profondément, cette continentalisation et cette technicisation du transport jouent dans deux directions. D'une part, la culture maritime et méditerranéenne ne se ressource plus à partir d'énergies neuves, de relations réelles, laissant la place à la méconnaissance et à la peur, ou à une appartenance méditerranéenne largement mythologique. D'autre part, la ville est en déclin relatif par rapport à « sa » région, y compris dans l'ouverture au monde dont elle a perdu le monopole, alors qu'elle continue à vivre avec le sentiment d'avoir été la capitale de l'Empire et donc, tout naturellement et pour le moins, de sa région. La mentalité marseillaise est, encore aujourd'hui, une mentalité de capitale et de gens qui se sentent partout chez eux en Provence alors que, dans les terres proches, Marseille est perçue comme un ailleurs, pour les populations anciennes comme pour les nouvelles. On peut consommer des services à Marseille mais on ne se sent pas Marseillais. La ville en revanche retrouve son ancien statut dans le rural plus profond et le long du littoral, qui sont les régions anciennes de son peuplement – ce qui vaut aussi un peu pour le Languedoc – et qui ont des activités soit traditionnelles, soit touristiques, constituées de micro-entreprises qui ont l'usage d'une métropole-relais.

Le développement post-touristique, comme nous l'avons montré, n'a fait que réactualiser la vieille cassure entre Marseille et la Provence. Hier, Aix était si assoupie que son devenir concernait peu Marseille. Aujourd'hui, elle tient sa revanche sur la ville-port qui l'a dépossédée de ses fonctions anciennes. Plus fondamentalement, c'est la différence d'ambiance et de culture entre les deux cités qui est revivifiée, Aix n'étant pas une ville culturelle au sens où il y aurait suractivité théâtrale, musicale ou picturale. Elle ne tente que depuis peu de rattraper son retard. Non, Aix est une ville cultivée au sens où le capital esthétique accumulé et le capital de formation des hommes y sont considérables. Si le flux est faible, le stock est immense et son rayonnement certain. C'est la réactivation de ce stock par la mise en scène touristique qui a fondé sa nouvelle richesse, mais du fait d'un jeu d'image et de désir, car le stock lui-même ne sert guère dans les nouvelles activités implantées autour de la ville. Il est d'abord distinction sociale, protection face à l'image peuple de Marseille.

À partir de là et sans vrai projet central organisé, l'alentour de la ville a connu un fort développement technique et industriel. À la base, il y a des localisations publiques, Cadarache et le nucléaire, le CETE des Milles, Thomson [1]. Comme à Nice ou à Montpellier, les logiques publiques ou privées ont rencontré des logiques individuelles d'acteurs emportées par le post-tourisme.

Il y a ici un intense mélange d'attraction propre, de refus de Marseille, et de choix urbain périmarseillais. Par certains côtés, Aix et la Provence sont des quartiers de Marseille, nous sommes face à des croisements de territoires, des chevauchements qui rendent les différentes logiques d'autant plus difficiles à cerner mais aussi d'autant plus difficiles à allier tant le danger est immense d'être pris pour l'autre. Nous sommes face à plusieurs logiques de cités incluses dans le même espace urbain. Là, Marseille est vraiment serrée de très près, fortement en danger de dépossession, mais à l'inverse la complémentarité des deux sites est remarquable. C'est pourquoi

1. Jacques GARNIER, *Hautes Technologies dans le pays d'Aix-en-Provence*, LEST-CNRS, 1991.

le mouvement interne de cette mégapole est passionnant. Là est le site possible d'une aventure renouvelée, à la jonction de la façade française et de l'axe rhodanien, au cœur de l'arc méditerranéen de l'Europe. Un site d'extrême puissance potentielle donc, mais un site à partager entre plusieurs cités qui sont astreintes aujourd'hui à faire urbanité ensemble, où à continuer une lutte fratricide fort risquée pour chacune, et dans un premier temps surtout pour Marseille.

L'étranger proche

Marseille est en fait entourée d'une triple couronne, Ces trois couronnes, avec lesquelles elle a longtemps été en osmose, sont toutes localisées en Provence, mais plus ou moins différentes d'elle. L'une laborieuse, Aubagne, Gardanne et Martigues ; ici nous sommes dans le monde de l'usine et de la mine, les fiefs rouges qui se concurrenceront au XXe siècle dans l'urbanisme et le travail social ; fierté du travail, enracinée dans les cultures locales qui vont s'articuler avec Fos. La deuxième couronne est celle des maisons de bord de mer, vers Cassis et Bandol, vers la Côte bleue, petits ports enchâssés dans leur beauté et dans l'attrait nouveau des rivages, extension des pratiques marseillaises chassées de la ville par l'agrandissement du port qui sont comme des banlieues chic. Enfin, en troisième couronne que nous avons déjà approchée, celle des liens avec le haut-pays, avec la « chaîne » du foin et celle du bois, mais aussi des bras, du fait des migrations régulières et anciennes de Bas-Alpins et de Queyrasiens, comme de riverains de la Méditerranée française, Languedociens ou Varois ; la Corse étant comme « un haut pays d'en face ». Celle-là reste fidèle, car peu active.

Mis à part les petits ports littoraux, comme Cassis, Bandol, Carry-le-Rouet, etc., qui font du post-tourisme sans le savoir et qui sont des ramifications balnéaires de Marseille, deux pôles industriels et technologiques se sont constitués dont il faut comprendre le mouvement; sans compter Toulon, qui est une puissance militaire et technique considérable et qui est la première à avoir quitté l'orbite marseillaise avec le déplacement des galères, nous l'avons dit.

L'étang de Berre est un pourtour et un paysage. Ses villes y sont typées, appropriées et différentes. Les traditions ouvrières y sont anciennes, continues – parfois depuis Colbert –, les cultures populaires souvent vivaces. Pourtant, pour un passant, c'est un espace difficile, labyrinthique, morcelé, d'une grande douceur ou d'un désordre brutal. Ici, Marseille est l'autre et la suzeraine. Tout induit ce rapport : la domination communiste ici quand là-bas les communistes sont bridés par un découpage inique, demain peut-être la position du Front national qui est battu en brèche à Marseille mais s'enracine logiquement dans la seule ville nouvelle qu'on a eu la bizarre idée de créer dans cette région : Vitrolles. Arles et la Provence blanche, en périphérie de la zone, sont comme un modèle un peu mythique, Aix est un XVIe arrondissement désiré, mis à distance, et qu'on aurait méprisé quand les classes avaient encore une culture de classes.

Au cœur de cet espace, est né un quartier d'affaires et de *high-tech* autour de Marignane et Vitrolles, qui se lie à Aix-Les Milles. Ici l'éclatement n'est pas un principe. Nous étions dans la juxtaposition de mondes bien organisés, un peu isolés, puis l'aménagement arriva et le voisinage devint proximité, les champs furent urbanisés, les voies rapides criblèrent l'espace...

Un séisme a saisi cette zone : des Marseillais, des Lorrains, des pieds-noirs, des Algériens sont arrivés par dizaines de milliers. Les uns avec un deuil au cœur, les autres avec l'espoir... Ce monde aujourd'hui est lourd de regrets, de la vraie Provence et des plans grandioses des aménageurs. Surgit l'idée de l'étang comme voisin commun, et monte l'espérance de vivre autour du plus grand plan d'eau de France, un lieu sain, écologique : une parole possible d'authenticité et de beauté qui joue avec la montée xénophobe.

La question spatiale est largement la même que dans les banlieues Nord de Marseille; ici aussi il faut sculpter des espaces de vie et de quotidienneté, des monuments symboliques, etc., autrement dit intégrer les œuvres urbaines et l'arrivée du développement dans une œuvre nouvelle, englobante, polyurbaine et monolacustre. Par ce « nous » possible et désirable des villes de l'étang qui relie des « nous » urbains solides, peut s'ouvrir un « nous » plus large qui serait celui de Marseille-Provence, mais sans lui chacun se repliera sur son pré carré.

Avec l'étang de Berre, on peut associer un moment Gardanne et Aubagne : cette ceinture ouvrière et minière de la grande ville nous entraîne vers ce qui aurait pu être l'embryon de banlieues si Marseille n'avait pas eu une surface apte à contenir ses propres banlieues, des villes communistes, en émulation entre elles et contre le centre. Au-delà de cette proximité fondamentale, les destins modernes se séparent : Aubagne tire vers La Ciotat et un peu vers Toulon, Gardanne est encore largement tournée vers sa mine. Mais comme vers Vitrolles, les campagnes sont parsemées de petites maisons plus ou moins autoconstruites, on est dans un pays ouvrier, dans du vert mité par la retraite, ou par des emplois qui laissent du temps libre. Comme autour de l'étang, Marseille ici est l'autre et la suzeraine. Mais dans la suzeraineté il y a une forme d'égalité, celle qui permet l'hommage, éventuellement le combat. Jamais la servitude.

Le pays d'Aix est l'autre face de l'étranger proche marseillais. Avec lui, on arrive en pays conquis par l'amour que les gens du Nord portent à ce midi-là. Derrière Cadarache, Thomson et la *high-tech*, derrière Les Milles et la vallée de l'Huveaune, il y a ce sentiment post-touristique dont nous avons parlé. Ce sentiment qui a revitalisé l'opposition avec le bas pays populaire et maritime, liant les anciens Provençaux locaux et les cadres descendus du

Nord dans le même sentiment de vérité, d'authenticité et de légère supériorité. La différenciation urbaine est largement hiérarchie sociale, savoir-vivre plus que faire savoir. On lit peu le journal local et le pouvoir municipal manque de relais avec ses administrés. Sauf peut-être par les journaux de Paris!

Si on inclut dans ce pays Cadarache, le Luberon du Sud, la vallée de l'Huveaune et quelques communes du Var, on a en apparence un ensemble fort, unifié et structuré. Le bouleversement n'a pas été moindre qu'autour de l'étang de Berre, quoique de nature différente, bâti autour d'une chaîne scientifique et technique, de logiques d'essaimage, développement typiquement post-touristique d'attraction des hommes et des entreprises.

Seulement, s'agit-il bien d'un ensemble organisé? Ne faut-il pas plutôt penser en termes de voisinage, de logiques différentes réunies seulement par un même territoire? Une logique en aval de localisation lourde d'entreprises publiques, une logique périmarseillaise dynamisée par la force de la recherche dans cette ville et par le refus de certains groupes sociaux de s'y installer. Autrement dit, l'ancienne capitale voit son terroir trouver un nouveau dynamisme, la ville jouant surtout un rôle de sociabilité.

En fait, une bonne partie des nouvelles populations de Provence vivent dans l'orbite marseillaise suivant des logiques de réseaux insensibles à la courte distance. Cela est très net vers Pertuis dans le Vaucluse, vers Pourrières dans le Var ou vers Châteaurenard dans les Bouches-du-Rhône. C'est pourquoi la stratégie aixoise consiste à poser la ville comme centre naturel et historique de « son » espace, tentant de capter à son profit l'usage banlieusard et rurbain qui est fait par les Marseillais de son terroir... D'où une intense politique d'agrandissement du centre, d'équipement universitaire et scientifique et le grand projet de technopôle de l'Arbois. Mais les transfuges marseillais ne sont pas encore tout à fait devenus Aixois; ils se sont mélangés avec les nordistes venus travailler dans les entreprises nouvelles de *high-tech* ou venus en créer. Nous avons ainsi une double dynamique, l'une tendant à absorber l'espace provençal dans le mouvement marseillais, l'autre luttant pour centraliser autour d'Aix l'ensemble des événements qui transforment la Provence.

La mégapole inachevée [1]

De ces diverses approches, il ressort que Marseille et la Provence sont aujourd'hui plus que des voisines. La vieille relation qui les unissait, celle qui fondait Marseille comme havre du rivage et Aix comme enfant des sillons, n'existe plus dans le réel. De multiples espaces transfuges sont à l'œuvre, post-marseillais autour de l'étang de Berre et dans le pays d'Aix, post-touristiques au sein de la ville de Marseille même.

Ici, il faut bien sûr penser en termes d'archipel et non d'espace compact, dire que l'archipel post-touristique s'appuie sur Aix et la mer – la mer de la baignade et du tourisme, y compris vers les plages marseillaises. En même temps, l'archipel portuaire et industriel qui porte les racines modernes de Marseille et de Berre cède du terrain dans Marseille mais se prolonge par longs rhizomes au sein de la vieille Provence jusqu'à la ceinture des montagnes, Alpilles, Luberon, Haut Var.

Cependant, ce que nous décrivons ici ce sont des espaces de modes de vie, des territoires d'appartenance sociale et culturelle plus aisés à ressentir qu'à mesurer. Or ces territoires, s'ils sont transfuges aux vieilles frontières, ne les ont pas (encore?) effacées, car ils sont ténus dans Marseille-ville, et surtout ils s'organisent avec les stocks-mémoire considérables qui distinguent depuis des siècles la ville maritime et la terre travaillée. Il reste que

1. Ce titre est dérivé de celui de l'ouvrage du Club d'échanges et de réflexions sur l'aire métropolitaine marseillaise, *La Métropole inachevée*, éditions de l'Aube, 1994.

Marseille se nourrit d'une culture du flux, bien que les hommes circulent de moins en moins par la mer, et qu'Aix symbolise une culture de l'enraciné, même si la plupart des habitants sont à la recherche de racines inventées.

Alors il faut apprendre à penser en même temps ces archipels de vie, l'espace compact des stocks-mémoire et un nouveau *local* en train de naître en leur point de rencontre, comme le signalent bien l'enjeu écologique de l'étang de Berre, les luttes pour le paysage en pays d'Aix ou la refondation du lien entre Marseille et « sa » mer au travers de la redécouverte de ses docks. Et gardons en mémoire ce que nous avons appelé les « œuvres spatiales », œuvres urbaines nombreuses et voisines, enracinées dans le temps et qui résistent à la fusion dans un ensemble métropolitain pensé en termes de centre et de périphérie.

Martigues, Aubagne, Aix ou Istres sont des villes et ne seront pas des banlieues de Marseille. Ceci est un atout de cette région, car elle ne connaît pas la question des banlieues comme ailleurs dans les régions urbaines et industrielles; *ici les banlieues sont dans les villes,* dans Marseille, ou alors ce sont de vraies villes. Certes, cette force urbaine plurielle nuit à l'organisation d'une hiérarchie, elle impose un espace de négociation que ne peut régir que la règle du *primus inter pares.* Réciproquement, l'atout que représente la multiplicité des modes d'habiter voisins mais différents est considérable.

Ici se pose non la question d'une métropole et de ses marges, mais bien celle d'une mégalopole à l'américaine; sauf, et ce n'est pas rien, qu'elle sera dotée de stocks-mémoire pluriels qui nous imposent de penser à l'européenne ces ensembles de lieux urbains unifiés par le regard du lointain et les complémentarités techniques, politiques ou culturelles.

L'espace Marseille-Provence est emblématique des temps à venir, car les histoires qu'il incarne dans le voisinage et sous les pressions contradictoires du présent peuvent générer un espace profondément nouveau, alliant l'instable et l'enraciné, gardant l'art des transits et du commerce en y intégrant l'accumulation du savoir, de la création et des techniques. Mais les discours, les représentations et l'organisation de cet espace ne peuvent s'harmoniser du seul fait des ingénieurs du social. Ceux-ci peuvent dire les mouvements du réel qu'ils perçoivent, désigner les perspectives qu'ils envisagent, mais ils ne peuvent produire à eux seuls l'harmonie des contraires.

Seul le politique peut y parvenir s'il sait proposer un modèle polycentrique de cet ensemble spatial où, pour chaque fonction, un lieu fasse centre. Il ne peut proposer un seul centre qui serait forcément créateur de conflits majeurs – c'est d'ailleurs pourquoi cette région est emblématique du futur –, mais des centres pour chaque archipel, des lieux où se constituent de vrais carrefours qui ont à communiquer et à se côtoyer [1]. S'il ne sait pas inventer cela et mobiliser l'ensemble des acteurs, les forces d'éclatement domineront. Et ce danger est réel, tant sont forts les deuils du monde méditerranéen, les souvenirs des gloires anciennes et différentes, la crise des emplois et de la ville de Marseille tout comme l'investissement économique et symbolique des migrants – individus et entreprises – qui n'ont pas envie que leurs stratégies échouent.

Ces forces d'éclatement ont largement pénétré dans la ville même de Marseille. Si la vieille cité reste un espace d'appartenance fortement intégrateur, elle est aussi soumise aux pressions que l'on rencontre autour d'elle. S'il y a des transfuges marseillais en Provence, il y a dans Marseille de multiples acteurs qui sont portés par la dynamique du post-tourisme et qui risquent un jour de se retrouver face à face avec les héritiers malheureux de l'ancienne ville coloniale industrialo-portuaire. D'autant que les aires du travail et des loisirs, de chalandise comme de réseaux scientifiques sont pour certains moins morcelées qu'il n'apparaît ici. Ainsi les cultures se

1. Jean VIARD, *La Société d'archipels*, éditions de l'Aube, 1994.

mélangent à l'intérieur de chaque territoire et, s'il y a donc un jeu possible entre l'usage réel des espaces et les formes des représentations, il y aussi possibilité d'aggravation des tensions.

Face à cette revanche de la terre sur le grand port qui s'en est détourné depuis le début du siècle, la question de Marseille est de sauvegarder son unité et sa spécificité méditerranéenne tout en valorisant son appartenance terrienne. Être ce que nous appelions en introduction un « quai du Nord » qui trouve les voies de nouvelles richesses au sein de cette relecture des imaginaires territoriaux. Si le pari ne paraît pas impossible, il ne pourra être gagné qu'avec un coup de pouce fort de l'État, une direction politique ferme et une compréhension par les autres acteurs français – dans le triangle Nice, Lyon, Montpellier – de leurs intérêts communs à long terme.

Nous sommes ici au cœur du présent. C'est-à-dire que nous avons atteint le terme du récit que nous pouvions faire de l'aventure de Marseille. Maintenant, il nous faut entrer dans la ville pour comprendre comment cette aventure l'a marquée, le poids de la mémoire, le maillage des communautés, les ruptures qui la traversent, les stratégies qui y sont possibles. Autrement dit, nous affronter au corps même de la cité.

DEUXIÈME PARTIE

Le corps à corps avec l'espace

Chapitre VI

La diversité d'une ville immense

Marseille est une calanque, un site. C'est notre refrain. Mais, par rapport à d'autres cités de Méditerranée comme Gênes, et aussi La Ciotat, Cassis, elle est profondément originale : la ville ancienne et le port ne sont que l'avant-scène d'une plaine vallonnée de plus de 10 000 hectares, elle-même ceinte d'une chaîne de collines relativement élevées, le tout définissant une commune de 23 000 hectares.

L'histoire de Marseille va se jouer entre ces différents plans, celui de la proximité à la mer, celui de ses sœurs en villages, et celui de cette plaine agricole, longtemps sèche, irriguée au siècle dernier par l'apport des eaux de la Durance. C'est le niveau du canal qui va délimiter, quasi géométriquement, la partie sèche, totalement dénudée – mis à part parfois des zones construites sur les collines, qui sont alors encore boisées –, de la partie humide, irrigable, où les habitants vont prendre leurs aises. La ville est géographique, nous l'avons vu, tant dans sa morphologie de proximité que dans sa façon de monter à l'assaut de ses collines, d'occuper un faux plat, de retrouver une plaine, d'occuper à nouveau une colline du beau côté – celui à l'abri du mistral et avec vue sur la baie –, pour se cacher enfin derrière, organisant un quartier comme fermé sur lui-même. Cette géographie diverse et l'immensité de cet espace expliquent le charme fondamental de Marseille : la multiplicité des quartiers, des modes d'habiter, des arts de vivre.

Qu'ont-elles en commun, ces villas construites dans l'entre-deux-guerres sur les buttes, en arrière-plan, avec des jardins, des murs élevés, des portails en fer, villas « modernes » pour l'époque avec de grandes fenêtres, et souvent occupées, dans un quartier, par une même communauté ? Quoi de commun entre ces quartiers et les vieux villages qui parsèment la plaine ? Ceux-ci ont des rues étroites, des maisons prévues pour l'agriculture, des portes cochères, des cours avec au fond d'anciens cochonniers, l'écurie. Ils sont typiquement provençaux, avec leur double réseau de fermes : dans la partie sèche, les fermes paysannes, pauvres ; dans les parties irriguées, les fermes des châteaux, des bastides, les fermes de la richesse en somme. Château-Gombert, Mazargues, Saint-Tronc sont des communautés provençales comme il en existe tant, organisées par les mêmes différences, les mêmes complémentarités aussi, quand les agriculteurs pauvres louaient leurs bras dans les fermes des zones irriguées... Ce vieux système rural était là, dans la ville même, toujours présent physiquement ; les parcelles sont aujourd'hui presque totalement construites bien sûr, mais on y discerne les accès, la structure du terrain, la bastide restant au centre, l'allée de platanes définissant l'aire de jeu des enfants.

Le tout de Marseille n'est pas là bien sûr. Il faut compter avec les petits ports de pêche nichés dans des criques de cette immense baie de plus de 30 kilomètres de rivage : la Pointe Rouge, les Goudes, l'anse du Prophète, les Catalans, l'Estaque..., là où Cézanne et ses amis découvrent la mer. Ils sont le fruit du monde des pêcheurs et sont constitués de maisonnettes toutes simples, autour des bateaux tirés sur les berges.

Et puis, bien sûr, il y a la cité, les villes de Marseille, l'ancienne, la nouvelle – celle du XVIIIe siècle –, la ville haussmannisée, avec ses grandes rues droites, ses allées, qui symbolisent le sentiment de la nature tel que l'ont développé les bourgeoisies du XIXe siècle : désir de promenade mondaine rituelle entre la maison et le point de vue sur les champs, sur les fermes, sur les arbres. C'est maintenant Belsunce...

Dans ce site de rivage, dans cette région de mistral, c'est le rapport entre l'espace et les hommes qui a créé un tissu urbain profondément original. Vous mettrez du temps à le découvrir même si vous avez grand désir de le faire.

Les portes de la cité

La ville qui se donne à l'arrivant n'est qu'une petite partie d'elle-même. Vous la découvrez en descendant du train à la gare Saint-Charles, sur le parvis qui domine. Vous en découvrez une autre en arrivant par la mer. Hier, quand on venait par bateau, plus on se rapprochait, plus le premier plan des collines masquait l'arrière-plan de la ville. Aujourd'hui, la vue butte sur les tours qui ont été concentrées comme une couronne au pied des collines lointaines, vers le nord, dans une densité très forte (le peuple, voyez-vous, doit être près du port et des usines). Vers le sud, vous voyez aussi des tours, mais plus disséminées, souvent dans des parcs magnifiques comme celui du Roy-d'Espagne, que vous devinez au pied des bâtiments.

Mais l'arrivée la plus courante maintenant, celle des autoroutes, est encore différente. Comme dans beaucoup de villes, celles-ci passent le long des zones industrielles. Aussi, jusqu'aux années quatre-vingt, on entrait dans la ville par ses quartiers les plus pauvres, dans un entrelacs d'entrepôts, d'HLM et de cheminées. D'immenses ruines d'établissements coloniaux restaient dressées le long de l'accès nord. Tout en haut d'un immeuble sans toiture, on pouvait lire « Suez et Indochine ».

Cette entrée dans la ville prend pour ainsi dire l'organisation de la ville à rebours : une vaste pénétrante, avec en perspective Notre-Dame de la Garde, amène directement au centre en faisant découvrir les petites maisons construites du mauvais côté des collines, au mistral et sans vue sur la mer, les plus pauvres donc, les plus fermées, si possible. Ainsi, Marseille offre son plus triste visage quand on vient d'Aix et de la France.

L'autre autoroute, celle qui vient d'Aubagne, menant vers Toulon et l'Italie, offre la même image. Mais en serpentant le long de la rive de l'Huveaune, elle fait découvrir de magnifiques bastides aux volets souvent tirés, qui donnent une idée de la vie bourgeoise passée; Marcel Pagnol, *Le Château de ma mère*, c'est là, juste à côté.

Une fois qu'on est entré par cet envers de la ville, on rejoint le Jarret, jadis un grand égout, que fit recouvrir Gaston Defferre. On pénètre sur une rocade qui coupe au cordeau les quartiers de Sainte-Marguerite aux Cinq-Avenues, avec des immeubles modernes, hauts, chargés de bruits et de gaz d'échappement. On est forcément malheureux pour ceux qui habitent là et qui ne peuvent pratiquement pas ouvrir leurs fenêtres ou mettre leur linge à sécher sur le balcon.

Plus près du littoral, heureusement, la mode automobile vint de passer en hauteur. Des ponts de plusieurs centaines de mètres furent lancés au-dessus des terrains portuaires. Et devint visible ce qu'on ne voyait jamais : des quais, des bateaux, des docks, des trains qui attendent, les caisses bien rangées. Cette façon de contempler le port qui était jusqu'ici un monde caché, secret, dangereux, commença à changer le regard des arrivants et celui des Marseillais. Au moment même où Fos captait progressivement le trafic, le port rentrait dans la ville, ouvrant à un nouvel imaginaire du rivage.

Dans les années quatre-vingt se réalisa quelque chose d'encore plus phénoménal. Une autoroute fut tracée, descendant directement de l'étang de Berre et de l'aéroport vers le site de Marseille. Et là, dans une grande descente, juste au-dessus de l'Estaque, vous passez maintenant dans des collines pelées, un peu malsaines, où se sont « réglés des comptes », des comptes évidemment pénibles d'hommes assassinés, de prostituées battues... Vous traversez cette zone, bien protégé par le grillage de l'autoroute, vous passez sous le tunnel et brusquement Marseille s'offre à vous dans l'immensité de son site. À droite, vous avez toute la baie, les îles, la mer très bleue, au moutonnement blanc les jours de mistral. Devant vous, dans l'axe de l'autoroute, le port de la Joliette, ses grands quais un peu désertés, les hangars, les bateaux, un premier plan mélangé de quartiers ouvriers et de collines arasées par l'ancienne activité marseillaise de fabrication et de vente de tuiles. Les toits des usines sont encore rouges des milliers de tonnes d'argiles manipulées depuis des siècles. Les terrains sont abandonnés. Une herbe rare pousse sur certaines pentes.

À l'arrière-plan, il y a toute la ville : Notre-Dame de la Garde au fond, bien sûr, la gare Saint-Charles au sommet d'une colline, ce qui n'est tout de même pas banal, et dans le lointain la ceinture blanche des hautes collines qui vous font comprendre que vous êtes bien entré dans une enclave; qu'il y a là un territoire que l'homme a lié au continent par des tunnels mais qui naturellement n'a que peu à voir avec la terre. Dans cette entrée nouvelle que la ville s'est donnée, pour la première fois, on arrive de la terre en voyant la mer et l'ensemble du site! Marseille a enfin une entrée digne de son rôle dans le Sud français et l'Europe.

Maintenant que nous sommes dans l'enceinte, regardons avec un peu d'ordre. Pour ce faire, il y a à Marseille deux points de vue extraordinaires : le palais du Pharo qui est sur un promontoire, à la sortie du Vieux-Port, sur la rive sud – Napoléon III le fit construire à la pointe extrême de la ville, face au large, au cœur de l'empire français –, et Notre-Dame de la Garde. Pour comprendre Marseille, passons derrière le palais, au nord, là où on ne va guère, car c'est le côté du mistral. Ici, d'un seul coup, on comprend l'organisation des ports... et en même temps une grande partie des problèmes de la ville.

Vue du Pharo

Plein nord, l'enfilade des quais de la Joliette. La longue jetée du large, magnifique et vivante, sépare le port de la haute mer. Suivant les temps et les vents, on y aperçoit des pêcheurs, des promeneurs, des joggers et même des bandes de jeunes qui se baignent. En arrière-plan, il y a les docks, puis un enchevêtrement de voies de chemin de fer et d'entrepôts. On comprend que, quand le train est arrivé au flanc des bateaux, il s'est passé quelque chose de fondamental.

Au premier plan, un entrepôt abandonné. Derrière, une autre sorte d'entrepôt où l'on fait attendre des hommes : la gare maritime. Demain, « Euroméditerranée », le vaste projet qui anime la ville et les imaginations, se coulera dans la perspective en occupant les vides, réanimant les docks, complétant les bateaux.

Entre cet ensemble maritime et le Vieux-Port, l'église des Accoules et derrière le dôme que Puget dessina pour l'église de l'hospice de la Vieille-Charité : là était la vieille ville, la grecque. L'agora n'est pas loin sur la place Thomas-Lenche, un Corse venu chercher fortune; il y réussit en créant en 1553 la Compagnie du corail, qui avait le monopole méditerranéen de cette activité. L'agora y perdit son nom ancien. Cette petite colline, c'est Marseille jusqu'en 1666 : un gros bourg ceint par la mer sur trois côtés. Elle prolonge le plateau qui menait jadis vers Saint-Charles avant qu'on ne le coupe en deux pour faciliter le passage entre l'ancien port et le nouveau. Sur ce plateau, de fortes murailles défendaient la ville contre ses nombreuses attaques. Je vous ai déjà dit le choix qu'en fit Jules César.

Cette cité-là, voisine de son port, était une citadelle dominée par de multiples clochers; sa passion de la mer se lisait dans le choix qu'elle avait fait de construire sa cathédrale tout près d'elle, face au large. Celle-ci fut remplacée au XIXe siècle par une cathédrale moderne étrangement byzantine, avec ses pierres blanches et noires, ses dômes. À droite du transept, un petit dôme a l'air d'avoir été oublié par les démolisseurs : c'est ce qui reste de la cathédrale romane.

Dieu, si présent dans la cité, ne devait pas s'occuper que des vivants. Aussi, face à la vieille ville, de l'autre côté de l'antique calanque et sous le vent dominant, Saint-Victor veille sur le cimetière ancien. Cette magnifique abbaye fortifiée attira longtemps à elle la richesse du fait même de son compagnonnage avec la mort.

Venons maintenant à l'essentiel, en tout cas pour l'image d'Épinal, le Vieux-Port. À l'est, entre la vieille ville et Saint-Victor, de part et d'autre de l'entrée du port, les deux forts dus à Vauban, dont une partie des canons est dirigée *vers* la cité. Cette orientation des canons est importante pour comprendre le rapport de la ville à la France. La confiance manquait visiblement entre les parties. D'ici, le Vieux-Port offre une perspective parfaite : une forêt de mâts et de bateaux disposés comme des sardines dans une boîte suivant l'image traditionnelle. De longs pontons blancs en bois flottant organisent ce rangement bien fait.

Sous Saint-Victor, quai de Rive-Neuve, quelques immeubles anciens subsistent, et la Criée, ancien marché aux poissons avec son immense verrière, a été transformée il y a vingt ans en théâtre, dont Marcel Maréchal a fait un haut lieu de la création. En remontant le quai, vers le fond du port, l'arsenal des galères ne manque pas d'évoquer la dureté des lieux. Les immeubles sont hauts, de style militaire répétitif, et donnent à ce port une grande partie de son cachet.

Le fond du port, curieusement nommé quai des Belges, regroupe des hôtels dans un cadre ancien, avec en rez-de-chaussée des terrasses de cafés. Pour vous introduire un peu dans l'intimité marseillaise, sachez que l'hôtel qui fait l'angle entre la rive sud du port et le quai des Belges fut celui de Mémé Guérrini. Le Florida était son bar et là, pendant près de trente ans, le milieu marseillais fit ses affaires, les filles n'y étaient pas farouches, les chambres toutes proches.

Pour finir le tour du port, le quai dit du Port aligne des immeubles de la même hauteur que ceux de l'autre rive, mais d'une esthétique différente car « modernes », construits après-guerre dans la vaste zone démolie par les nazis. Au milieu de ce quai, la mairie, superbe bâtiment du XVIIe siècle. En face vivait Gaston Defferre qui, d'une rive à l'autre, traversait en « ferry-boat », exactement le même que celui qu'empruntait M. Brun. Il en coûte le prix d'un ticket de bus.

Dans l'axe du Vieux-Port, la célèbre Canebière, cette avenue si chantée, malgré son peu de cachet. Elle est aujourd'hui une frontière dans la ville où l'arrière-cour du Vieux-Port souffre depuis que le port est parti à la Joliette. Quand elle retrouvera sa joie de vivre, vous saurez que Marseille aura retrouvé un destin.

Ce site du Pharo est l'endroit qui introduit le mieux à une méditation sur la ville. De là vous auriez vu passer Protis et ses compagnons, et tant de bateaux, de navires, de felouques, de grandes batailles. De là vous auriez contemplé les ravages du choléra quand la ville ne savait plus où jeter ses corps. De là on a vu l'activité cosmopolite de ce site où, jusqu'au XIXe siècle, chacun était en son costume d'origine, le travail des hommes, les bateaux déchargés à la main, les rencontres furtives. Combien d'amoureux se sont ici déclarés, combien de mères sont venues accompagner le départ de leurs fils? De là, encore, on fut aux premières loges pour observer les grands travaux du XIXe siècle, qui charriaient la terre pour bâtir le port de la Joliette. De là, hier, le pont transbordeur cadrait la perspective. De là, aussi, on vit des dizaines de milliers d'habitants des vieux quartiers chassés en un seul jour par les nazis avec le concours dynamique et méthodique de la police française dirigée personnellement par René Bousquet. Et puis l'on vit le quartier tomber tout d'un coup, l'énorme poussière qui cacha la ville. L'on ne vit pas ceux qui partirent dans les trains de la déportation.

On a vu arriver les pieds-noirs en 1962, près de 800 000, dont 120 000 restèrent dans la ville. Ceux-là, je m'en souviens. Nous allions, gamins des écoles, porter les valises de ces gens qui allaient vers la gare. Nous les amenions à leur train et par la porte ouverte nous poussions la valise, sur laquelle souvent ils s'asseyaient, et cela dura des jours et des jours. La ville crut à ce moment-là qu'elle avait tiré le rideau sur les peuples de Méditerranée et qu'elle en avait fini avec le charroi d'hommes.

Si le Pharo pouvait parler, il raconterait aussi les exodes, des Arméniens aux Espagnols, des Grecs aux gens d'Alexandrie, de ceux qui partirent vers Israël – on ne peut tous les énumérer –, et enfin des pauvres qui sont venus uniquement parce qu'ils étaient pauvres. Les plus nombreux furent Italiens. Au XIXe, ils vinrent par centaines de milliers, par millions peut-être, pour rejoindre par terre les ports de l'Europe du Nord qui leur semblaient la voie normale pour accéder à l'Amérique, et par mer, par une ligne maritime spéciale, la « Fabre line » : ces navires avaient un beau côté, avec escalier grandiose, salons, petites tables, cabines, et un autre, plus rudimentaire, avec échelles de bois et couchettes alignées. C'était plutôt là qu'on mettait les Italiens.

Je ne cherche pas à vous faire pleurer : les drames et les misères qui amenèrent ces hommes faisaient plutôt place ici à l'espoir, ce qui a donné à ce grand passage une force considérable dont la ville a tiré profit. Mais si j'insiste aussi longuement sur ce que ce lieu a vu, c'est parce que Marseille ne peut se comprendre sans la mémoire de tous ces quartiers, de toutes ces maisons, de tous ces hommes; ceux qui ont travaillé, ceux qui les ont logés, nourris, transportés; tous ceux aussi qui se sont enrichis, énormément, de ce trafic. Marseille est la somme de ces mémoires.

À Beaumont, par exemple, il n'y a pas plus de vingt ans, les hommes tiraient les chaises sur le trottoir le dimanche et, assis à califourchon les uns à côté des autres, en pyjama, ils parlaient en arménien. Les femmes passaient avec de grands plateaux, préparant le repas comme dans un village de l'Arménie profonde. En même temps, ailleurs, par exemple à Château-Gombert il y a peu encore, on vivait en « Marseillais authentique ». Le dimanche, il y avait la messe, les bourgeois venaient, les commerçants, les paysans d'en bas. M. Oliviesi fermait son épicerie et sans doute montait-il, lui aussi, peut-être en passant par le café de la grand-mère de Marius Mosse, qui était dans une rue près de l'église. C'est ici que Christine Ockrent, dans un reportage télévisuel contesté, vint filmer de vrais Marseillais qui jouaient aux boules, des bons Marseillais comme ceux de Pagnol, un peu ronds, avec la veste et le chapeau.

Notre-Dame de la Garde

Du Pharo nous avons été attirés par les méandres de la ville et le ressac de ses mémoires. Pour en saisir le mouvement général, il faut monter plus haut et atteindre à « la Bonne Mère ». Site de pèlerinage et vigie des marins, libérée des derniers soldats allemands par des tirailleurs africains, cette haute position marseillaise domine l'ensemble du site : la ville autour de son port et la ville neuve qui occupe depuis quarante ans les terres des anciennes bastides côté plage et champ de courses. D'ici, tournant le dos à la ville millénaire, on découvre la ville balnéaire. Cela surprend car en arrivant on croit dominer la cité en son entier, et puis brusquement, au tournant d'un replat, on découvre une deuxième ville aussi vaste que la première.

Rares sont les villes qu'on peut ainsi montrer d'un seul coup au visiteur. La cité y est offerte en son entier, non par ses monuments ou une perspective remarquable, mais par son organisation générale. Rien n'est caché, tout est là, d'un coup. Le véritable emblème de Marseille, c'est sa carte, celle que tout Marseillais a contemplée du haut de Notre-Dame.

Dans le détail, le patchwork est infini : les « Catalans » au bord de la mer, où s'étaient réfugiés des migrants de Catalogne. C'est là que l'Edmond Dantès d'Alexandre Dumas venait le soir quand il débarquait, de retour de voyage, pour parler à sa belle fiancée Mercédès. Plus loin, Endoume, les anses de Malmousque et de la Fausse-Monnaie, la corniche, la plage...

Marseille est un stock immense de mémoire éclatée dans l'espace, connue souvent par quelques initiés seulement. Les Marseillais connaissent peu leur ville. Ils en savent le centre et leur quartier, bien sûr, mais on les voit peu dans les autres quartiers qui ont leur vie propre : des quartiers à jardin qui entretiennent une intimité à distance, des quartiers à ruelles où les commerçants savent tout...

Il y a les endroits où l'on voit la mer. Ceci est souvent le cas du peuple des HLM, vers Saint-Louis, la Viste, Saint-Joseph. L'accès est difficile vers le bord de l'eau mais cette banlieue qui, fait rare, est dans la ville même partage le site et la vue. La vie y est différente de celle des quartiers où on sent la mer sans la voir. Dans la plaine de l'Huveaune, là où on s'est installé avec un imaginaire touristique d'une Provence des plages, on ne voit pas la mer mais on sent les embruns. Les voitures, le matin, sont salées, les peintures des volets s'abîment vite, la végétation ne pousse pas très bien dans les jardins. Là, la ville est plate et relativement basse, à côté de la mer. Pendant longtemps, les gens ne se baignaient pas de ce côté-là de la ville, à cause du grand collecteur d'égouts. Et les plages n'étaient pas très attirantes. Depuis, Marseille s'est dotée de la plus belle station d'épuration de Méditerranée, une grande œuvre du defferrisme de la dernière période.

Les temps ont changé; je ne vous raconterai pas toute la ville rue par rue parce qu'un livre n'y suffirait pas.

Mais quelques exemples encore : la ville des anciens Grecs, celle là-haut, avec les grands escaliers qui partent derrière la mairie. Vers le sud, c'est un quartier très africain : il y a du linge aux fenêtres, des femmes en boubous qui s'interpellent dans des langues exotiques. Quand on monte, on arrive sur la place aux Moulins, l'endroit où il y a le plus de vent, bien sûr. Asseyez-vous, il y a des bancs. Les maisons autour sont petites, à un étage, parfois deux. Certains avaient pensé ici que ça deviendrait Montmartre, avec son tertre. La ville avait acheté des maisons pour y fixer des artistes et des intellectuels. Vous êtes à deux pas de la Vieille-Charité, où l'on a mis les chercheurs dans les greniers et le musée dans les grandes salles. Ça allait bien, cette idée qu'on pouvait mettre des intellos, des étudiants, des peintres, des musiciens dans ce vieux quartier du Panier.

Mais la force de Marseille est, justement, dans son immense désordre. Des projets aussi fonctionnels pour penser le rapport entre l'espace et la création se glissent mal dans un tissu pareil. Alors il y a bien quelques ethnologues qui ont acheté dans ce quartier, quelques étudiants qui découvrent la liberté mais, au fond, il y a quand même surtout des Africains et d'autres étrangers. Derrière, quand on redescend vers l'Évêché, sur le côté nord du Panier, plus marseillais que ça, tu meurs ! Des petits cafés, des jeunes à l'allure défrisée, des voitures gonflées, garées en dépit du bon sens dans des ruelles étroites, des voitures de cacous ; vous savez, celles qui brillent et qui sont bricolées à partir d'anciens modèles particulièrement robustes.

Ambiances encore, rue de la République par exemple. Nous voici dans le tissu haussmannien. Une rue presque entière possédée par une seule société immobilière, la Société immobilière marseillaise, une rue construite pour relier l'ancien port au nouveau, où les spéculateurs pensaient attirer les bourgeois dans les étages du bas et le petit peuple dans les étages du haut. Mais, comme chacun sait, cette idée de la distribution sociale en fonction du nombre de marches a fait long feu. Alors cette rue de la République, avec quelques rues voisines, est devenue une grande rue populaire : des appartements ont été partagés, ce qui en fait de tout petits logements très hauts; des entresols, au-dessus des commerces, qui étaient prévus pour loger le commerçant ou ses employés, sont maintenant des entrepôts, parfois des restaurants; et puis, dans les derniers étages, des appartements de plus en plus bas de plafond.

Encore à la fin des années soixante, il n'y avait généralement pas d'ascenseur et l'eau n'était pas à pression. Le système des caisses à eau marseillaises fonctionnait toujours, alimentées par le canal de Durance. Cette eau évidemment n'était pas potable, et la pression au robinet dépendait de l'étage. À partir du cinquième, la douche était impossible et même l'eau chaude posait problème; s'y concentraient des personnes âgées et des jeunes. Et puis, grande révolution, l'eau à pression est arrivée.

Alors on a bâti des ascenseurs. Mais comment rentabiliser des ascenseurs dans des immeubles soumis à la loi de 1948? On a donc mis des ascenseurs à péage : il fallait un franc pour monter. Cela a radicalement changé la hiérarchie sociale à l'intérieur des immeubles parce que le haut de l'immeuble fut plus prisé que le bas. Enfin, peu à peu, les loyers ont été augmentés et le péage des ascenseurs a disparu. Mais il reste dans cette rue encore beaucoup de vie de quartier populaire, notamment dans la journée. Le soir, c'est trop large, il n'y a pas de piétons.

De l'autre côté de la Canebière, il y a la Plaine, un quartier fin XIXe, pas très haut, homogène dans son architecture, qui utilise bien le relief. Il permet d'aller à pied, d'un côté vers la Canebière, de l'autre vers le Jarret, les Cinq-Avenues. C'est ce qu'on pourrait appeler un quartier typiquement marseillais, prisé des intellectuels. La place de la Plaine est le site d'un très grand marché, il y a des jeux pour les enfants.

De là, on domine des rues qui descendent jusqu'au cœur de la ville du XIXe siècle, cette ville carrée de rues à angle droit. Nous sommes dans la ville de l'État. Il y a la préfecture, forcément, le consulat américain, le palais de justice, la caisse d'épargne. Aujourd'hui Virgin.

Il faut dire encore, bien sûr, la Pointe-Rouge. Comme son nom l'indique, c'est une pointe dans la mer tout au sud, juste avant les Calanques. Petites maisons de pêcheurs, loin de la ville, à des kilomètres du centre, si loin qu'après guerre, on laissa des enseignants créer un lycée pilote dans une vieille bastide, Marseilleveyre. Et là, dans la pinède, des profs jouaient au ballon avec leurs élèves. Ce lycée eut tellement de succès, dans la rigueur académique de l'école laïque française, qu'il devint le grand lycée des années cinquante-soixante. Il attira certaines populations vers le sud de la ville. On a construit tout autour, plutôt pour des milieux aisés, des maisons basses, mais aussi des immeubles qu'on a vus tout à l'heure, dans le parc du Roy-d'Espagne. Le quartier a changé, et puis un jour on a supprimé le lycée pilote et il est devenu un lycée de quartier puisque maintenant il y avait un quartier. On a même rajouté un port pour les voiliers. C'est aujourd'hui le cœur de la ville balnéaire.

Hier, déjà, Gaston Defferre avait construit la corniche qui, par le front de mer, avait lié cette deuxième ville à l'ancienne. Ce fut un grand moment non seulement de l'architecture urbaine, mais aussi du retournement de la ville vers la mer. Avant, Marseille, ville du travail de la mer, était surtout fermée sur elle-même, car on cherche rarement à contempler par sa fenêtre ce qui vous a occupé tout le jour. Puis les paysages sont devenus une idée populaire et l'on a fait des routes exprès pour les voir. Gaston Defferre fit donc la corniche. Et elle eut beaucoup d'effets. On voit les îles et le château d'If et, le soir, la baie émaillée de centaines de lucioles : ce sont les embarcations des pêcheurs au lamparo, qui travaillent avec deux grosses lampes fixées à l'arrière du bateau pour attirer les poissons. Mais cette corniche a permis aussi d'accéder rapidement au flanc des collines qui tombent à la mer, et d'agrandir aussitôt les beaux quartiers, là où il y avait déjà quelques belles villas de la fin du siècle précédent, quand on ne savait pas si Marseille allait devenir une station touristique ou un grand port colonial. Certains ont même espéré qu'elle serait les deux. Paulin Talabot, par exemple, qui travaillait pour les Rothschild et qui œuvra tant pour le nouveau port, fit construire, là sur la corniche, une énorme villa qui porte toujours son nom.

Ce lieu était donc une promenade, et c'est là qu'il y avait La Réserve, un restaurant où l'on se mariait. Edmond Dantès lui-même y fit ses noces. Avec la corniche, on s'est mis à construire des immeubles chers, beaux et protégés. Les maisons du peuple, qui étaient là égarées dans les vallons, acquirent une valeur exorbitante. Et l'on voit ainsi nombre d'élites marseillaises habiter dans ce qui fut hier un cabanon ouvrier. Ne vous inquiétez pas, ils ont fait des travaux... mais on sent encore que ce sont des cabanons agrandis. Arrive sur cette corniche le chemin du Roucas-Blanc, qui est devenu un haut lieu des adresses marseillaises.

Si vous remontez par le chemin d'à côté, toujours dans cet entrelacs de villas, vous arrivez à un quartier au nom merveilleux : Gratte-Semelle, qui dit bien comme la pente est rude. Vous voilà entre la ville de la corniche, modernité d'aujourd'hui, et celle de la modernité d'hier, la rue Paradis, autour de Périer. Nous sommes dans le Marseille dominé par la vie privée, à l'abri du trafic humain qui traversait la ville et faisait un peu peur aux bourgeois. Le beau Marseille, lui, ne va pas au café. Il vit dans ces quartiers un peu en retrait, fréquente l'opéra et les théâtres. Cette société-là, c'est l'haussmannisation réussie.

Ce quartier a un jumeau, en haut de la Canebière, vers les Cinq-Avenues, le quartier Longchamp. C'est le même public ; les immeubles sont de la même époque. De là on allait vers le palais Longchamp, vers le zoo. Ces deux quartiers se ressemblent et d'ailleurs ils ont toujours bien voté tous les deux. Le RPR y est solide.

Au-delà de Périer, la plaine des belles bastides du XIXe

siècle, où les Fabre et les Freyssinet avaient leurs propriétés de campagne. Ici, ce ne sont plus des rues, mais des boulevards, le boulevard du Prado et celui de Michelet, dont les noms ont été choisis à dessein par la ville du XIXe qui jouait avec les capitales. Au bout, butant sur la mer, *David*, une colossale statue d'homme nu, à côté du parc Borély, superbe jardin avec une belle roseraie. Cette plaine de bastides et de châteaux autour du champ de courses a bien changé en vingt-cinq ans : les banques, les ambassades et les gens qui veulent vivre à Marseille-sur-Mer s'y sont concentrés.

Et comme, en faisant le métro, on ne savait que faire de la terre retirée du souterrain, on l'a mise dans la mer pour en faire un espace magnifique de plage et d'espace vert qui rassemble aujourd'hui une quantité de familles marseillaises dans un art de vivre tout à fait extraordinaire. C'est ici qu'il y a l'OM, car l'OM, à Marseille, est dans les quartiers bourgeois. Mais ne nous y trompons pas : un quartier bourgeois à Marseille est quand même éternellement plébéien.

Hors des beaux quartiers

Bien sûr, pour l'instant, il n'y a pas, de cette ville, ce qu'on en dit le plus : pas un mot sur Belsunce, pas un « Arabe », rien sur les quartiers Nord. Venons-y. Robert Vigouroux a souhaité, quand il est devenu maire, que le mot disparaisse du langage. Sans doute cela ne suffisait pas pour supprimer la chose, mais il y avait de l'idée dans cette revendication, car sous ce terme global on cache des différences multiples.

Un ancien maillage de rues parfois très longues y reliait des villages et les usines. Derrière les maisons, les champs, qu'on voyait d'autant plus mal que Marseille a une importante culture de murs qui tient à trois éléments : d'abord la nécessité de dépierrer pour cultiver, vieux problème méditerranéen; ensuite, couper le vent pour faire pousser, vieux problème provençal; enfin, la nécessité, pour récolter, d'isoler les cultures de la remue d'hommes, typiquement locale. On a construit ici l'essentiel des logements populaires des années cinquante à soixante-quinze, sans urbaniser, en créant des conflits entre les habitants du tissu villageois ancien et les masses d'hommes amenées brutalement. Ceux-ci sont ouvriers, souvent étrangers. De vastes cités, organisées sur elles-mêmes, voisinent avec les noyaux villageois anciens et les maisons ouvrières du siècle dernier. Parfois cela forme un ensemble, parfois chacun semble tourner le dos à l'autre. De grands boulevards découpent des sortes d'îlots que des traverses anciennes irriguent encore. En certains lieux, on a tellement tassé les immeubles que l'on voit, depuis les rocades, les gens préparer leur cuisine. Mais juste à côté, un délicieux quartier de petites villas peut tenter de garder son ambiance ancienne. Aujourd'hui, de multiples liens se cherchent pour structurer ensemble ces habitats si contraires.

L'autre lieu de Marseille dont nous n'avons pas parlé, c'est Belsunce. Belsunce, c'est le quartier qui touche à la gare maritime, à la route de France et à la gare SNCF. C'est le sas de Marseille où se déversent depuis un siècle tous les arrivants et parmi eux les derniers, les Arabes. Ce qui est original, c'est que ce quartier populaire, commerçant, très étranger, est au cœur de la cité : le pauvre, l'étranger, l'abandonné, on l'a là, en pleine centralité urbaine, dans des rues étroites tracées à angle droit. Les sans-culotte y avaient leur siège. Si le dernier arrivé est celui qui y vit, l'avant-dernier est souvent celui qui encaisse les loyers. Aujourd'hui encore, un Algérien fuyant son pays arrive tout naturellement à Belsunce, où il trouvera des connaissances, des connaissances de connaissances, et où l'on parle arabe.

La particularité économique de ce quartier a en fait profondément changé depuis une dizaine d'années. De 1962 à 1974, Marseille était la plaque tournante du flux de la main-d'œuvre immigrée, puis, jusqu'en 1988, le quartier garda une fonction de poumon économique de l'Algérie : le revenu des immigrés travaillant en France était transformé en objets de consommation qui s'exportaient vers l'Algérie. Le commerce de Belsunce à l'époque représentait à peu près l'équivalent du transfert qui avait lieu vers le Portugal. On estimait, dans les années quatre-vingt, à un million par an le nombre des Algériens qui venaient d'Algérie faire leurs courses à Marseille avec l'argent que leur transmettait leur famille élargie directement dans Marseille. Ce qui revient à dire qu'il y avait à cette époque-là en permanence environ 35 000 Algériens dans la ville qui dépensaient chacun 7000 francs par semaine pour acheter ces biens.

Cette fonction de Belsunce, jusqu'à l'instauration des visas en 1988, a eu des conséquences considérables, aussi bien dans l'organisation de ce quartier, du fait de la richesse qui s'y trouvait, que dans l'organisation des réseaux qui permettaient à cette richesse d'affluer, et notamment les réseaux financiers qui se concentraient ici depuis toute l'Europe. La fermeture de ce véritable poumon de l'économie algérienne n'a pas peu contribué à la détérioration de la situation dans ce pays et à l'affaiblissement du port de Marseille qui a évidemment perdu ce trafic. Par ailleurs, cette vitalité exceptionnelle de Belsunce a joué dans l'image nationale de la ville, dans le sentiment d'envahissement qui a saisi les Marseillais et, enfin, dans la montée du Front national. Demain, l'explosion de l'Algérie risque de créer une autre vague, d'une autre nature encore.

Il serait faux toutefois de croire que Marseille est totalement rétive à cette présence arabe. Les choses sont plus ambivalentes, car ces immigrés sont le dernier symbole du Sud présent dans la ville, incarnant l'époque où Marseille était grande, industrielle et méditerranéenne, coloniale. Ils ne représentent qu'une vague parmi les autres dans cette cité d'immigrants où le rejet du dernier arrivé est plus une mise en scène de l'intégration de la vague précédente qu'un racisme à la française. La migration d'aujourd'hui est d'ailleurs plus comorienne que maghrébine, sauf qu'elle passe moins par le centre parce qu'elle est familiale.

Certes, il y a des limites à ne pas franchir. Notamment la Canebière, car alors se lèvent des pare-feu politiques, un vote massif pour le Front national sur l'autre rive, et au niveau municipal des politiques de restructuration du centre. On « modernise » alors Belsunce pour faire remonter le quartier arabe au nord de la porte d'Aix, certains parlent même de reconquête. Mais il serait injuste de penser que cette politique ne vise qu'à déloger des habitants indésirables. Ce dégagement du centre vise aussi à créer les conditions d'une centralité de grande métropole, entre gare et port, dans un moment où la ville n'est plus d'abord le centre d'un immense trafic mais le cœur d'une façade européenne en formation.

Une force de la nature

Enfin, on a beau visiter les quartiers, on ne peut percevoir le poids énorme de la nature, des calanques, des collines dans l'imaginaire des Marseillais. Le peuple est soudé dans l'usage et l'amour de ce patrimoine. Les Excursionnistes marseillais, par exemple, sont une force sociale importante. Marseille n'a pas de jardins publics, ou très peu, mais elle est une des villes de France où il y a le plus d'espaces publics, de campagne ou de villages. Près de la moitié de l'espace marseillais est un espace sauvage et l'accès au rivage sur 32 kilomètres, la culture des bateaux et de la pêche donnent à cette ville un art de vivre enraciné dans la nature. Cet élément naturel est aussi, bien sûr, prolongé par le fait qu'une grande partie des Marseillais est d'origine rurale. C'est vrai pour les Corses, pour beaucoup de Maghrébins, et tout autant pour les Alpins.

En matière de rapport avec la nature, il faut savoir que les classes dominantes des villes ont toujours eu un pied à la campagne pour se procurer des produits alimentaires, et aussi pour quitter la ville en période de chaleur, d'insalubrité et de maladies collectives. Ce phénomène est particulièrement important à Marseille, notamment parce que son statut de port et les problèmes d'hygiène de la ville rendaient les épidémies de choléra fréquentes. Cette pratique de la campagne a trouvé un fort prolongement avec le développement des résidences secondaires hors « les murs ». La ville ici n'a rien à envier à Paris en termes d'usage de son haut pays. On peut presque dire qu'il y a dans Marseille une ville des gens qui habitent hors Marseille, et celle-ci est importante et socialement très typée. La Côte bleue, Cassis, La Ciotat, Bandol, sont devenues des quartiers résidentiels des catégories sociales dominantes, tout comme le pays d'Aix. Les Marseillais hors Marseille, moins riches, ont plutôt tendance à occuper des espaces soit vers Aubagne et Gémenos, c'est-à-dire en arrière-plan du littoral, soit vers Vitrolles et Marignane, c'est-à-dire dans la périphérie moins cotée du pays d'Aix.

De cette grande promenade dans la ville pour en saisir l'épaisseur et la multiplicité, nous retiendrons quelques idées. D'abord, Marseille est une ville mouvante parce que les imaginaires, les communautés et les quartiers ne se recouvrent pas systématiquement. Il n'y a pas vraiment de quartier juif, de quartier musulman, de quartier italien. Chaque communauté a ses hauts lieux, mais elle est en grande partie diffusée dans la ville. Même les Algériens, Tunisiens et Marocains ne sont pas tous à Belsunce, les familles vivant plutôt vers le nord, dans les HLM. Il y a, dans la ville, des trajectoires résidentielles des individus en fonction des âges et des statuts sociaux et ce dans toutes les communautés. Le bruissement que fait sans cesse le peuple dans la cité est comme un bruissement de redistribution, entre les lieux et l'image des lieux, qui croise promotions sociales et crispations ou reflux identitaires. C'est ainsi qu'on peut interpréter le fait que l'on déménage énormément à Marseille.

Parallèlement à ce mouvement de distribution dans l'espace, il faut voir aussi que longtemps ce sont des pauvres qui sont arrivés à Marseille. Et cette ville bruissait donc d'un autre mouvement, celui de la promotion sociale des individus et des familles. On dit que Marseille est la ville de France où il y a le moins de baccalauréats et le plus de BMW. Sous le choc de la formule – de moins en moins vraie, parce que le niveau d'études s'élève et que les BMW sont trop souvent volées –, l'image résume bien le mode de transformation que représente une vie à Marseille, dans une cité qui permet une mobilité sociale supérieure à celle qui est possible dans une ville industrielle ou dans une ville d'appareil de l'État. La logique des enrichissements étant à chaque fois différente... comme des reculs et des faillites d'ailleurs.

Ce qui a longtemps caractérisé Marseille, c'est qu'il n'y avait pas de peuple [1] : il n'y a que des étrangers, tous ceux qui ailleurs auraient été le peuple de la ville, ouvriers du bâtiment, personnel d'entretien, etc. Souvent, ils devenaient Marseillais quand ils quittaient ce statut, et d'autres les remplaçaient. Aussi y avait-il un besoin permanent de nouveaux étrangers pour permettre la promotion sociale de ceux qui étaient précédemment arrivés. D'où cette image de ville sans peuple, bien que populaire parce que nourrie du transit.

On assiste en ce moment à la fin de ce processus : comme on n'arrive plus par Marseille, la promotion sociale n'y suit plus les mêmes voies. Comme ailleurs, les études, le diplôme, le choix du quartier et donc de l'adresse, la façon d'écrire son nom, le choix du prénom de ses enfants... deviennent des éléments de déplacement au sein de la société. Les travaux de l'équipe de Christian Bromberger sur l'OM ont clairement illustré cette situation : ils montrent comment le stade, avec ses

1. Michel Péraldi, in *Le Deuxième Sud. Marseille ou le présent incertain*, Cahier Pierre-Baptiste, Actes Sud, 1985.

40 000 places, est comme un résumé de l'histoire de cette ville, de ses communautés et de ses quartiers ; comment, en fonction de l'âge, du statut matrimonial, du lieu de résidence, on se déplace dans le stade comme on se déplace dans la ville. Et c'est cela qui fait la force symbolique de l'OM : là est le lieu de la mise en scène de ces aventures de vivre, souvent parties de si bas qu'elles ont un désir fort de montrer leurs progrès et leurs évolutions. En cela l'OM est la grande scène de la ville. Au-delà du football. Les professions libérales comme les bourgeois l'ont bien senti, qui maintenant eux aussi se montrent au stade, comme s'ils avaient à défendre la visibilité de leur statut dans une ville en pleine transformation et en cours de sédentarisation.

Deux phénomènes méritent encore d'être relevés. Le premier, dont nous avons peu parlé, c'est le poids des Français du Nord. C'est la première communauté d'étrangers dans la ville, mais, quand on fait le tour des 111 quartiers de Marseille, il n'y a pas un quartier français ou un quartier parisien. Comme si cette vague migrante, sans doute la plus structurante pour l'avenir de la ville, se glissait à l'intérieur de l'enveloppe matérielle et imaginaire qu'elle découvre en arrivant. Et cette fusion, si l'on peut dire, correspond au fait que cette migration de gens formée au sein d'une ville à l'image si populaire se fait individuellement, sans sentiment d'appartenance communautaire. En outre, ils ont, quand ils arrivent, une image de la ville qui à la fois les inquiète et les séduit. Alors ils se fondent en imitant, jusqu'à ce qu'on les confonde avec la population marseillaise traditionnelle. Il est même regrettable que cette communauté, qui porte en elle un autre rapport au savoir et à l'expression démocratique, ne s'exprime pas plus haut dans une cité vouée à devenir européenne. Il est vrai aussi que cette communauté nordiste a tendance à glisser vers les quartiers balnéaires pour y vivre une pratique spatiale et sociale plus individualiste que publique et collective.

Cette promenade dans l'espace et dans l'imaginaire

marseillais permet de comprendre que l'esthétique marseillaise n'est pas celle de l'harmonie urbaine telle qu'on l'a façonnée en France en un siècle de politiques d'urbanisme. Nous avons dans la tête des rues droites aux façades alignées, aux architectures homogènes par rue ou par quartiers. Nous sommes au fond les enfants d'Haussmann, avec une vision de la ville qui naît du plan et non du terrain, une machine à habiter fonctionnelle, hygiénique et contrôlable. Or Marseille n'est pas bâtie sur ce modèle-là. Elle reste bâtie sur l'hétérogène. Et cela pour deux raisons principales : la pression des diversités d'origine des hommes et la faible densité sur l'espace, d'où une liberté individuelle des acteurs plus grande que dans une ville dense. On peut donc dire que c'est la taille de Marseille tout autant que l'origine de ses habitants qui concourent à cette esthétique de l'hétérogène. Marseille est une ville que l'on ne peut qu'adorer ou rejeter, justement parce qu'elle n'est pas le fruit d'une seule règle, mais d'un métissage de règles. Et donc, on ne peut jamais s'y retrouver tout à fait, d'où que vous soyez, qui que vous soyez. Demandez autour de vous, et vous verrez l'ambiguïté du discours sur la ville. Il faut accepter cette ambiguïté, qui est la force même de la cité.

Chapitre VII

Les villes-ports

Cette approche impressionniste, en archipels et en patchwork, ouverte par les portes mêmes de la cité, peut dérouter, mais elle est nécessaire pour la saisir. Son unité vient de la juxtaposition de plans, de volumes, de perspectives, de formes, radicalement diverses. Et cette complexité est le fruit des utilités successives de la cité, et des remues d'hommes qui s'y sont succédé depuis plus d'un siècle.

Au soubassement de la cité moderne, il y a deux longues batailles, différentes dans leur nature et leurs conséquences, entre les hommes et le terroir. L'une est accumulation sur un espace concentré, l'autre diffusion dans un corps de ville exceptionnellement grand.

Autour du port s'est jouée la bataille de l'accumulation dans quelques dizaines d'hectares pendant des centaines de générations qui ont sans cesse construit sur les ruines de leurs prédécesseurs pour être à proximité de leurs bateaux, de leur travail, des entrepôts. Cette ville-là est empilement, surcharge. Elle fut cassée plusieurs fois par les mises en ordre brutales de la modernité : celle des politiques haussmanniennes, celle des nazis et, dans une moindre mesure, celle des cinquante dernières années. Des rues s'y arrêtent parfois abruptement, et vingt mètres plus bas, vous apercevez la ville moderne au niveau de l'eau. La destruction-reconstruction est inachevée et sous vos pieds le projet d'un boulevard ne verra jamais le jour.

Face à cette bataille de l'homme avec la densité, il y eut donc celle de l'homme avec l'espace. Ici le jeu n'a pas été le même. Le maître mot est la diffusion, par occupation successive de tout espace perçu comme vide au fur et à mesure des besoins des cent cinquante dernières années. L'idée du vide est très relative suivant les périodes et les cultures. Ce qui était vide dans les années quatre-vingt, quand s'est construit le technopôle de Château-Gombert, c'étaient des champs avec des vaches. Cinquante ans plus tôt, ce même lieu était plein car, pour Marseille, se procurer du lait et des légumes était vital.

Il y a donc deux urbanismes qui voisinent, Colbert et l'époque de Haussmann opérant la jonction entre eux parce qu'ils produisent encore de la ville en tache d'huile, mais en cassant le vieil enfermement ; les années soixante ont vu se construire, au sein de la ville « à la campagne », des entassements de logements en béton. On ne peut différencier ces dynamiques en termes de densité. Il demeure que ces deux batailles de l'homme pour maîtriser l'espace fondent la diversité de la ville.

La première ville ou la ville-citadelle

Marseille, jusqu'à l'agrandissement du XVIIe siècle, est donc enfermée dans ses vieilles limites, celles d'une ville citadelle de soixante-dix hectares entourée par la mer sur trois côtés et coupée du plateau Saint-Charles par un rempart. Cette ville, des Grecs à Louis XIV, ne bouge guère. Il y a le port, du côté nord de la calanque, la zone de marécages en face, la zone des morts sur l'autre rive, des hameaux de pêcheurs dans les criques du rivage, des hameaux d'agriculteurs dans le territoire. Cette ville-là est donc ronde, fermée sur elle-même. Naturellement, les maisons y sont hautes, les classes sociales entremêlées.

Nous sommes dans une ville à double face qui peut, suivant les époques, vivre surtout du commerce ou se réfugier dans des activités plus agricoles, y compris la pêche. Là est la ville grecque, l'ancien haut lieu de culture, là sera la ville du repli quand la Méditerranée deviendra incertaine aux chrétiens, là est la ville du redéploiement avec la montée de la puissance française en Méditerranée, les alliances avec les Turcs, etc. Cette ville doit être considérée comme un ensemble perméable aux réalités du continent d'un côté et de la mer de l'autre. Comme il y a une dépendance vis-à-vis des enjeux maritimes, il y en a une vis-à-vis des réseaux de foires, de l'agriculture provençale, du rôle de l'olive et du vin. Mais son horizon vers la terre est généralement limité aux foires de la basse vallée du Rhône.

Cette ville n'est pas qu'un lieu maritime. Elle s'est appuyée sur la France comme jadis elle s'appuya sur d'autres alliances. Mais ces jeux qui lui permettent d'exister dans la course entre les villes-points méditerranéennes ne modifient guère son aspect urbain, qui dépend aussi de la relative pauvreté du terroir, naturellement pierreux et sec; le manque d'eau ne permet guère une agriculture riche, sauf le long des rivières, encore qu'elles soient de débit tellement faible, si irrégulières et dans des zones si marécageuses que l'homme n'en tirera parti que peu à peu. Cette architecture de la cité dans son terroir détermine aussi une culture locale à l'image de ses hautes murailles qui l'enferment. C'est cette ville-là que Louis XIV casse et soumet, d'abord, et c'est surprenant, pour l'ouvrir sur son port.

Cette première ville est de l'histoire lente; elle dépend du rythme des tempêtes, de la poussée des arbres, de la lente arrivée des caravanes d'Orient, de la difficile remontée de la vallée du Rhône, des successions d'insécurité politique. La coupure du XVIIe siècle ne suit pas forcément le rythme des grandes coupures historiques telles qu'on les apprend avec la Renaissance, le début de la révolution préindustrielle, etc., mais c'est plutôt le temps qui change de qualité, lentement, tardivement. Cela nous permet de nous glisser un peu dans la mentalité de ceux qui vivaient à Marseille et de voir le monde avec leurs yeux; pour eux, transformer le cadre qu'ils ont toujours connu n'est pas l'objectif essentiel, ils tendent plutôt à perpétuer un héritage, à se protéger des grandes épidémies, à remplacer les morts par des migrants et continuer à vivre de génération en génération dans un cadre millénaire. C'est de l'extérieur que viendra la volonté de bousculer ce vieux monde. Mais, au fond, n'est-ce pas souvent la dynamique même de l'innovation?

La deuxième ville, ou la cité portuaire

De ce que Colbert et Louis XIV décident pour Marseille, le plus frappant est que, dorénavant, la ville s'organise autour de son port. Celui-ci entre dans la ville, le plan d'eau s'organisant pour ainsi dire en agora symbolique. La décision est prise de construire deux forts à l'entrée du port, reliés par une forte chaîne qui doit interdire des entrées subreptices. Ce faisant, une fois atteint le plan d'eau, la ville est ouverte. Quand hier elle pouvait ne se défendre que sur terre, elle va devoir dorénavant se défendre sur mer. On n'est plus dans une citadelle, on est dans le lieu d'une flotte forcément militaire. Les « gens d'armes », qui incarnent la France, seront entretenus comme à l'écart de la société locale qui, elle, va incarner le commerce et l'artisanat.

Cette nouvelle organisation de l'espace urbain se traduit par l'aménagement du Vieux-Port sur toutes ses rives avec la construction, dans l'ancienne zone marécageuse, du monde des galères entouré de murs. Cette ville nouvelle tourne le dos à la terre et ne voit de la mer que le port, car le large lui est caché par les forts et la colline où plus tard Napoléon III fera édifier son palais du Pharo. Cette géographie du regard est importante dans la construction des mentalités : hier la ville-citadelle dominait la mer, aujourd'hui les forts seuls dominent la mer et la ville moderne ne regarde que les bateaux et l'activité des hommes autour des quais.

Cette ville a grandi, ceinte de remparts et dessinée suivant un plan, celui des villes modernes, avec rues à angles droits et hauteur homogène des bâtiments. Ainsi apparaît vite une coupure entre le vieux cœur, qui devient le « mauvais lieu », de l'insalubrité, de l'insécurité, du sale et du populaire, et la ville nouvelle du commerce, de la bourgeoisie, des affaires, etc.

Sans doute tout le monde est-il à cinq minutes à pied du Vieux-Port. Les maisons de commerce sont autour des quais, les bateaux accostent parfois à plusieurs côte à côte, le travail de la main est essentiel pour porter, décharger, entreposer. Une nuée de brassiers est donc le complément indispensable du développement considérable du commerce et du stockage. Et justement, cela tombe bien, car la vieille ville peut les loger quasiment à portée de voix des employeurs. Il faut se la représenter comme profondément cosmopolite : les différentes communautés avec leurs costumes, leurs secteurs d'activités, leurs relations particulières aussi bien avec la mer qu'avec le continent. Cette caractéristique marseillaise ne se démentira pas jusqu'au milieu du XIXe siècle : on trouvera des Grecs comme des Levantins, des Espagnols, des Gênois, des Gavots et des Corses, mais aussi durant la dernière période, des Anglais, des Suisses et des Allemands, chacun avec sa compétence, plutôt technique pour les gens du Nord, plutôt les réseaux d'échanges pour les gens du Sud, la manutention pour les Gavots.

Parallèlement à cette ville qui s'agrandit dans ses nouveaux remparts et qui mettra près de deux siècles à les occuper en entier, le terroir se transforme par la mode de la bastide. On commence à dessiner ce qui va être le soubassement de la ville du XIXe siècle, c'est-à-dire les premiers boulevards et les premières propriétés bourgeoises.

Bien sûr, cette présentation est schématique. L'agrandissement des remparts n'est que la mise en forme d'une tendance perceptible depuis près d'un siècle. Le quai du

Nord, principal quai de Marseille pendant longtemps, qui est au pied de la vieille ville, a été aménagé dès 1512 et, tout au long des XVIIe et XVIIIe siècles, il occupe la calanque par touches successives, en fonction de la croissance du trafic. À chaque fois, c'est l'augmentation du nombre de navires qui repousse inexorablement les chantiers, qui oblige à approfondir la passe et à faire disparaître les hauts fonds. Et il faut insister sur la qualité exceptionnelle de ce port, notamment par rapport aux autres ports de l'époque : non seulement il n'y a pas de marée, mais les techniques des hommes permettent déjà de tirer le maximum de cette calanque.

La ville nouvelle met en scène une nouvelle catégorie sociale, celle des négociants qui prennent le pas sur les anciens marchands – des aristocrates du négoce, en fait. On les appela au XVIIe siècle les marchands bourgeois, quelques dizaines de familles qui se déplacent dans l'espace et s'élèvent dans l'échelle sociale et qui vont progressivement structurer autour d'elles l'économie de la ville. Ainsi, la « machine urbaine » qu'on lit dans l'espace est à la fois la mise en scène et l'outil adapté à de nouvelles formes du commerce, des bateaux plus gros, des échanges déjà plus rapides.

Cette transformation spatiale et sociale n'est que la partie visible de la modification de la position géostratégique de la ville, car Marseille, côté mer, ouvre des voies de navigation plus lointaines, non seulement comme toujours vers le Levant, mais aussi vers l'océan Indien, l'Inde, la Chine. N'oublions pas, dans cette croissance d'activité, la place que tiendra un moment Marseille dans le trafic des esclaves tout au long du XVIIIe siècle. Déjà le commerce des hommes ouvre de nouvelles perspectives à la vieille cité méditerranéenne, ouvrant des contacts avec l'Afrique comme avec l'Amérique – ces esclaves étant inséparables du développement américain et donc des échanges avec ce nouveau continent. Parallèlement, la défaite du sultan face aux Russes en 1774 ouvre au trafic sur la mer Noire.

La ville s'organise ainsi autour de son port au moment où elle gagne sa place dans le monde. Il y a donc changement d'échelle à tous les niveaux, transformation sociale en parallèle avec ces nouvelles données géostratégiques. Tout se tient, bien sûr : les navires d'Atlantique doivent être plus gros, plus lourds, notamment pour franchir Gibraltar et ses vents souvent contraires ; la passe doit donc être plus profonde.

Dans le développement de la ville intervient aussi une autre dimension, religieuse celle-là : ce sont les protestants qui prennent place au sein de ces trafics à la nouvelle échelle du monde. À la modification du territoire correspond l'arrivée de nouvelles mentalités portées par une culture de la responsabilité individuelle plus forte, une culture de la rentabilité moins humaniste, une sensibilité à l'aventure américaine plus naturelle compte tenu de leur rôle dans la conquête du nouveau monde...

Pour l'anecdote, mais ce n'est pas seulement cela, découvrons les nouveaux goûts qui accompagnent ces voies du commerce, notamment le café : « À la suite de son voyage à Constantinople en 1644, le Marseillais de La Roque fit apprécier le nouveau breuvage ; d'abord curiosité, il devint assez rapidement le privilège de quelques amateurs délicats. Vers 1660, les boutiques des droguistes en étaient pourvues ; en 1671 s'ouvrit près de la Loge la première maison du café [1]. » Vers 1700, on importait en moyenne 600 000 kilos par an, 1 000 tonnes en 1737 et 7 000 en 1785. Le café, au-delà de son importance économique, n'est qu'une illustration de la transformation qui s'ouvre en ce temps où le monde commence à devenir global, mais pendant ce temps n'oublions pas que, sur terre, le rythme reste celui du cheval. Malgré les grands travaux du XVIIIe siècle, les infrastructures représentent plus une remise en état qu'une transformation radicale des durées et des difficultés.

Cette longue prospérité jusqu'en 1793 résulte pour l'essentiel du fond marseillais lui-même : la ville a porté

1. Édouard Baratier, *Histoire de Marseille, op. cit.*, p. 217.

son développement au cœur des échanges nouveaux dans le cadre urbain que lui avait défini Colbert. Les acteurs les plus dynamiques de ces transformations peuvent être de naissance lointaine et se déplacer dans la ville comme sur une voie du commerce pour diriger leurs affaires du « bon lieu ». Et Marseille est un bon lieu, d'autant que ces négociants possèdent, en plus d'un logement au-dessus de leur entrepôt, une résidence en périphérie de la ville, qui leur assure sociabilité, mondanités, refuge au frais l'été et en cas d'épidémie, production de denrées fraîches, séparant progressivement sphère privée mondaine de la vie de travail.

C'est donc dans cette cité sans doute au faîte de son harmonie que débute l'urbanisation du XIXe siècle, cette remue d'hommes et de savoirs extraordinaire, ce bouleversement des vieilles formes, cette submersion de l'ancien par la foule de ceux qui passent et de ceux qui s'installent.

La troisième ville : le travail de la technique dans le corps de la ville

La ville redémarre après les épreuves révolutionnaires. Elle a perdu, il est vrai, une bonne part des marchés et elle a perdu aussi une partie de ses négociants qui ont fui la tourmente ou n'y ont pas survécu. Au début du XIXe siècle, « Marseille avait abattu ses murs, définitivement. Destruction symbolique qui affirmait à la fois les valeurs libérales, la fin des privilèges urbains, et celles de l'hygiène. La ligne des boulevards " ombragés " remplace la limite minérale qui avait enfermé la cité par rapport à son terroir. Mais en réalité, la croissance urbaine avait déjà dépassé cette frontière [1]. » Les deux villes précédentes avaient des murs. Au-delà, ce n'était pas le vide : nous avons parlé des bastides, des hameaux agricoles, etc.

1. Marcel Roncayolo, *Marseille au XIXe siècle, op. cit.*, p. 25.

Mais il y avait le dedans et le dehors. Cette distinction, en s'effaçant, favorise le mitage de l'espace rural et la naissance « de la ville-campagne, ce troisième espace marseillais », pour reprendre le terme de Méry. Cette ville-campagne marseillaise est sur l'assiette de la ville actuelle. Son irrégulière densification dessine la ville hétérogène dont la chaîne des collines au fond du paysage forme un nouveau rempart.

Ce qui transforme cette troisième ville, c'est évidemment la maîtrise de l'énergie en complément du travail de la main, de la force des vents et de la vitesse du cheval. Cette énergie est mise au service de l'industrie, qui va se diffuser sur l'ensemble du terroir, et surtout des transports, bateaux à vapeur, trains, tramway. Alors, l'occupation du terroir marseillais est soumise, tout au long du XIXe siècle, aux conséquences complémentaires ou concurrentes de la maîtrise des nouvelles énergies.

Cette chaîne technique du transport travaille de manière décisive l'espace marseillais. Pour les contemporains, sans doute, c'est la multiplication des petites usines et des cheminées qui marque d'abord le territoire, réalité visuelle du premier XIXe siècle. Pour nous qui ne voyons plus ces usines fermées ou délocalisées et restructurées ailleurs, ne nous restent visibles que les grands travaux liés à la modification des transports. C'est là qu'apparaissent deux éléments décisifs, l'haussmannisation de la ville, qui va casser les quartiers populaires pour créer de la modernité dans l'ancien, et le développement du tramway par les mairies socialistes et dynamiques du docteur Flaissières à partir de 1892, irriguant l'ensemble du terroir pour tenter de résoudre la crise du logement. À partir de là, on a d'une part la vieille ville, délaissée et critiquée jusqu'au milieu du XXe siècle, la nouvelle du XVIIe siècle, que l'haussmannisation prolonge, et d'autre part un nouvel accès à l'ensemble du terroir, quel que soit le milieu social. C'est de là que provient, en tous lieux, la concurrence du cabanon et de la bastide si caractéristique de la société marseillaise.

Quant au cœur de la ville ancienne, par trois fois il sera rudement attaqué, de l'époque d'Haussmann à la dernière guerre. Au XIXe, quand on coupera la vieille ville en deux pour accéder directement de l'ancien port au nouveau; de 1910 à l'entre-deux-guerres, quand on détruira la partie est de la vieille ville mais qu'on sera bien en peine de trouver les moyens de reconstruire; dans les années soixante encore, ce terrain était à moitié en friche. Enfin, le cœur de la vieille ville autour de l'hôtel de ville, celui détruit par les nazis : ce sera la dernière attaque contre cette ville ancienne dont il reste peu de choses. Mais il faut dire que cette « réalisation » allemande reprend pour l'essentiel les projets marseillais eux-mêmes. Si les hommes ne peuvent être comptables de l'utilisation des projets qu'ils élaborent, on ne peut cacher que la destruction de la vieille ville avait localement fait rêver certains.

Par ailleurs, une ville des pauvres, de cabanes et de camps s'organise à la fin du siècle dans les lieux inaboutis de la spéculation immobilière, autour de la gare, derrière les ports, là où, en outre, on a besoin de main-d'œuvre peu chère, disponible, employée à la journée et donc en attente permanente d'un engagement. Cette ville du peuple errant, qui se niche dans les échecs des spéculateurs immobiliers, est bien sûr considérablement alimentée dans l'entre-deux-guerres par l'arrivée de réfugiés qui occupèrent ces camps et profitèrent du tram pour aller s'installer dans l'espace marseillais peu coûteux.

C'est donc là le mouvement d'ensemble. Mais revenons sur ses particularités. Marseille des années 1830 se fabrique de nouveaux bourgeois. Les anciens sont partis spéculer ailleurs ou ont été guillotinés. Ainsi, « à l'inverse de Lyon ou de Bordeaux, Marseille possède peu d'anciennes familles [1] ». Les familles nouvelles qui commencent à tenir le haut du pavé ne formeront

1. Roland Caty, Éliane Richard, *Marseille au XIXe siècle, op. cit.*, p. 327.

communauté que peu à peu au cours du XIXe siècle, cette faible affirmation de classe renforçant les affinités communautaires. Il y a là un trait important de l'histoire marseillaise moderne, que l'on retrouvera jusqu'aux années contemporaines, même si les différences d'origine de ce repeuplement des élites finissent par s'estomper.

La ville de cette époque-là s'équipe des cadres universitaires qui lui manquaient, pour la formation des hommes en médecine, en sciences, dans le commerce, même en droit et lettres. Mais elle n'a pas, et c'est l'image qu'en ont souvent gardée les contemporains, ce vieux fond de culture bourgeoise qui semble porter les autres villes françaises. Pourtant, la ville du premier XIXe siècle est plutôt catholique, plutôt confortable et plutôt bourgeoise. Les agrandissements, relativement modestes, sont ceux d'une ville paisible où la population de passage est encore plutôt faible et où la présence de négociants industriels semble assurer une production assez régulière des richesses. « La ville tend à s'agrandir, mais les transformations urbaines sont beaucoup plus bourgeoises que populaires. [...] Une ville nouvelle est en train de naître, symbolisée par l'installation dans les années quarante de l'éclairage au gaz dans le centre-ville. [...] L'accroissement de la population qui voit dissiper les frayeurs du choléra de 1834 et 1835 est progressif, plus régulier qu'à Paris. » Jusqu'au milieu du siècle, « Marseille connaît à la fois l'autorité et la prospérité. Cette dernière correspond à une croissance favorable et inédite [1]. »

C'est à partir de ce mouvement d'embourgeoisement que s'engage la politique de grands travaux qui bouscule la ville ancienne. La ville ne s'étend plus seulement au fil de son ancien maillage rural, elle part à l'assaut de ses collines. Alors commence la mise en spectacle de la mer et du travail du port. Quand les négociants du siècle précédent allaient se construire des bastides dans le terroir qui n'a pas de vue, Napoléon III ne se fait-il pas bâtir un

1. Antoine OLIVESI, « Une évolution politique originale », in *Marseille au XIXe siècle, op. cit.*, p. 45 et suiv.

palais, à l'endroit même où le port touche au large et où, de la moindre des pièces, on voit les îles au large, les bateaux qui passent comme la vie de la ville ? Nous avons là un acte majeur de mise en scène ; comme on le sait, il ne sera pas poursuivi.

Mais comme toujours en Provence, avant tout projet, il y a l'eau ; et le grand projet marseillais de la fin de cette première moitié du XIXe siècle (le département et Aix sont plutôt réservés), c'est le canal de Durance qui, à partir de 1840, contourne la ville à flanc de colline. Il va y avoir non seulement de l'eau pour boire et pour les jardins, mais aussi pour les usines et pour permettre un travail en continu, même pendant la saison sèche. Outre une vision hygiéniste de la ville, ce canal permet que le Vieux-Port, en recevant des eaux propres, ne devienne pas un vaste cloaque.

En même temps, il ouvre la voie à cette véritable innovation de la ville moderne qu'est l'inséparable compagnonnage entre la spéculation foncière et immobilière et le développement des autres types d'affaires : ces villes qui attirent sans cesse des bras nouveaux, des hommes nouveaux, vont entrer dans une phase de construction permanente, de spéculation, où l'ensemble des métiers de l'immobilier va trouver matière à enrichissement. Parallèlement, une transformation du paysage s'opère. Comme l'écrit Marcel Roncayolo, « la contrepartie de ce choix, c'est le nombre des fontaines, des petites places agrémentées d'arbres qui viennent se greffer sur cette ville, jadis trop « minérale ». Le terroir lui-même change d'image au profit du jardinage, des laitiers, mais surtout des maîtres des bastides qui y trouvent à concilier villégiature proche et rente foncière [1]. »

Une fois l'eau apportée à Marseille, le grand débat devient l'agrandissement du port. Après de multiples projets pour agrandir le Vieux-Port lui-même, on va hésiter longtemps entre faire des ports vers le nord ou faire des

1. Marcel Roncayolo, « La croissance urbaine », in *Marseille au XIXe siècle, op. cit.*, p. 28.

ports au sud. Les deux projets sont possibles, il y a deux rades avec de longues plages devant lesquelles on sait maintenant construire des digues pour abriter les navires. Il y a aussi deux gares comme en retrait de part et d'autre de la ville, à Saint-Charles, nous le savons, mais aussi au Prado, la nouvelle gare du sud.

Les notables marseillais poussent plutôt à un port vers le sud, car il bénéficierait d'un arrière-plan pour un développement d'usines. Les intérêts plus parisiens, notamment Talabot, la banque Rothschild, le PLM, poussent, quant à eux, à un port vers le nord, plus facile d'accès et plus rapide pour un transport des marchandises en reprise en vrac par le train. Le port du nord l'emportera. Il mettra du temps à s'imposer de manière définitive. C'est celui que l'on connaît, la Joliette, que l'on mettra près de cinquante ans à construire par à-coups. Derrière ce port, il y a des entrepôts, quelques terrains industriels et tout au bout, vers l'Estaque, les tuileries qui ont toujours été une grande industrie marseillaise.

Une fois ce choix fait, la grande question est de réunir ces nouveaux bassins et le Vieux-Port : entre les deux s'élève une haute colline, celle qui hier prolongeait la vieille cité jusqu'au plateau Saint-Charles. La rue de la République, qui coupe en deux ce vieux quartier, joint par une pente légère les deux bassins. Tracé dans l'axe du quai du fond du Vieux-Port, le percement de la rue chasse plusieurs milliers d'habitants de leurs vieux quartiers populaires, accentuant la ségrégation sociale.

Les habitants se réfugient à la Belle-de-Mai, qui est pour Marseille ce que Montmartre fut pour Paris. Cette percée tente de contrer l'évolution de la ville qui, profitant de la structure du terrain, aurait eu naturellement tendance à avancer vers l'est et vers le sud. « Mais l'opération manque totalement son but [1]. » Éternellement, Marseille tente de retourner sa centralité vers le nord; pour l'instant, elle n'y a jamais vraiment réussi, car les élites n'ont de cesse de glisser vers le sud dans des quartiers

1. *Ibid.*, p. 33.

haussmannisés du XIXe siècle et néotouristiques du XXe. La pression, si l'on peut dire spontanée, des populations pousse à la désimbrication sociale là où les bâtisseurs des villes avaient pensé continuer à gérer la distinction sociale par étages, notamment le long de la rue de la République et dans les rues avoisinantes.

Mais ce percement de la rue de la République jusqu'à la place de la Joliette, qui permet donc l'accès aux docks, n'est que l'une des phases de la politique d'haussmannisation qui va aussi se développer vers le sud, notamment autour des grands monuments de la République : la préfecture, le palais de justice, le palais Longchamp, le lycée Thiers, la bibliothèque, etc. Et n'oublions pas la localisation des banques qui se fait essentiellement au sud du Vieux-Port. Seule la cathédrale sera implantée au nord, mais il faut sans doute y voir là un signal pour ceux qui arrivent par la mer plutôt qu'un lieu de réunion réel des Marseillais. Encore aujourd'hui, cette cathédrale demeure un lieu bizarre où l'on ne va guère.

Marseille est certainement l'une des villes de France les plus transformées par les aménagements d'Haussmann, sans parvenir toutefois à briser la ségrégation antérieure. Et, comme l'écrit, pour conclure, Marcel Roncayolo, « la partie haussmannienne de la ville ranime la fonction du centre plus populaire qu'exerçaient les fractions les plus actives de l'ancienne ville. La rupture morphologique ne remet en question ni la division sociale ni les représentations symboliques. Les percements de type haussmannien, Canebière prolongée, cours Lieutaud, ne s'intègrent vraiment dans la ville bourgeoise que sur les emplacements plus classiques de la ville [1] ». Au fond, c'est la logique propre de la ville qui a gagné sur les politiques volontaristes. Ces grands travaux restent inachevés au moment de la grande crise immobilière qui suit le Second Empire, même s'il y a un lent redémarrage après 1880.

Entre-temps le tramway a créé une autre dynamique de déplacement et de diffusion de l'habitat. Avec

1. *Ibid.*, p. 35.

l'inconvénient, non prévu au départ, que l'étendue même du terroir pose un problème difficile de création de collecteurs d'égouts et d'organisation de l'école pour tous.

Quand se termine le siècle, on peut dire que le divorce entre la ville et le port est pour ainsi dire préparé. Celui-ci a glissé au nord, entouré d'industries mais surtout d'un habitat pauvre des hommes en transit qui vont dorénavant se localiser entre gare et port. Par ailleurs, la ville des bourgeois, des administrations, de la justice, des hôpitaux, éloignée du port, glisse vers le sud. Et ce divorce entre la ville et le port est symbolisé par le vide de la Canebière qui affirme de plus en plus la séparation entre la ville populaire et la ville plus aisée. Haut lieu mémorial de la ville, la voici qui atteste de l'affaiblissement du Vieux-Port comme lieu vrai de la fusion du social et de l'économique de la ville. On sent l'éloignement des armateurs, des négociants, des industriels, du lieu de création de leurs richesses, l'aggravation de la distinction entre le domicile et le travail.

On peut dire, avec Antoine Olivesi, qu'en 1870, « le peuple en armes reconquiert le centre de la ville d'où l'ont chassé les grands travaux de l'Empire [1] ». Cette question de la reconquête du centre ne va plus cesser de sous-tendre l'histoire de Marseille.

Mais on ne peut quitter cette ville qui s'affronte aux colonies sans faire une référence particulière à la mémoire des rocailleurs. Comme l'a admirablement montré Michel Racine [2], la nostalgie de l'ailleurs et l'invention du béton se sont associées de telle manière que la grande bourgeoisie coloniale a pu se faire construire d'extraordinaires chefs-d'œuvre : faux bambou, fausses pagodes, ruines de cathédrales, romantisme en couleur d'une bourgeoisie vraie encore assez près du peuple pour laisser aller l'imaginaire des petits maçons, qui signent leurs œuvres, oublient de faux outils, leurs faux chapeaux

1. Antoine Olivesi, in *Marseille au* XIXe *siècle*, *op. cit.*, p. 48.

2. Michel Racine, *Architecture rustique des rocailleurs*, éditions du Moniteur, 1981.

plus vrais que nature, et se mettent par le rêve à l'écart de tous les passants que compte la ville.

La remue d'hommes, ou la quatrième ville

Mais toutes ces analyses, qui visent à positionner Marseille dans la même dynamique que les autres grandes villes françaises ou européennes de la même époque, masquent évidemment ce qui fait sa particularité, à savoir l'immense remue d'hommes qui la traverse. En effet, si Marseille, plus que les autres villes, a toujours connu l'arrivée des étrangers parce qu'elle était un port et qu'elle était en bordure de plusieurs mondes, il est clair que dans la seconde moitié du XIXe siècle la fonction de passage de la ville devient unique.

Alors, « une image dévalorisée de Marseille, liée à la fois à la fonction du port comme refuge, et à l'immigration pauvre dont se nourrit la ville, tend à s'imposer. Pour la propagande nationaliste, déjà fortement marquée par des connotations racistes, qui se développe en France à cette époque, il est tentant de faire de ce lieu, où la misère et l'entassement de la population ont toujours favorisé une certaine délinquance, le symbole de l'insécurité permanente et de l'abâtardissement de la nation [1] ». Cette citation, extraite du superbe livre qu'a dirigé Émile Temime sur les migrations à Marseille, dit bien pourquoi nous appelons cette ville de transit la quatrième ville. Au-delà des aspects humains et économiques qu'induisent ces transits, nous sommes en présence d'une image qui contribue largement à recouvrir d'un voile noir la place de Marseille pour l'ensemble de l'Hexagone. Au-delà des faits, nous sommes donc ici dans la production imaginaire de la ville. Il faut dire qu'à la fin du XIXe siècle Marseille passe d'une migration de moyenne ou courte distance, disons l'exode des montagnes et des campagnes

1. Émile TEMIME, *Migrance, op. cit.*, t. 2, p. 117.

vers la ville, aux migrations de longue distance. Pour ces migrants-là, Marseille n'est pas un but mais une étape : vers l'Amérique, vers l'Algérie, vers l'Afrique. Dans ce grand flux, il faut mettre en exergue tout d'abord l'immigration italienne, d'aucuns arrivant par terre ou en bateau, d'aucuns repartant en bateau ou en train. Il y a des départs aussi bien vers l'Amérique du Nord que vers l'Amérique du Sud. Mais il y a aussi des gens de Constantinople, de Beyrouth, d'Alexandrie...

Cette grande migration transatlantique dure jusqu'en 1914, à un moment où les migrations vers l'Afrique du Nord ont déjà tendance à s'inverser. À ce moment-là, une autre migration intervient, qui tout au long du XXe siècle fournira des ouvriers à nos usines. De tout cela il ressort que « la Marseille du XIXe siècle est le produit de la grande migration qui la traverse et l'enrichit, mais elle est aussi témoignage des permanences de l'histoire [1] », parce qu'une partie des migrants s'arrête, travaille, tente de s'installer au point qu'à Marseille, en 1914, il y a près de 25 % d'Italiens.

Marseille restera la plaque tournante « d'un trafic d'hommes assez confus » : la Grande Guerre entraîne le déplacement des minorités au fur et à mesure des alliances, puis le transit des prisonniers, la recherche d'ouvriers que l'on fait parfois venir de loin pour remplacer les jeunes partis au front, l'arrivée des travailleurs coloniaux – 6 000 par mois, pense-t-on. Mais chaque fois, « Marseille reste un centre de tri plus qu'un utilisateur de main-d'œuvre [2] ».

Après la guerre, il y a comme un tournant parce que le surplus de main-d'œuvre qui a caractérisé le sud de l'Europe tend à s'affaiblir avec le vieillissement des populations. Marseille va donc devenir un lieu d'importation, pour la France et pour l'Europe, d'actifs jeunes. Sans doute le monde ouvrier a-t-il toujours été plus qu'on ne l'a dit un monde d'étrangers. Mais la grande saignée de la

1. *Ibid.*, p. 27.
2. *Ibid.*, p. 170.

Première Guerre mondiale accentue incontestablement ce mouvement.

De ces deux aspects du rôle de Marseille dans les migrations – celle de la colonisation de l'Amérique et de l'Afrique comme celle du développement des ouvriers dans les usines européennes – subsiste dans la ville, au-delà de l'image dont nous avons déjà parlé, ce qu'on peut appeler un « système marseillais » bâti sur l'utilisation massive d'une main-d'œuvre peu stable, peu formée. Il en découle deux traits majeurs : d'une part, une faible propension à l'innovation technique, déjà signalée ; d'autre part, une faiblesse des politiques de logement populaire. En effet, jusqu'aux années soixante, il ne paraît pas utile de fixer par le logement une population que les armateurs comme les industriels marseillais ne souhaitent pas voir s'installer. Organisés, ces travailleurs risqueraient d'exiger des salaires décents.

Cette combinaison d'utilisation d'une main-d'œuvre à bon marché et de faiblesse des politiques du logement entraîne, de la part des industriels implantés dans la place, un blocage pour empêcher l'arrivée d'industries de plus haute technologie qui pourraient payer plus cher leur main-d'oeuvre, et ce notamment pendant la guerre de 14-18.

De la présence de cette population instable, il découle des éléments contradictoires dans la vie quotidienne des Marseillais. La vitalité qui règne dans les rues des vieux quartiers, liée à la présence massive de cette population « flottante », donne une image de grouillement permanent. Par ailleurs, le fait que les solidarités s'organisent dans ces populations migrantes, par réseaux villageois, par ethnies, par cultures, par lieux d'origine, engendre des formes de sociabilité particulières. Cette solidarité clanique n'est pas qu'un trait culturel, c'est aussi une nécessité vitale dans une pareille remue d'hommes. Nous retrouverons ces particularités dans l'évolution de la situation politique de la ville, autour de cette « ville irrégulière ».

Après la Grande Guerre, 60 000 Arméniens, à la suite

du génocide de 1915, débarquent. Un tiers d'entre eux resteront dans les Bouches-du-Rhône, dont à peu près 14 000 à Marseille. D'autres communautés, certes un peu moins importantes, sont passées plus inaperçues : 20 000 Grecs, par exemple, dont plus de 10 % sont restés dans la ville [1]. L'originalité, si l'on peut dire, de ce type de migration, c'est que les gens arrivent massivement, tous en même temps. À partir de ce moment-là, Marseille connaît de véritables camps intra-muros, notamment le camp Oddo, car, dans ce type de migration, il n'y a évidemment pas de politique, privée ou publique, qui puissent anticiper l'accueil de ces migrants. Leurs besoins d'aide ne sont pas les mêmes que ceux du jeune travailleur immigré qui vient chercher n'importe quel travail.

L'arrivée des pieds-noirs, au début des années soixante et surtout après 1962, n'est pas de même nature. Ils parlent français, ils sont Français, et même si certains d'entre eux ne le sont pas de « souche » ancienne, même s'ils n'ont jamais vu la France, ils ont tous appris « nos ancêtres les Gaulois ». À la grande différence des autres migrants, ils n'arrivent pas portés par l'espoir de réussir leur vie : ce sont des êtres meurtris, chassés, des êtres à qui Marseille va devoir non seulement offrir un refuge mais également, si l'on peut dire, une espérance. 150 000 d'entre eux vont se fixer à l'abri de ces collines, ce qui est considérable dans une ville déjà en pleine crise économique. Et pourtant, quoique chargés du deuil colonial, du regret du pays perdu, ils amènent avec eux leur énergie, l'énergie de descendants de migrants, de gens partis conquérir le monde.

En tout, on estime à près de deux millions ceux qui durant les années soixante et soixante-dix sont venus d'Afrique du Nord en France par Marseille, dont un peu plus d'immigrés que de pieds-noirs. Nous avons sans doute là affaire à la dernière grande vague migrante de l'histoire marseillaise du transit. Bien sûr, d'autres populations déracinées peuvent arriver, des dernières bribes

1. *Ibid.*, t. 3, p. 55 et suiv.

de l'Empire et à la suite d'autres drames méditerranéens ; bien sûr, le surpeuplement de l'Afrique pose à terme un problème immense. Mais ces différents problèmes ne concerneront plus particulièrement et directement Marseille, car la plupart de ces migrants arriveront soit par avion, soit en voiture, en car, à pied, par l'Espagne et l'Italie, attirés directement vers l'Europe du Nord où il leur semble qu'il y a plus de travail.

Face à ces transits massifs mais relativement spontanés, d'autres transits sont dus aux guerres mondiales et européennes. Nous avons déjà signalé les 120 000 travailleurs coloniaux passés à Marseille entre 1914 et 1918 mais, plus généralement, il faut évoquer le rôle de ville de l'arrière que Marseille a joué pendant cet épouvantable conflit. Les colonies n'ont pas fourni que des hommes. Elles ont aussi servi de réservoir alimentaire, de lieu-ressource pour bien des produits. Marseille en a tiré richesse. Son image ne s'en est pas améliorée pour autant. Cette situation de ville de l'arrière va d'une certaine manière se recréer en 1939, quand elle deviendra, surtout avant l'occupation de la zone Sud par les Allemands, un lieu-refuge pour ceux qui ont à craindre du nazisme : les intellectuels, les créateurs, et des Juifs, bien sûr. Le beau livre d'Anna Seghers rend bien compte de cette période, comme celui de Jean-Louis Parisis [1]. Pour les Marseillais, une des conséquences les plus directes de ce rôle fut, comme on sait, la destruction du quartier du Vieux-Port, qui était perçu comme l'emblème de ce cosmopolitisme inquiétant.

Après-guerre, Marseille profita largement du plan Marshall et de tout ce qui vint des États-Unis vers l'Europe. Ensuite y passèrent les soldats d'Algérie et, pendant toute la guerre, elle y puisa à nouveau une activité importante. S'il ne faut pas exagérer son économie de la guerre, il ne faut pas sous-estimer, surtout dans l'imaginaire collectif, la façon dont cette période a façonné l'histoire de la ville : pour toutes ces femmes et tous ces

1. Anna Seghers, *Transit*, *op. cit.*; Jean-Louis Parisis, *Une ville en fuite*, éditions de l'Aube, 1992.

hommes, Marseille est la dernière étape de l'espérance. Et ces traces, dans des millions et des millions de cerveaux d'hommes qui sont passés dans cette ville, sont un poids considérable porté par Marseille, partout ailleurs dans l'Hexagone comme d'ailleurs souvent dans le Maghreb.

On peut donc dire que l'arrivée des gens du Maghreb et notamment des Algériens, au seuil des Trente Glorieuses, fut comme une clôture de la quatrième ville ouverte par les grandes migrations italiennes à partir des années soixante du XIXe siècle. Ensuite il y a eu, dans les années quatre-vingt, le « tourisme » algérien dont nous avons déjà parlé. Lui aussi a fortement reculé depuis, et c'est pourquoi il semble logique d'émettre l'hypothèse selon laquelle la fin de cette quatrième ville marque une date importante dans l'histoire de Marseille, car la ville s'est sédentarisée. Sa dynamique de peuplement se rapproche de celles des grandes métropoles européennes.

Il reste une grande mobilité. On estime, entre deux recensements, à près de 250 000 les gens qui quittent la ville et à 150 000 ceux qui y arrivent. Ce n'est donc pas une ville stable, mais la ville stable est un mythe. La ville moderne est mobilité, déplacement, déménagement. Et c'est à cette modernité que Marseille s'affronte : au problème d'une ville qui n'a plus cette main-d'œuvre bon marché parce que passante, une ville qui a effectué son développement pendant trente ans en logeant ses pauvres, ses réfugiés et la dernière vague des migrants. Une ville beaucoup plus dans le droit commun que ne peuvent le faire penser les images qui prolongent celles de la montée du nationalisme en France, en 1870, en l'enfermant dans sa culture populaire et métèque. Mais, pour rester dans les questions d'espace, il est bien vrai que c'est de cette histoire de la migration que découle la localisation au centre-ville des populations partout ailleurs rejetées en périphérie. Et ainsi, si elle n'est plus une grande ville de migrants, elle demeure encore aujourd'hui un cœur où une part notable des pauvres n'a pas été rejetée dans des lointaines banlieues.

Cette quatrième ville, de richesses, de couleurs, de croyances et de savoir-faire dans les lieux identitaires du Vieux-Port, de la Canebière, de Belsunce, doit être enfin regardée dans une autre perspective. Avec ses millions d'hommes passés par elle, Marseille a pour ainsi dire une vaste diaspora, bien sûr un peu fugace, qui est celle de tous ses passants ; cette diaspora se retrouve avec celle plus réelle de la ville, des Marseillais montés à Paris ou partis ailleurs dans le monde. Mais le poids particulier de cette diaspora fonctionne un peu comme un frein dans la capacité de la ville à se transformer : pour tous ces gens, la Marseille qu'ils ont connue a été soit un moment fort de l'espérance, soit un moment de leur enfance, ou même un moment de leur jeunesse, y compris pour les militaires. Par conséquent, moins la ville change, moins la conscience du temps qui passe s'affirme dans ces millions de cerveaux.

Il ne faut pas sous-estimer le poids de ces diasporas pour les terres d'émigration. Elles apportent avec elles une part de la légitimité ; elles sont rarement un relais pour le développement, l'origine devant rester éternellement semblable. Et pourtant, ces gens incarnent une forme de succès puisqu'ils ont réussi. Il y a là une situation paradoxale qui ne favorise pas la transformation du pays d'origine. Cela pèse fort sur le destin marseillais.

Enfin, si les arrivants charrient de l'énergie, des savoir-faire, des univers symboliques, ils ont aussi souvent tendance, surtout s'ils sont pauvres et rejetés, à vouloir se fondre dans la culture locale pour passer inaperçus, mimant les traits culturels les plus traditionnels, et donc renforçant une identité collective archaïque. Marseille s'est trouvée prise en étau entre ces deux freins à son évolution, celui des arrivants, toujours si nombreux, et celui des partants, toujours si nombreux.

Chapitre VIII

La construction de la modernité [1]

En périphérie de la ville construite autour de ses ports successifs et de celle de passage, l'après-guerre, comme partout, construira la ville moderne. C'est à celle-ci que nous devons nous affronter maintenant. Une ville où le logement devient une politique qui l'entraîne, où le rêve de la cité millionnaire va triompher puis s'effondrer, où la mobilité qui saisit nos sociétés bouleverse les idées du voisinage et de la continuité territoriale. Cette ville restera longtemps entièrement dans son territoire; ce n'est qu'à la fin des années soixante-dix que des habitants choisiront la campagne non marseillaise et les petits ports littoraux voisins, certains se rapprochant plutôt de l'étang de Berre où nombre d'emplois ont glissé.

Comme toujours à Marseille, les collines jouent un rôle essentiel. Unifiant les regards des habitants, anciens ou nouveaux, elles maintiennent une unité d'identité et de mentalité malgré les déplacements des hommes, au sein de la ville comme au travers d'elle. Et cela est bien utile, car, au-delà de la décolonisation et du trafic immigré dont la ville résonne des années soixante aux années quatre-vingt, la seconde moitié du XXe siècle est caractérisée par un double mouvement : d'une part une accentuation de la ségrégation entre le Nord populaire dominé par les HLM et le Sud aisé organisé sur un modèle néo-

1. Ce chapitre a été nourri par un séminaire organisé par Alain Tarrius et Michel Péraldi pour la DRI.

balnéaire, d'autre part la crise profonde des limites naturelles, l'autoroute réussissant ce que le train avait en partie manqué parce qu'il filait par la Côte bleue à travers des collines arides. Quoi qu'il en coûte en effet à une culture locale abritée par ses collines, Marseille est en train de quitter son havre du rivage.

Cette réalité est aussi insupportable à vivre que la destruction des vieux remparts en 1666. L'événement étant moins brutal, il est plus difficile de le voir, de le pleurer et de le dépasser mais la réalité est la même. La destruction du vieux système économique local, la montée de l'économie post-touristique, la localisation des usines hors des villes et le désir des hommes de vivre entre campagne et urbanité ont scellé l'affaire. Cette ville, qui possédait sa propre campagne, va la perdre en la construisant. Par conséquent, cette totalité historiquement formée par la dualité ville-campagne devient une immense ville peu dense qui retrouve la campagne plus loin.

Ainsi, la fin de la campagne dans la ville est le moteur interne qui pousse la ville à franchir ses collines et à devoir accepter des épousailles avec la Provence. La vieille fille va devoir se transformer en jeune muse séduisante, un travail d'autant plus difficile qu'elle s'y refuse énergiquement! Tel est le résultat d'un demi-siècle de logement et de peuplement que porta le defferrisme et qui permit de passer le cap colonial sans trop de douleur. Sans le savoir au départ, les acteurs de cette période ont préparé la grande ville sédentaire d'aujourd'hui, qui perd moins d'habitants qu'elle ne devrait car elle les a fixés par le logement. Ce faisant, elle n'a pas pour autant résolu la question ouverte de son utilité dans l'organisation de la façade méditerranéenne de la France et de l'Europe. Reprenons le mouvement dans son ordre chronologique.

La ville logeuse

Loger massivement le peuple de Marseille dans les années d'après-guerre correspond à une nécessité et à des choix. La nécessité est de reconstruire et d'apurer le passif local. Les choix consistent en une nouvelle vision du rôle des communes, la ville millionnaire en hommes prise comme symbole de richesse.

Le processus démarre avec la farouche volonté de reconstruction qui saisit la France en 1945, des plus pauvres aux plus aisés, des décideurs aux exécutants. Le plan Marshall en est son levier mais, au-delà, rebâtir la France ce n'est pas seulement élever des murs, des maisons et des usines, c'est aussi reconstituer une puissance et une culture blessée par la défaite, prise en tenaille pendant la guerre entre des accommodations souvent contradictoires et un refus radical. Mais il demeure ce sentiment de redémarrage qui va structurer la Reconstruction.

À Marseille, la Reconstruction est d'autant plus mobilisatrice que les nazis ont détruit le cœur de la vieille ville. Le Vieux-Port est en ruines, des dizaines de milliers de familles vivent dans des situations intenables, ce vaste campement de l'après-guerre intégrant les autres campements qui étaient déjà là avant, depuis la fin de la guerre de 14-18, et qu'on avait déjà organisés pour les Arméniens, les Grecs, les Russes.

Mais la Reconstruction ne vise pas la reproduction à l'identique. En partie parce que l'habitat détruit était vétuste, petit, peu adapté aux normes modernes de logement, en partie sans doute aussi parce qu'ici, on veut toujours faire du neuf en lieu et place de l'ancien. Donc, reconstruire veut dire diffuser dans l'espace urbain des populations qui ont droit à un certain nombre de mètres carrés du fait des démolitions. Et ce sont ces mètres carrés mis aux standards de la modernité qui entraînent le mouvement de la ville. Les grands chantiers démarrent donc, autour du Vieux-Port, évidemment, mais aussi par les grands immeubles derrière la bourse, puis l'immeuble de Le Corbusier...

La ville, n'ayant pas à la Libération de réserves foncières, sauf les terrains derrière la bourse, et n'ayant pas non plus la possibilité de reconcentrer la population sur les lieux détruits, se trouve confrontée à une pression foncière particulièrement forte. Très vite, le prix du mètre carré flambe, aussi surprenant que cela puisse paraître dans une ville si vaste. On se met donc à construire de manière extrêmement dense, supérieure parfois aux normes nationales! On n'insistera jamais assez sur le poids des prix fonciers dans la forme de la ville ainsi produite, dans un contexte politique où l'on n'a peut-être pas toujours osé les expropriations. Se réalise ainsi la « mise en liquidités » du patrimoine accumulé par les anciennes familles dominantes.

La Reconstruction

En 1945-1946, la ville compte 36 000 sinistrés, plus quelques dizaines de milliers d'habitants précaires de l'avant-guerre, sans parler du retour des prisonniers. Ces sinistrés sont d'origine populaire, vu les quartiers détruits : Vieux-Port, Belle-de-Mai, Saint-Mauron. Les mouvements catholiques et les mouvements de gauche se mobilisent. Face à l'urgence démarre un mouvement d'occupation où près de deux mille familles sont logées dans deux cents châteaux ou bastides inoccupés, laissés la plupart du temps vacants par des familles collaborationnistes. Aussi y a-t-il une certaine sympathie envers le mouvement, même s'il est violent, notamment lorsqu'il s'agit de biens étrangers comme l'hôpital anglais de la Calade. On se souvient encore à Marseille du meeting tenu par l'abbé Pierre au stade-vélodrome.

La mairie a touché des indemnités pour reconstruire

les bâtiments publics mais, à l'époque, seuls les services de l'État sont habilités à produire du logement dans les villes. La municipalité ne peut que favoriser le mouvement en ayant une stratégie foncière. En outre, l'établissement des droits de propriété est délicat, les archives ont disparu. On travaille sur photos aériennes pour reconstituer la possession des 456 000 mètres carrés détruits et déterminer les droits de chacun.

Mais il y a un autre débat : quelle ville veut-on reconstruire face à cette « opportunité » ? Il faut penser et agir dans l'urgence. Doit-on dégager ou non le Vieux-Port de la circulation automobile ? Une idée, portée par l'architecte Expert, consiste à construire un grand parvis façon vénitienne autour du Vieux-Port et faire passer les voitures sur l'arrière. Parallèlement, on pense déjà à utiliser les décombres pour agrandir les plages du Prado et offrir ainsi aux Marseillais un accès ludique au littoral qui leur fait défaut. Expert est remercié sous le prétexte que, dans son projet du Vieux-Port, les immeubles sont si hauts qu'ils cacheraient le clocher des Accoules. L'ensemble du projet échoue, y compris la dalle sur le Vieux-Port et l'élargissement des plages dont l'idée ne sera reprise qu'au moment du percement du métro. Ce sont les Ponts et Chaussées maritimes qui s'opposent à ce qu'on jette les déblais dans la mer. On voit combien, à l'époque, ce service lié au port était encore puissant.

À partir de là, la Reconstruction perd ce qui aurait pu faire son originalité en matière de structure urbaine. Localement, la protection des vues symboliques est perçue comme prioritaire. On ne sait pas ou on ne veut pas associer cette logique avec les nouvelles idées sur l'urbain. On retrouvera cette préoccupation avec les trois tours derrière la bourse qui défigurent le centre-ville. Si elles ont été rabaissées pour que les arrivants par l'autoroute nord puissent voir Notre-Dame de la Garde avant de plonger dans la ville, cela ne suffit pas à les intégrer au tissu environnant !

La préoccupation de ce qui est « perçu » est caractéristique des villes qui sont dans des reliefs accidentés où les vues sur les formes naturelles sont structurantes de l'imaginaire urbain – les villes sur des sites plats étant plus sensibles aux œuvres monumentales de l'homme. Les deux situations induisent des relations avec la nature et le temps forcément distinctes.

Cela dit, pour bien comprendre comment cette ville s'est reconstruite, il faut se rappeler qu'on y a très peu construit dans l'entre-deux-guerres. Il y a donc peu de compétences locales, pas assez d'architectes, peu de mémoire des problèmes urbains. Cette absence de culture urbaine et l'inexpérience des élus et de leurs équipes en matière de logements seront déterminantes dans les choix effectués : il faut importer des cadres et ceux-ci, bien souvent, ne connaissent ni la ville, ni la région, ni le climat. Pensons notamment à Le Corbusier avec sa « Cité radieuse », qui n'est vraiment « radieuse » que d'un seul côté, celui abrité du mistral. Mais cet exemple, s'il est le plus célèbre, n'est pas le seul. La reconstruction de Marseille se présente comme un dialogue entre la direction départementale de l'Équipement et des architectes « parisiens », dans un contexte local de dépossession.

La question de l'urbanisme marseillais est donc particulière, mais sous la contrainte de deux dimensions plus générales : le pouvoir de décision et les techniques nouvelles. Historiquement, le logement était de la responsabilité des particuliers et des services de l'État. La collectivité locale n'a pas vocation à y être acteur. Ce n'est que lorsque Gaston Defferre devient ministre de la France d'outre-mer que son poids dans l'appareil d'État lui permet de dépasser les compétences légales d'un maire pour accélérer les procédures et les réinscrire dans les particularismes locaux. Peu à peu, au cours des années cinquante et soixante, on voit donc émerger un nouvel espace politique, mais aussi, et logiquement, un nouveau potentiel local de compétences, souvent apporté par des fonctionnaires d'État détachés sur place mais qui vont, si l'on peut dire, entrer dans la logique marseillaise au fur et à mesure de leur expérience. Même s'il ne faut rien généraliser, car il y a souvent plus de réussite qu'on ne le dit, ce problème de l'expérience et de la compétence apparaît décisif. Il est d'ailleurs assez proche de celui que nous vivons aujourd'hui avec le chômage, ou le tiers-monde avec ses grandes métropoles.

Le deuxième élément à ne pas sous-estimer, c'est la transformation des techniques de construction qui vient bouleverser la culture des acteurs du moment. Le régime de Vichy ayant valorisé les architectures régionales et les savoir-faire locaux, la réaction à cette idéologie consiste à rechercher la modernité. En outre, le rapatriement des cadres formés dans l'Empire ne favorise pas une culture du local. Le tout induit un cocktail explosif d'innovation qui crée une rupture dans la dynamique urbaine, favorisant une pensée spatiale peu sensible aux particularités du terroir. À Marseille, c'est bien sûr au nom de l'anti-parisianisme que ces innovations sont dénoncées ! Il n'en reste pas moins que ce nouvel art de construire, légitimé idéologiquement par l'idée d'une société arrachée à la glèbe et à ses vieilles contraintes, transforme l'histoire de la ville.

Les nécessités du moment et les nouvelles techniques introduisent en outre une rapidité d'exécution telle qu'on n'a pas le temps d'analyser ce qu'on a réalisé pour envisager la suite. Et cette vitesse joue avec la fièvre de se bien loger qui a saisi la France, le bonheur des habitants qui passent de logis sordides à des habitations spacieuses, propres, avec de l'eau courante ; cela a de quoi affaiblir les contestations sociales qui auraient pu infléchir les stratégies ! Une autre conséquence de l'urgence à reloger est la production de normes très restrictives : notamment, on impose une surface moyenne de 52 mètres carrés de HLM pour 4 personnes. Cette décision technique et financière induit des formes d'habitat bouleversées qui excluent le mélange des générations, poussant les enfants vers la rue et les vieux vers l'hospice.

La ville rachète donc tout ce qu'elle peut, et notamment

les grandes propriétés occupées. Il est plus simple et plus rapide d'acheter un grand domaine qu'une multitude de petites parcelles. La construction, par conséquent, se dirige vers les terres des anciennes bastides plutôt que dans le maillage plus fin du périurbain direct.

Les HLM du Nord

Aujourd'hui, Marseille compte 65 000 appartements en HLM, contre seulement 15 000 en 1960, ce qui était très peu compte tenu de la structure sociologique de la ville. Entre 1960 et 1974, près de 36 000 logements HLM sont construits, certaines années à un rythme de plus de 2 500 par an, les quatre années les plus fortes étant celles de 1971 à 1974. Cette année-là 4 103 appartements sont livrés. Brutalement, en 1975, on retombe à 675. Sur la même période, on construit à Marseille en tout 148 000 logements neufs. Les HLM ne sont donc qu'une partie du mouvement général de construction, mais ils relèvent d'une logique particulière, notamment parce que 45 000 d'entre eux sont concentrés au nord de la ville.

Comment en est-on arrivé là? Dans l'immédiat après-guerre, des cités d'urgence sont créées à la périphérie du territoire marseillais dans ce qu'on pourrait appeler des espaces délaissés par la campagne. On les trouve en arc de cercle, surtout dans les XVe et XVIe arrondissements. Les premiers bâtiments HLM, eux, avaient été construits en périphérie du tissu urbain quasi compact qui rayonnait autour du port. La deuxième vague d'HLM, dans la période 1958-1960, vient prendre place entre ces deux types de construction dans les terroirs compacts des bastides. La ville avance dans un entre-deux discontinu depuis la ville ancienne. Et les terrains les moins bien situés ne sont pas utilisés.

Albin Chalendon arrive aux affaires. Il se fait fort de résorber de manière définitive, du moins le croit-on à l'époque, la crise du logement qui a été accentuée par l'arrivée des pieds-noirs. Il met en place de nouveaux modes de décision en matière de construction et surtout d'opérations de taille supérieure assurées d'une meilleure rentabilité. C'est ainsi que l'on passe d'unités d'habitations de 400 à 500 logements à des ensembles beaucoup plus vastes. La raison en est d'abord politique.

Ce sont souvent ces dernières constructions qui dans le futur poseront les premiers problèmes, du fait de leur taille mais aussi de leur localisation dans les derniers terrains disponibles ; or ces terrains, s'ils étaient encore disponibles, c'est justement le plus souvent parce qu'ils étaient mal situés. Par ailleurs, il faut tenir compte du fait que la collectivité publique pensait d'abord l'espace en termes de voirie, d'adduction d'eau, d'égouts... Aussi a-t-on dessiné dans l'espace encore rural de la ville des axes de circulation de différents niveaux, sans se soucier souvent de l'adaptation de cette trame technique au tissu des anciens chemins et des ruelles. Ensuite, les grands ensembles ont été positionnés en fonction des opportunités foncières. L'absence de maîtrise foncière globale a joué un rôle décisif dans l'organisation souvent kafkaïenne des quartiers nord. Ce logement sans urbanisation, autour de fluidités inabouties, résulte de la rencontre de logiques indépendantes les unes des autres.

Ajoutons, pour finir cet inventaire un peu schématique, que la plus grande partie de ceux qui vont loger dans ces immeubles ont une culture de l'habitat horizontal – celle des camps et des cités de transit – ou une culture rurale, ou encore, pour ceux qui habitaient la vieille ville, une culture de l'hypercentralité. Mais nul ne se posa la question de savoir comment, avec ces cultures-là, on pouvait habiter dans des tours, pas même les habitants eux-mêmes, tant ils étaient heureux d'avoir un toit, un chez-soi, un espace moderne, une salle de bains.

Ces constructions hors de tous rapports sociaux ont favorisé l'extension d'une ville abstraite, laissant libre cours aux logiques techniques et financières. L'homme abstrait en était le centre en tant qu'être à loger, mais l'homme concret en était absent, nous montrant ce que produit une société sans rapport social. On a largement construit sans habitants, dans les années cinquante jusqu'aux années soixante-dix. En revanche, la chance future de Marseille sera d'avoir localisé ces habitations en son sein à cause de la taille de son terroir. La capacité de la ville-centre à y réintervenir plus tard en sera facilitée, ce qui n'est pas le cas pour les cités de banlieues ailleurs en France.

Cela dit, il ne faut pas envisager les problèmes de cette époque avec un regard d'aujourd'hui. L'objectif était de créer « des quartiers d'habitat plus que des quartiers ouvriers [1] »; se retrouvaient dans ces bâtiments neufs des populations aux trajets aussi bien professionnels que résidentiels très divers. Ce n'est que plus tard, avec le développement de la construction privée, qu'une partie des populations relogées là émigra vers d'autres quartiers, vers d'autres types d'habitat. Il en est résulté une homogénéisation croissante des populations restant en HLM, ce qui n'était pas le cas dans les années soixante. De plus, ces cités comportant une part importante de grands appartements – vu la culture familiale de l'époque –, de fortes proportions de jeunes s'y trouvent concentrées, menant ainsi à la situation que l'on connaît encore aujourd'hui, où, dans certains de ces grands ensembles, la majorité de la population a moins de vingt ans – et est souvent d'origine étrangère...

Cet ensemble de données permet de comprendre la physionomie particulière des quartiers les plus populaires de Marseille, au nord de la ville, au-dessus du port. Autour des noyaux villageois et de quelques constructions ouvrières d'avant-guerre, ont ainsi été regroupés des ensembles HLM compacts, en général autour de l'ancienne bastide qui a été transformée en centre social. Cette juxtaposition d'habitats différents est déterminante

1. Michel Anselme, *in* Dominique Becquart (dir.), *Marseille, 25 ans de planification urbaine*, *op. cit.*, p. 90.

pour l'avenir, une population ancienne y voisinant avec des habitants brusquement concentrés puis « écrémés » au fil du temps, les modes d'habitat jouant avec les trajets individuels pour induire des liens sociaux différents. Politiquement, on peut distinguer l'habitat ancien – qui était la base de la sociabilité de voisinage où fonctionnaient bien les modes d'organisation portés par le pouvoir municipal –, des grands ensembles – plus anonymes, avec une population moins stable, de plus en plus ouvrière ou exclue du marché du travail, plus sensible à des logiques idéologiques.

D'où la naissance dans ces quartiers d'une double tension. L'une perdure au sein des grands ensembles où la vie ne se développe pas spontanément, car ces groupes humains concentrés ont été réunis là par hasard, sans se connaître préalablement et sans toujours l'avoir désiré. Dans les années soixante-dix, l'animation tente de créer du lien social, masquant les problèmes. L'autre passe entre noyaux villageois et grands ensembles. Origines, groupes d'âge, niveaux de revenu et modes de sociabilité y sont différents.

Le délaissement public où sont laissés les quartiers Nord jusqu'au milieu des années quatre-vingt relève largement de ces clivages, car les systèmes de communication avec le pouvoir local ne saisissent pas la globalité du problème. Ce n'est qu'avec la montée du Front national, la violence des jeunes, la crise de l'animation et l'installation d'une municipalité d'union de la gauche que les problèmes entrent dans la sphère publique. La politique des mairies de quartiers favorisera par la suite, on le verra plus loin, un début de politique transversale dont le but est de produire les noyaux villageois comme centres locaux de ces quartiers hétérogènes, un des lieux principaux de tension étant susceptible de devenir un élément décisif d'organisation.

La réhabilitation

On ne peut passer directement à cette période sans mentionner que Marseille a été, après cette grande époque de construction et même à partir des années soixante-dix, alors que la construction continuait, un des lieux innovants de la réflexion sur l'adaptation des logements HLM à leurs habitants et sur l'intégration de ces ensembles dans le tissu urbain. La précocité de ces interrogations tient à deux causes : d'une part, une tradition sociale ancienne, fortement portée par les municipalités successives, et une activité de l'Église et des mouvements de gauche dans les luttes pour le droit au logement, contre les bidonvilles et les cités d'urgence ; d'autre part, plus négativement, il semble que le rapport entre les masses construites et la faiblesse conceptuelle de l'ensemble a créé des difficultés plus visibles qu'ailleurs.

Toujours est-il que des acteurs ont été très tôt sensibles aux problèmes ; chez des ingénieurs du social notamment, souvent gauchistes au départ, souvent venus à la question du logement par celle de l'immigration. À Marseille comme à Lyon ou à Paris, on rencontre cette filiation sur le terrain, comme dans l'écoute qu'ils ont trouvée auprès du Plan urbain, parfois dans le prolongement de la démarche de Deleuze et Guattari. Cette « découverte de l'habitant », à une époque où l'idéologie de l'Union de la gauche était dominante et où cette approche de la réalité sociale était minoritaire, a été renforcée à Marseille par l'attention que lui ont portée certains élus d'origine bourgeoise, faisant équipe commune avec la gauche, dans la tradition chrétienne marseillaise.

À partir de là, un travail de terrain a été fait pour comprendre les problèmes. Comment était-on arrivé à créer des lieux que s'appropriaient si mal les habitants ? Pourquoi y avait-il dégradation ? Que signifiait cette mise en scène du détruit ? Comme l'écrivit Michel Anselme, « il n'est pas exagéré de dire que la principale découverte qu'ont faite les organismes HLM et les institutions municipales et étatiques ayant en charge la gestion de ces quartiers, à travers les expériences de réhabilitation aura été celle des habitants [1] ». À partir de là fut possible une prise de conscience du rôle de logeurs sociaux des organismes hier constructeurs.

Une partie notable des habitants était là dès l'origine de la construction et s'y était pour ainsi dire sédentarisée. Or, dans l'œil des sociétés HLM logeuses et compte tenu de l'expérience de la promotion sociale des années soixante et soixante-dix, les locataires devaient être dans une trajectoire sociale de promotion. Dans la réalité, ceux qui demeuraient encore là dans les années quatre-vingt étaient décidés à rester. Ils étaient devenus des exclus de la mobilité. Pour certains cas plus rares, dans des immeubles HLM haut de gamme, plus anciens ou mieux localisés, des populations plus aisées profitaient du « parc public ». Au niveau national du parc, la Cour des comptes considère qu'un million de familles occupent des appartements qu'elles auraient dû quitter en raison de leur ascension économique mais ne l'ont pas fait parce qu'elles préfèrent soit ne pas déménager, soit mettre leur argent ailleurs.

Regardant ces habitants, notamment au « Petit Séminaire », opération emblématique à Marseille, on s'est rendu compte qu'il s'était recréé des structures familiales, un peu comme si des modes d'habitat villageois s'étaient organisés dans les barres et les tours. Dans cet ensemble, les réseaux familiaux touchaient près de 75 % des familles. Cette approche de la réalité des HLM par les structures familiales était éclairante pour connaître des stratégies résidentielles nouvelles : au-delà des images et des discours existait un mode d'habiter en réalité banal, où les couples se forment dans le voisinage, les jeunes espérant habiter à proximité de leurs parents et de leurs copains...

1. *Ibid.*, p. 92

Peu à peu, la politique de réhabilitation s'est appuyée sur des structures que les habitants ont contribué à faire émerger, le plus souvent « aux mains des rescapés restés sur place pour des raisons personnelles ». Par contre, dans les cités les plus pauvres, il n'y a pas d'interlocuteurs, « car la parole de chaque individu a le même statut que celle d'une association ». C'est là que l'idée de maîtrise d'œuvre sociale a joué son rôle pour faire en sorte que ces cités ne soient plus muettes. Mais « c'est probablement sur d'autres lieux que l'habitat ou le logement que les formes prises par l'auto-organisation des habitants auront été les plus fécondes et les plus fortes. On songe ici par exemple aux nombreuses associations particularistes à caractère culturel, cultuel ou sportif. [...] L'action du développement social des quartiers aura été ici décisive dans l'émergence de pôles d'activité dans ces quartiers [1]. »

Pour qui connaît Marseille depuis longtemps, les transformations des dix dernières années dans les quartiers d'HLM construits il y a vingt ou trente ans sont considérables. On a l'impression, quand on les visite – peut-on dire quand on s'y promène ? – qu'enfin une saisie globale est en cours et que, des bâtiments à la rue, des rues aux voies rapides, une compréhension est à l'œuvre. Cela dit, ce travail engagé est en partie sapé quand près du tiers de la population vit une assignation à résidence liée au chômage et à l'exclusion. Toutefois, le sentiment d'abandon qui dominait a disparu.

Le triangle de la pauvreté

Il n'en demeure pas moins aujourd'hui « un grand triangle de pauvreté, dont la base s'étend de la Rose à l'Estaque et le sommet se trouve au sud de la Canebière, entre le cours Julien et la préfecture. Ce triangle

1. *Ibid.*, p. 98.

s'enfonce, tel un coin, au cœur même de la ville, de l'agglomération marseillaise. Plus du tiers des Marseillais y vivent : environ 310 000 habitants, la population de Nice ! Tous les problèmes y sont concentrés : logements insalubres et grands ensembles, pauvreté, familles nombreuses et chômage, immigrés anciens ou plus récents. La précarité s'y installe et s'y développe. L'économie parallèle y trouve le terrain où s'épanouir [1] ». Ce diagnostic sans pitié de Pierre Rastoin, maire de ces arrondissements et lutteur infatigable pour sa ville et contre l'exclusion, donne à réfléchir. Comprendre les logiques de l'urbanisme, apprécier le travail social et les réhabilitations ne doit pas cacher ces réalités terribles. Plus, même, le travail accompli s'évalue en partie à l'aune de la paix civile maintenue dans cette « banlieue » qui ne peut pas dire son nom puisqu'elle touche au centre et qui a unifié la ville peuple d'hier à celle d'avant-hier.

À Marseille, la rupture n'est donc pas comme en d'autres villes entre le centre et la périphérie. Elle coupe l'ancienne ville industrialo-portuaire de la ville balnéaire sur laquelle nous reviendrons plus loin. La Canebière en est le *no man's land*. Dans le triangle nord, 310 000 habitants, dont 42 000 chômeurs, soit 32 % des actifs, 16 500 bénéficiaires du revenu minimum d'insertion, 62 % des foyers non imposés. Le reste de la ville compte, pour plus de 500 000 habitants, 15 % de chômeurs soit encore 20 000, 8500 bénéficiaires du RMI, 43 % des foyers non imposés. Pierre Rastoin continue de nous asséner des chiffres : 27 % de jeunes au nord, 21 % au sud, trois fois plus de familles nombreuses au nord. En outre, « des statistiques concordantes font état de 35 000 à 45 000 Comoriens à Marseille. Exclusivement rassemblés dans ces arrondissements du nord..., en tout 100 000 personnes, soit environ le tiers de la population », sont originaires de l'ex-Empire à la première ou deuxième génération, non compris les pieds-noirs... « Aucun endroit en France

1. Pierre Rastoin, *Marseille, ville à deux vitesses ? Le triangle de pauvreté du nord*, Mémo, 1995.

n'abrite une population d'une telle importance, ce stade avancé de pauvreté, voire d'exclusion... Situation d'autant plus unique en France que cette population n'est pas reléguée au loin, loin de la vue, loin des centres de décision, loin des lieux touristiques. »

Finir ainsi volontairement l'analyse de l'urbanisme public des quarante dernières années par cette description de la situation présente ne veut pas dire qu'il n'y a qu'une cause au drame actuel. La destruction de l'économie industrialo-portuaire y est pour beaucoup. Mais le « savoir-loger » n'y est pas pour rien, le savoir ségréger non plus. À l'inverse, la paix civile relative qui s'y maintient montre bien qu'il existe un modèle marseillais de fonctionnement, à la limite de la solidarité et des logiques communautaires, parfois en frontière du droit du travail, inclus dans la sphère de décision locale, charpenté par la force de l'appartenance locale et de ses signes, géographiques, culturels, sportifs et mémoriaux. Il serait utile de s'interroger ailleurs sur les choix qui ont consisté à mettre les banlieues hors la ville, souvent pour être entre soi. Ce qui sauve pour l'instant Marseille de l'explosion, c'est que ceux que la spirale de la promotion sociale n'aspire plus sont quand même membres à part entière de la communauté. Ils y trouvent fierté, compétences municipales, espérances politiques. Mais le jeu local en devient chaque jour un peu plus dangereux, comme en témoigne encore récemment l'assassinat d'un jeune Français né aux Comores par un militant du Front national.

La ville privative

Ce triangle nord n'est pas tout dans la ville : l'autre partie voit augmenter les bases de sa taxe professionnelle, et ces deux villes participent de la créativité culturelle actuelle comme elles ont participé à l'espérance de l'OM quand le club a incarné « la gagne » retrouvée. Mais, indéniablement, le triangle nord cache le reste et, incarnant au mieux la vieille image pauvre et incertaine de la cité portuaire et coloniale, se retrouve souvent à la une des gazettes pour la cité entière. Il n'est pas toujours heureux, pour ceux de la ville du sud qui portent la transformation de la ville moderne, de se retrouver dans les images qui se sont créées, qu'ils se mettent à détester ou avec lesquelles ils se solidarisent, renvoyant alors tous les porteurs de messages dans le camp des éternels adversaires de la ville. En premier lieu, bien sûr, les journalistes parisiens, d'où vient tant de mal!

S'il y a une deuxième ville au sud, c'est que dans les années cinquante à soixante-dix le secteur privé domine largement la production de logements avec près des deux tiers des réalisations. Ce secteur est porté par des entreprises puissantes qui construisent à elles seules autant de logements que les HLM – la Savoisienne, Laville, Rostand, par exemple... Ces entreprises datent de l'avant-guerre, elles ont vu le jour grâce à la loi Loucheur. Elles ont acquis dès cette époque une expérience du logement en copropriété et un début de clientèle qu'elles développent au moment de la Reconstruction puis, dans les années cinquante, du fait de la politique d'accession au logement. À la différence des HLM, elles construisent pour un habitant défini à l'avance; elles en suivent les goûts et s'adaptent autant que faire se peut à ses besoins, à son imaginaire du lieu, et cela leur est indispensable pour trouver un marché. Elles produisent des logements au centre, pensés plutôt pour des catégories moyennes ou populaires, mais aussi vers le sud de la ville, dans la future ville balnéaire. Là les appartements ont souvent des espaces de réception et de représentation, pour des ménages qui ont, si l'on peut dire, à tenir leur rang. Par rapport aux normes HLM, ces appartements sont plus grands, proches des normes du siècle précédent : 85 mètres carrés pour un trois-pièces, et jusqu'à 175 mètres carrés pour un six-pièces. En plus des agréments de leurs surfaces, leur localisation et leur esthétique, ces immeubles-là disposent d'autres qualités, phoniques et thermiques, et ils ont des balcons, des loggias, une cuisine plus grande. Sans doute les futurs habitants sont-ils plus riches, mais surtout la logique du client est prédominante.

Au moment de l'arrivée des pieds-noirs, ces sociétés ne se précipitent pas sur ce nouveau marché : marseillaises, elles construisent une ville pour des Marseillais dans une logique de dialogue et de partage d'une vision du développement urbain. Or comment distribuer les pieds-noirs dans ce projet? Faute de réponse claire, de nouvelles sociétés, que l'on pourrait qualifier d'affairistes, se lancent dans le « marché du rapatrié », parfois en faisant leur promotion directement dans les cinémas d'Alger, vendant ainsi sur plan des immeubles à des gens qu'ils ne connaissent pas et qui souvent ne connaissent pas la ville. S'ouvre ainsi une troisième logique entre la construction publique et la construction privée « marseillaise ».

Enfin, ces politiques divergentes ont été accentuées, d'une part par de grands groupes nationaux intervenant ponctuellement sur des projets haut de gamme concentrés dans les beaux quartiers vers le sud, d'autre part par un ensemble de petits acteurs bricoleurs, à la limite sans doute du courtier et de l'entrepreneur, qui montent des opérations de dix à quarante logements dans le maillage fin du territoire – occupant avec intelligence le plus souvent les délaissés des projets du siècle précédent. Cela donne à certains quartiers cette physionomie si particulière où, brusquement, au milieu des villas, un petit immeuble semble avoir été posé là comme par mégarde. Cette logique des constructeurs en petits collectifs n'est qu'un aspect de la construction individuelle ou en lotissement qui, à Marseille, compte tenu de la surface de la cité, n'a jamais cessé de produire du logement. On peut encore construire aujourd'hui des maisons avec jardin.

Cette deuxième ville moderne est celle qui a introduit – subrepticement – dans Marseille une logique post-touristique à l'œuvre ailleurs. Son moteur, au-delà de l'esthétique balnéaire, est lié aux fonctions de capitale régionale de Marseille, puissante en matière d'administration, de santé, d'universités, de culture, de justice, de recherche, de banques et d'affaires, qui compte 55 000 cadres, quand Aix n'en compte que 32 000. Mais la visibilité n'est pas la même. Surtout, la relation entre l'identité historique de la cité et cette élite pose problème. Car la ville du grand passage et de l'enrichissement en périphérie du port n'a pas eu grand respect pour ses clercs et ses savants qui, hier, étaient périphériques à sa logique dominante. Aussi le defferrisme a-t-il consisté à envoyer le plus loin possible du centre universités et recherche, presse, et même parfois services administratifs... Ce n'est que dans les années quatre-vingt qu'un changement tardif de stratégie a opéré une recentralisation actuellement en cours, portée au départ par la « découverte » locale d'une politique culturelle de prestige.

L'affinage de la ségrégation

Cet affinage, ce sont les hommes, dans leurs stratégies individuelles, qui l'effectuent : employé d'abord logé en HLM au nord, partant vers l'est dans un appartement acheté à crédit ; fonctionnaire de préfecture louant près de son lieu de travail avant de se rapprocher des plages ; Algérien vivant à Belsunce qui part vers les HLM quand il peut opérer un « regroupement familial »... Peu à peu, la ségrégation s'affine, d'abord par types d'habitat et par quartiers, puis rue par rue, côté de rue par côté de rue. Cet immense travail des habitants sur leur ville induit aussi des logiques contraires qui parfois rendent complexes les voisinages, lorsque, par exemple au nord, les quartiers dévalorisés voient baisser le prix de leurs terrains, quand des lotissements peu coûteux progressent en bordure des collines ; ou dans les quartiers sud lorsque le vieillissement de certaines copropriétés en chasse les couches supérieures. En plus interviennent les stratégies liées à l'origine : les Corses vers le centre, les Espagnols vers le sud, des Maghrébins vers le nord, les couches intellectuelles supérieures en un relatif « retour au centre » autour de la Plaine.

La ségrégation a travaillé le corps de la ville de plus en plus finement au cours des trente dernières années, au fur et à mesure des déplacements des hommes et de l'affermissement de l'image réciproque des quartiers. L'affaiblissement du centre, la qualité différente des logements anciens ou récents, la proximité du travail ou de la mer... jouent pour induire une ségrégation complexe qui échappe largement au modèle centre-périphérie dominant en Europe. À l'inverse même, ce sont les deux nouveaux pôles, celui de la ville balnéaire et celui de la ville HLM, qui grignotent peu à peu leurs voisinages anciens vers le centre-ville. Les marges mangeant ainsi la ville de l'entre-deux-guerres jusqu'à croiser leurs marques et leurs avant-gardes de part et d'autre de la Canebière : à mi-hauteur, les pauvres traversent vers le sud ; au nord, les couches plus aisées posent des têtes de ponts – Bourse, FNAC, Centre méditerranéen de commerce international, puis conseil régional, Cité de la musique –, tout en maintenant les vieux pôles de décision sur cette « mauvaise » rive, notamment la chambre de commerce et la mairie.

Enfin, quel que soit le niveau de la ségrégation sociale, partout il reste « du peuple » d'origine encore accroché au terrain par la propriété ou un habitat traditionnel. Au-delà de cette présence, même diffuse, l'ambiance reste typiquement marseillaise. Sans doute, dans une ville de commerce, la promotion sociale qui permet de changer de quartier est-elle plus rapide que l'accumulation d'un capital culturel ? C'est ce qui fait qu'on ne peut pas délimiter précisément les quartiers de Marseille comme on peut par exemple le faire des quartiers de Paris. Il n'y a pas à proprement parler de XVIe arrondissement, non plus que de banlieue : ayant été tous deux redécoupés dans le territoire même de la ville, ils se sont surimposés à la trame ancienne, spatiale mais aussi sociale et imaginaire. Cette sélectivité sociale tempérée par une continuité d'hommes et d'usages des lieux crée le charme particulier de Marseille et sa grande différence urbaine avec Lyon et Paris. D'où un sentiment permanent d'instabilité, parce qu'on n'y est jamais tout à fait « entre soi », quoi que puissent penser ceux qui regardent de l'extérieur.

Mais il ne faut pas pousser le trait à l'excès : quand on fait une analyse par lieux de naissance, types d'activité, niveaux de formation ou de richesse, on découvre une ville beaucoup plus finement organisée et ségrégée que ne le font penser ces vues générales. La population marseillaise est distribuée quasiment rue par rue, en fonction de la proximité avec les lieux les plus valorisés, en fonction du type d'habitat et de l'époque de la construction, même si cette organisation structurée n'est en aucun lieu hégémonique.

On voit bien se dégager, grâce à ce type d'analyse, deux pôles de la valorisation sociale. D'abord, vers le sud, Périer-Roucas-Blanc, à la limite entre les beaux quartiers du XIXe siècle et ceux de la modernité : autour de ce haut lieu marseillais, en même temps haut lieu géographique puisque c'est une colline, se distribuent des populations huppées en arc de cercle vers l'intérieur de la ville et vers les nouveaux quartiers balnéaires. De manière symétrique, en haut de la Canebière, autour du quartier Longchamp, une vieille bourgeoisie valorise la zone centrale, entourée par une sorte de coque de petite bourgeoisie. Ces deux pôles de la valorisation traditionnelle organisent fondamentalement l'espace. Ils n'ont guère changé depuis un siècle, même s'ils se sont étendus et ont été retravaillés.

Si on approche l'analyse par lieu d'origine, on retrouve de la même manière cette finesse de la sélectivité sociale. Les migrations d'origine espagnole ou portugaise sont plus facilement installées dans les beaux quartiers, compte tenu souvent de leurs activités soit artisanales, soit d'un service à la personne. Les populations originaires du Maghreb sont plutôt concentrées dans l'hypercentre nord et dans les quartiers Nord, les Gitans à l'extrême bout du XVIe, là où anciennement il y avait des cités de transit et des bidonvilles.

Cette localisation vaut aussi pour les « Parisiens » qui, bien souvent, arrivent à Marseille dans le cadre de la fonction publique et ont donc une vision de la centralité organisée par la présence des services de l'État. Aussi se concentrent-ils dans des quartiers de la période haussmannienne, où on trouve aussi bien le palais de justice que la préfecture. Au bout de quelques années, ils se glissent dans la cité, se rapprochant des plages ou, au contraire, s'enfonçant dans l'entrelacs des rues, vers Montolivet, vers Cadolive, etc. Dans les années cinquante à soixante-dix, une partie d'entre eux allait vers la campagne, qui était encore dans la ville; par la suite, ils ont souvent franchi les collines, au fur et à mesure de l'avancée de la construction dans les anciennes terres agricoles, ou gagné les petits ports du littoral et la campagne provençale.

Marseille est une ville mobile, on l'a vu : mobile par les transits qui la traversent, mais mobile aussi en son sein, car il n'est pas facile pour l'arrivant de déterminer l'endroit où il va être à l'aise. Alors, une grande part de la population semble hésiter, quand elle en a les moyens, entre différents modes de satisfaction.

Ici, les habitats marseillais traditionnels sont en concurrence avec la ville balnéaire : ceux des XVIIIe et XIXe siècles, dont le haut lieu imaginaire pourrait être le boulevard Pierre. Sa visite est conseillée car il est la quintessence de cette Marseille telle qu'on en a l'image en tête à travers Pagnol ou Giono. Là, des petites maisons dans les vieux villages de pêcheurs maintenant mangés par la ville ont été bricolées pour s'adapter au modernisme. La mer est visible des fenêtres ou proche, on est à deux minutes de la baignade : Endoume et Bompard en font partie. Ailleurs encore, on choisit la ville balnéaire moderne, glissant vers la Pointe-Rouge, et tout le long du massif de Marseilleveyre, dans les grands ensembles de catégorie supérieure.

Au terme de ce panorama de l'élaboration de la ville moderne sur la périphérie nord, est et sud de la cité ancienne – l'ouest étant dévolu à la mer –, on est dans un modèle spatial non concentrique, on a découvert une ville qui, malgré son imaginaire et son ambiance, perçus comme plus unifiés qu'ailleurs, est en fait fortement et finement ségrégée, et ce avec une échelle urbaine telle que la connaissance mutuelle entre les uns et les autres est faible. Si le centre est fréquenté par le plus grand nombre, la ville balnéaire ne traverse les quartiers Nord que par l'autoroute, sauf les adeptes des rares lieux culturels qui y sont localisés. Les populations des banlieues populaires ne fréquentent la ville balnéaire qu'au travers de l'OM, plus rarement des plages. Quant aux habitants du centre, ils ne le quittent que rarement, parce qu'ils ont peu de voitures.

Marseille fin de siècle apparaît donc comme une ville plus fédérative qu'on ne le croit, non seulement par son patchwork d'origines et de trajets, mais aussi par ses modes d'usage de l'espace. L'inactivité qui la taraude, plus au nord qu'au sud, ne contribue pas pour peu à l'astreinte à résidence d'une part notable de la population : celle-ci n'a plus de motif pour changer de quartier ; du temps peut-être, mais pas de moyens, et elle a souvent peur. Certains grands travaux ou grands projets, nous allons le voir, peuvent créer demain des ponts et du renouveau.

CHAPITRE IX

L'ordre hétérogène

Le couple ancien formé par la ville progressivement élargie et les noyaux villageois sort bouleversé de trente années d'urbanisation, même s'il reste fort dans les discours et les représentations. La réalité d'aujourd'hui est qu'une ville populaire toute en ruptures et discontinuités s'oppose à une ville quasi balnéaire plus en continuités et complémentarités. Ces deux villes nouvelles sont posées sur le maillage ancien à partir des champs et des propriétés enserrant la ville de l'avant-guerre. Naît ainsi une cité éclatée entre trois logiques urbaines et sociales où le glissement vers le sud des beaux quartiers engagé dès le XIXe siècle et la concentration populaire vers le nord ont dégagé le centre de ses fonctions de centralité fondatrice d'une organisation urbaine européenne. Ce centre, laissé aux personnes âgées et aux peuples en transit, est devenu l'emblème de la crise urbaine marseillaise dans le courant des années soixante-dix.

Il serait un peu rapide de diagnostiquer que nous avons affaire à un modèle de ville à l'américaine où l'imaginaire marseillais pourrait se repositionner sur un modèle newyorkais. Sans doute depuis un siècle Marseille joue-t-elle toujours avec les images d'autres villes-ports comme Liverpool et New York, entre autres. Certes, la question du délaissement du centre marseillais est en partie liée à l'attraction vers l'extérieur de la ville ancienne de la *middle-class*. Mais ce délaissement s'est fait dans un site à forte charge historique, encore très valorisé par la proximité du patrimoine et de la mémoire, et surtout il est lié au recul de la cité en matière d'emploi. Ainsi les ressemblances avec le modèle américain ne doivent pas être surestimées, même si elles sont valorisantes.

Les trois villes

Pour mettre de l'ordre dans la ségrégation que nous avons repérée au sein des logiques de la construction des trente dernières années, il nous faut distinguer les mécanismes urbains à l'œuvre, tout en sachant qu'ils ne recoupent pas tout à fait les périodes de construction de l'habitat ni les types de logement.

Le « triangle de la pauvreté », au nord de la Canebière, concentre, les exclus et les chômeurs. Ville de l'immigration, nous l'avons vu, cette ville-là traverse même un peu la Canebière à mi-hauteur. Mais son cœur est plus au nord, donnant un paysage typique de bien des banlieues, avec leurs résultats scolaires, leurs friches, leur dysharmonie fondamentale. La chance de cet ensemble urbain est de posséder des noyaux villageois aptes à remplir des fonctions de centralité, et quelques poches d'habitat plus aisé.

De l'autre côté de la vieille ville, la ville balnéaire remonte jusqu'à la colline Périer où elle se frotte avec la vieille ville bourgeoise et vers l'est, en remontant la vallée de l'Huveaune qui ouvre à Aubagne.

Entre les deux, dans la ville construite jusqu'à la Seconde Guerre mondiale, il y a une troisième ville, dont on ne peut pas dire uniquement que c'est le centre. Elle est soumise à l'attraction des deux autres, mais elle est aussi productrice d'une logique propre, notamment parce que c'est la ville d'hier, le cœur des passages. Son utilité, en tant que centre délaissé du déplacement du port vers la Joliette jusqu'aux années quatre-vingt, est en voie de réaffirmation.

Chacune de ces villes est organisée par des formes urbaines et sociales particulières. Autant le Sud est dominé par des vies privées de populations non seulement aisées mais cultivées qui consomment culture, voyages et vacances, autant le Nord est dominé par des exclus de la mobilité, sédentarisés en HLM par nécessité, fortement organisés en communautés et par l'ensemble du travail social, ancien ou récent : c'est la ville de l'explosion qui n'a pas eu lieu, où les gens voyagent peu, consomment peu de grande culture, une ville de jeunes, pour qui la réalité culturelle est plus dans le « rap », dans le sport, dans la sociabilité de bande, dans les désespoirs partagés aussi, les petits trafics illégaux sans doute, la drogue certainement.

Le centre relève de formes mixtes de sociabilité liées à l'habitat ancien, à ses immeubles de quatre ou cinq étages par rues et places, qui génèrent une vie urbaine de voisinages, de circulations pédestres pour aller au marché ou au théâtre. En même temps, comme il y a mélange de populations et de trajets, il y a dans cette partie centrale une forme d'instabilité permanente qui fait partie du charme et de la force de la ville. On n'y est jamais paisiblement installé au milieu de semblables comme on peut l'être boulevard Saint-Germain ou à Aix pour les uns, à Alger pour les autres, ou dans une ville ouvrière pour d'autres encore.

Cet espace central a les fonctions traditionnelles de tout centre-ville, mais aussi des spécificités locales. Ce qui est traditionnel, c'est la proportion des personnes âgées, la place des communautés liées aux emplois municipaux, notamment les Corses, et la prégnance des populations mobiles qui utilisent généralement les centres-villes comme lieux d'entrée dans la ville, notamment quand ils jouxtent la gare et le port.

Ce qui est spécifiquement marseillais, c'est que les élites n'ont pas reconquis le centre; elles continuent même à glisser vers le sud. Il y a aussi l'absence de touristes dans la ville, toutes caractéristiques ordinairement observables dans la plupart des villes européennes. Dans la ville moderne, ce sont en fait les touristes qui créent le mouvement de la quotidienneté urbaine, avec des actifs et des élites résidentes dans un jeu de miroir réciproque. Ce phénomène ne se retrouve pas à Marseille, parce que la ville a été viscéralement antitouristique et que la ville balnéaire a contenté les derniers arrivés. Ceux qui auraient dû retourner au centre à la fin des années soixante-dix sont allés vers les plages, avec les entreprises et les services afférents ; le déplacement des banques, par exemple, au cours des années quatre-vingt, est frappant : elles sont aujourd'hui concentrées sur l'avenue du Prado.

Quand il y a reconquête du centre en général dans les villes à la fin des années soixante-dix, c'est pour deux raisons principales. L'une est liée au développement de la mobilité hebdomadaire ou saisonnière qui favorise dans les milieux aisés le principe de la double résidence. Habiter dans l'hypercentre devient le complément d'une forte mobilité rituelle, hebdomadaire ou fréquente dans l'année. L'autre élément, c'est la recherche de distinction par appropriation de l'identité historique du site, notre société étant passée de la séduction du tout moderne, y compris en matière d'habitat, à celle des racines. Or, à Marseille, cela ne se produit pas parce qu'il y a dualité de modèles valorisés. Le modèle culturel post-touristique domine, d'autant qu'il prolonge un modèle local ludique tourné vers la mer et les bateaux. Depuis quelques années, toutefois, il y a des signes manifestes d'inversion de tendance, sans doute en partie grâce aux politiques urbaines et culturelles menées.

La crise du centre marseillais ne date pas que de cette époque. C'est quand le port a été déplacé que le centre de Marseille, c'est-à-dire la Canebière, le Vieux-Port et les quartiers les plus voisins, a perdu sa fonction. Ces lieux servaient aux trafics, aux négociations, aux échanges. Les cafés, notamment, y jouaient un grand rôle, car on y traitait des affaires. Le déplacement du port à la Joliette au XIXe a vidé le quartier de sa fonction traditionnelle et la marche vers le sud au service de l'État n'a fait qu'accentuer cet écartèlement de la ville autour de ce centre vide. Ce qui s'est passé jusqu'aux années quatre-vingt est la prolongation d'un mouvement historique plus ancien. La politique de Gaston Defferre, organisée par l'idée de créer un deuxième centre à Bonneveine, n'était au fond que l'acceptation d'une logique urbaine sans contre-projet volontariste.

Plus profondément sans doute, le centre d'une ville est d'abord le lieu par où l'extérieur découvre la ville. D'où la question qu'il faut se poser quand on veut réfléchir à la « recentralisation » de Marseille : qui, de l'extérieur, a usage à entrer dans cette ville? La question du centre est donc directement liée à la position de Marseille dans un espace géostratégique touristique comme post-touristique et dans les rapports nord-sud, sa redynamisation ne pouvant venir que du développement, au sein même de la ville, de ces nouvelles pratiques et de ces nouveaux enjeux. Les politiques urbaines – par exemple l'aménagement du Vieux-Port ou de l'îlot Thiars – ne sauraient suffire à réorganiser la centralité de la ville car la fréquentation du centre par les habitants n'est qu'un de ses enjeux.

La logique des grandes réalisations

La politique des grands travaux urbains a joué un rôle décisif dans la production de la ville. Hier, le tramway, qui fut d'abord à cheval avant d'être électrifié, connut une diffusion populaire dans tout l'espace. Par la suite, comme partout, la ville fut mise en coupe réglée par l'automobile, d'autant que les transports en commun ne pouvaient arriver partout, compte tenu de la taille de la ville. Cela contribua à l'étouffement du centre autour du Vieux-Port. Alors arriva le métro. Dans une ville aussi peu dense, celui-ci est d'un usage difficile. S'il est indispensable pour traverser le cœur de la vieille ville, il lui est impossible d'accéder aux 111 quartiers, car le coût en serait exorbitant. Ainsi, les deux lignes de métro vont organiser la population en fonction d'une couronne autour du Vieux-Port, les écarts les plus lointains du territoire et l'hypercentre voyant, dans les années quatre-vingt, leur population reculer au détriment de cette couronne. Aujourd'hui, la structuration par le métro porte ses fruits, permettant notamment une « piétonnisation » de l'artère centrale perpendiculaire à la Canebière, ce qui redonne une certaine vitalité au centre-ville.

Les autres grands travaux qui transforment la ville ne vont faire, quant à eux, qu'accentuer les mouvements induits par la logique de l'habitat. Les travaux d'égouts, qui ont été considérables et coûteux, par nature ne se voient pas. La station d'épuration, terminée en 1987, est la plus belle de Méditerranée. Les eaux usées n'étant plus rejetées à la mer, elle apparaît comme le complément de l'aménagement des plages qui sera favorisé par le surplus de terre du métro. Marseille est, du fait de sa géographie, toujours soumise à cette logique des déblais à transformer en remblais sur le site. Ensuite le tunnel Prado-Carénage, terminé en 1993, permet d'accéder directement du Vieux-Port à la ville balnéaire, renforçant la proximité automobile avec l'hypercentre et vers l'aéroport, Aix, Fos et l'étang de Berre, mais rendant ainsi moins nécessaire un retour au centre des élites.

Dans la partie littorale nord de la ville, quelques accès au rivage sont aménagés après le port, ouvrant à un usage de la mer en cette extrémité défavorisée de la cité. Ici, il faut faire une petite parenthèse sur l'Estaque qui était le petit port tout au nord de la baie, sur le modèle de ce que Cassis était tout au sud. Cézanne et ses amis, qui y descendaient d'Aix pour boire l'apéritif et y peindre, ne seraient plus guère tentés d'y venir : entre les cafés et les bateaux, une voie rapide a installé une barrière visuelle et sonore.

Indépendamment de ces aménagements structurels, la période de Gaston Defferre a surtout consisté en une politique de rattrapage et d'adaptation en matière scolaire et sociale. On a souvent prélevé pour ce faire une part des terrains sur des opérations immobilières – ce qui poussa au gigantisme des grands ensembles pour que la part prélevée puisse être significative. Et l'on voit là le contrecoup de l'absence de politique foncière avant le defferrisme, par conséquent on comprend mieux pourquoi Gaston Defferre en a fait un des axes de ses politiques qui lui ont parfois été reprochées.

Jusqu'au milieu des années soixante-dix, la localisation des universités a été volontairement périphérique, mis à part la faculté des sciences de Saint-Charles. La mode des campus frappait avec retard, mais surtout, dans la hiérarchie des valeurs locales, mettre le savoir au centre, avec ses acteurs, n'était pas une priorité.

Le dernier avatar de cette politique de la périphérie fut le technopôle de Château-Gombert. Créé au milieu des années quatre-vingt autour d'une refonte sérieuse de l'école d'ingénieurs, ce technopôle coincé à l'abri du massif de l'Étoile a surtout une vertu emblématique. Marseille, voulant rentrer rapidement dans les « villes à technopôles » dotées d'un totem de la science et de la recherche, a utilisé les derniers champs de la ville à cette fin. Cet objectif-là a été bien atteint et Château-Gombert est un lieu qui fonctionne. Toutefois, si l'on avait lancé dès cette époque le technopôle dans la zone portuaire désoccupée, on aurait entamé, dix ans plus tôt, une véritable restructuration de la centralité urbaine.

Mis à part cette exception, dans la deuxième moitié des années soixante-dix il y a visiblement un changement de stratégie. Les grands projets se succèdent : la Criée au poisson, d'abord, quitte le Vieux-Port, et les bâtiments sont récupérés pour faire un grand théâtre qui sera confié pendant treize ans à Marcel Maréchal. La Vieille-Charité est restaurée et devient un musée et un centre de recherche. On peut voir là un tournant et le démarrage d'une politique toujours à l'œuvre qui représente un travail immense de la ville sur elle-même pour passer d'un centre voué au commerce et au transit à un centre voué à l'éducation, au savoir et à la mise en scène de l'espace.

La localisation d'une université d'économie à l'hospice

des Incurables, en plein centre dégradé, et la restauration de la halle Puget peuvent être prises comme emblèmes de cette nouvelle stratégie urbaine. En 1995, on installe sur la Canebière l'Institut universitaire de formation des maîtres. Le tout doit être estimé à sa juste valeur quantitative : les deux établissements ne regroupent que 2500 étudiants sur les 43 000 que compte la cité, mais c'est là le signe d'une volonté nouvelle, prolongé par la création de logements étudiants dans ces quartiers pour les infiltrer de « jeunes instruits », comme on disait en Chine.

Au-delà des facultés, d'autres éléments de réorganisation de la centralité urbaine sont à l'œuvre : le déplacement du conseil régional, que Gaston Defferre avait situé au cœur de la ville balnéaire, installé par Michel Pezet à la porte d'Aix, la Cité de la musique qui le jouxte... Pour l'avenir enfin, le grand projet de Marseille, la requalification d'une partie de son espace portuaire. Porté au départ par le groupe privé la SARI, ce projet, dit Euroméditerranée, consiste à réinvestir les anciens docks et une partie non utilisée du port, côté vieille ville, pour « un nouvel imaginaire urbain », comme le sous-titre le projet publié en 1994. Au-delà de l'imaginaire, le but est de concentrer des fonctions logistiques, de recherche et de formation en bord de mer et au cœur de la ville.

Aboutissement de réflexions locales, l'idée se concrétise en 1992 par un protocole entre acteurs locaux repris par le Comité interministériel d'aménagement du territoire du 23 juillet 1992. Le responsable de l'étude de faisabilité, Alain Masson, écrit : « Le projet doit être une occasion de créer une adresse qui puisse atteindre au prestige international. » Poursuivant, il s'interroge : « Comment traduire dans l'urbanisme et l'architecture cette ambition de faire de Marseille une métropole internationale dans le respect de son identité historique et culturelle [1] ? »

1. Alain MASSON, « Marseille, métropole maritime internationale », in *Marseille Euroméditerranée, un nouvel imaginaire de la ville*, Direction de l'architecture et de l'urbanisme, Éditions Villes et territoires, 1994, p. 7.

Ce retravail sur le tissu urbain marseillais, en principe soutenu désormais par l'État, vise à reprendre l'extension urbaine du XIXe siècle de la Joliette à Arenc et jusqu'à la gare Saint-Charles dans un projet d'urbanisme appuyé sur le port, un nouvelle gare maritime et de vastes terrains périportuaires libérés notamment par la SNCF et le Port autonome de Marseille. Le but est de construire « le nouveau Vieux-Port de Marseille [1] », en alliant centralité urbaine et centralité internationale par un nouvel usage du rivage en son lieu le plus urbain. L'intérêt essentiel du projet est de travailler à une grande échelle urbaine, y compris en réfléchissant aux quartiers défavorisés. Ici enfin on atteint une stratégie de fond qui touche à l'utilité même de la ville, en un site fortement connecté avec le tissu urbain et avec l'extérieur puisqu'il s'agit du site portuaire lui-même. On est à moins de quinze minutes d'un aéroport international.

Comme jadis quand l'évêque s'y installa, comme naguère quand on y construisit les nouveaux bassins, on se trouve dans le pôle nodal de la cité. Y concentrer des fonctions de commandement logistique, du tertiaire, de la formation, de la *high-tech* et de la sociabilité rouvre la question de l'utilité marseillaise à l'aube du troisième millénaire. Certes, ce n'est pas le site en soi qui crée l'activité, mais c'est le seul lieu européen au cœur d'une grande ville et au bord de la Méditerranée qui soit aujourd'hui disponible et en cours d'aménagement. Sa mise en mouvement peut être un moteur de transformation si les hommes s'y attellent avec continuité.

Parallèlement se mettent en place des stratégies intercommunales pour le moment réduites à la première proximité mais qui ont déjà permis de « récupérer » l'aéroport et de contre-attaquer face à l'évasion des consommateurs vers les grandes surfaces des communes périphériques : Marseille est en train de se doter, dans des friches industrielles vers l'Estaque, d'un ensemble commercial de première ampleur qui devrait favoriser

1. Aldo Rossi, Xavier Fabre, « Le nouveau Vieux-Port », *ibid.*

l'emploi local et les ressources communales. Autrement dit, Marseille poursuit depuis maintenant près de vingt ans une politique de recentralisation et de récupération dans la cité de fonctions trop facilement délaissées hier au profit de communes de Provence.

Ces projets localisés sont susceptibles de créer deux types de tensions. Une première résulte de la proximité, car la violence sociale qui risque d'entourer ces projets est prévisible : localiser des emplois haut de gamme, des voitures haut de gamme, des « looks » haut de gamme dans ces quartiers va créer des voisinages forcément douloureux de part et d'autre qui imposent une politique intégrée sans doute réalisable mais difficile. L'autre concerne l'extérieur de la cité : ces projets contiennent une plus juste mesure de l'échelle des problèmes et des enjeux que celle à l'œuvre antérieurement. Tant que Marseille s'est considérée comme un monde à part, la politique locale a laissé partir hommes et activités. Quand la nouvelle échelle urbaine, celle de la mégapole marseillo-provençale, a enfin été mise en perspective, la taille des projets a changé, mais chacun d'entre eux, bien sûr, ne relève plus uniquement d'un enjeu municipal. Aussi les tensions entre les communes voisines risquent-elles de devenir la base des stratégies s'il n'y a pas imposition d'une véritable concertation. Cela dépendra surtout de la volonté des communes, de leurs élus, de leurs habitants mais aussi de celle de l'État. Pour comprendre les enjeux de cette nouvelle échelle urbaine, il faut établir une sorte de bilan formel de ce que Marseille peut mettre dans la corbeille de sa nouvelle alliance avec la Provence quand elle s'apprête à intégrer ses vieilles collines à un territoire plus vaste.

La production de l'hétérogène

On a vu que Marseille est diverse, multiple dans son peuplement, contrastée dans ses constructions. Il ne s'agit pas d'une ville bien organisée, pensée dans le cadre d'un grand schéma d'aménagement réalisé au fil du temps. Il y a certes une ville ancienne, mais elle a été largement détruite; il y a bien une ville haussmannienne, mais elle ne couvre qu'une très petite partie du territoire et elle n'est jamais allée au terme des perspectives dessinées au Second Empire. Il y a une ville jardin, faite d'innombrables villas, d'anciennes campagnes, de hameaux, de cabanons souvent restaurés, mais cette ville-là est mitée par des tours, des barres, des immeubles. Il y a enfin la Marseille hors Marseille, cité périurbaine qui mord sur le territoire de la vieille Provence, qui sinue le long des rivages, vers Cassis et La Ciotat ou après Ensuès et La Redonne, vers la Côte bleue. Toutes ces parties de ville sont donc posées les unes à côté des autres et furent pendant longtemps mal articulées, mal reliées. Cet apparent désordre ne résulte pas d'un manque de réflexion locale ou d'une absence de politique, il est le résultat de nécessités contradictoires; c'est ce que nous avons voulu montrer dans une logique de compréhension du mouvement des choses et des hommes.

Contrairement à ce qu'on dit souvent, Marseille n'a pas manqué de plans d'urbanisme, elle n'a pas sous-estimé son futur agrandissement, on ne peut pas dire qu'elle ait été submergée par un envahissement brutal et subit. Ce serait même l'inverse. La ville a eu une image mythique de son avenir avant la Grande Guerre et, dans les années soixante, elle s'est rêvée millionnaire.

Non, pour comprendre Marseille, il faut la penser profondément hétérogène et suivre les modes de vie et les habitats dans leur inscription dans les terroirs. Depuis un demi-siècle, nous assistons à la séparation progressive de la ville et de l'urbain, l'urbain devenant un mode d'organisation de la ville et de l'habitat qui sort des frontières de l'ancienne cité pour englober une vaste partie de l'ancien territoire rural.

Une partie de ce que nous appelons ville est construite sur le maillage urbain ancien, des parcelles, des rues, des propriétés, des lieux symboliques qui relèvent de l'histoire des cités. Mais une autre partie s'est glissée dans un terroir rural qui avait d'autres systèmes parcellaires, d'autres types de voirie, d'autres lieux de culte, et il ne suffit pas que les habitants de ce terroir dualisé appartiennent tous à la culture urbaine aujourd'hui hégémonique pour que les fondements des deux modes d'occupation des lieux se fondent en un seul. C'est même l'inverse, je crois, sur lequel il faut réfléchir. La complexité de la ville moderne vient justement du fait qu'elle est mi-héritière des vieilles cités, mi-héritière des vieux bourgs et villages.

Cette réflexion nous amène à penser que Marseille est par bien des côtés plus une grosse ville qu'une grande ville, au sens où elle est grosse de son ancien territoire rural et de son peuplement lié aux anciennes migrations et aux anciennes industries. Et ce n'est pas totalement une grande ville, justement parce que ce n'est pas la force de ses fonctions économiques ou administratives qui a attiré ses habitants, c'est le site et la position.

Par conséquent, l'hétérogénéité marseillaise dans les formes d'habitat ou dans les relations sociales, sans être évidemment un modèle qui va se reproduire partout ailleurs, semble caractériser une forme moderne du fait urbain qui s'est sans doute développé de manière plus précoce dans cette région compte tenu de la culture méditerranéenne de la cité, et à Marseille surtout du fait de l'espace qu'elle possédait et de l'usage mixte qu'elle en faisait. Cette situation a favorisé la construction d'une cité hétérogène dans un imaginaire de la ville encore dominé par la vieille culture de l'harmonie.

Depuis le XVIIe siècle, la production de la ville est de plus en plus devenue un projet des pouvoirs successifs. Ceux-ci, au-delà des motifs explicites de leur action, recherchaient sans doute une certaine idée de l'harmonie du tissu urbain, où l'homogénéité du cadre bâti, la rectitude des rues, la hauteur des immeubles, les formes rondes ou carrées des places, les rapports de hauteurs entre les monuments publics et les résidences privées, etc., contribuaient à révéler l'harmonie de la société et, par conséquent, la qualité du projet social et politique des décideurs de chacune des époques.

Cette règle de l'harmonie, qui n'est pas universelle mais qui caractérise sans doute l'Europe depuis au moins trois siècles, tend à être cassée depuis une quarantaine d'années sous l'effet des nouvelles techniques du savoir-construire et de la rapidité des mutations. On la retrouvait encore dans les théories de l'école d'Athènes, mais elle n'est plus guère perceptible aujourd'hui dans la réalité. Pensons ne serait-ce qu'à l'immeuble de Le Corbusier et au rapport de volume extraordinaire qu'il crée avec les maisons qui l'entourent. Il n'y a pas fusion avec l'environnement hier construit par l'homme. Il y a imposition sur un territoire ancien d'« objets logements » qui, d'une certaine façon, nient les vieilles cultures enracinées en véhiculant, souvent à l'insu de leurs auteurs, les mythes d'un homme nouveau dont on a éradiqué les racines.

Cette architecture hors sol ne s'est pas substituée à la ville ancienne. Elle y pose ses marques, nous laissant ensuite dans le désarroi d'avoir à penser la relation esthétique et imaginaire entre cadres ancien et nouveau. Ceci est frappant, par exemple, quand on voit, à Paris, la tour Montparnasse dans son quartier. Chacun sait aussi que l'on peut créer avec ce type de volumes et de pensées des villes entières, des villes de gratte-ciel – nous avons ainsi la Défense –, mais cette ville hors sol ne sait généralement plus gérer le rapport des hommes avec le terroir, et le plan de base n'est souvent qu'un lieu de passage rapide pour qui veut retrouver un espace à l'échelle humaine.

Cette relecture de l'idéologie et des techniques du logement moderne n'est évidemment pas celle des novateurs qui en ont porté la planification et la construction. Eux croyaient à la valeur radicale de la modernité qu'ils apportaient, ils pensaient que du passé il fallait faire table rase et qu'ainsi l'homme s'adapterait au monde de la technique dans lequel il était entraîné. Ils avaient donc une cohérence, cohérence aujourd'hui perdue parce que cette révolution technologique fantastique nous a conduits en un lieu où il n'est plus possible de vivre comme hier mais où, comme hier, l'homme cherche son appartenance dans l'origine du terroir.

Ainsi la ville actuelle est-elle bien le résultat du télescopage de différents projets sur l'homme, et par conséquent sur l'espace et ses règles d'organisation. Pour l'instant, nous ne savons pas dire l'harmonie de cette diversité de formes et de reliquat des époques antérieures. Nous ne savons pas le dire parce que nous avons appris l'harmonie du continu et de l'homogène, et non l'harmonie discontinue de l'hétérogène. Cette question de l'esthétique, fondamentale pour qui veut à nouveau aimer la ville, est certes présente dans nombre de travaux de créateurs, dans l'œuvre de ceux qui cherchent à nous inventer les schèmes culturels du monde actuel. Mais ce travail des créateurs, des photographes, des peintres, des inventeurs de « clips » est surpassé, à l'époque présente, par l'angoisse du futur et par les désirs de restauration des systèmes ancestraux de valeurs.

Marseille telle que nous avons tenté de la décrire est comme une anticipation de la ville hétérogène qui se généralise. Du fait de la taille de la commune et de la mobilité du peuplement, s'est ici réalisé, sous des contraintes certes originales, ce qui ailleurs relèverait de communautés de communes. Comprendre Marseille pose la question de la ville en général, et analyser les relations passionnelles que cette ville produit interroge fortement les rapports ambivalents que nous entretenons aujourd'hui avec le fait urbain.

Certes, Marseille hétérogène est inconfortable. Mais cet inconfort même est sans doute celui de la ville de demain, que nous devons apprendre à aimer si nous ne voulons pas la rejeter, et apprendre à gérer si nous voulons bloquer la montée de la sauvagerie dans la ville et la constitution d'une nouvelle bourgeoisie intellectuelle et technique trop riche. Marseille nous montre que les deux questions sont liées car la force de la mentalité particulière est comme inversement proportionnelle à la diversité urbaine, autrement dit le particularisme de la mémoire et du territoire garantit l'équilibre de l'hétérogène. Alors faire fonctionner la ville, c'est prendre les problèmes à ces différents niveaux, ceux de l'infiniment petit comme ceux de l'appartenance collective et ceux de l'infiniment grand. Et Marseille, sous le poids de la terrible contrainte d'avoir eu à gérer et symboliser la fin de la France coloniale, n'y est, somme toute, pas si mal arrivée.

TROISIÈME PARTIE

Le jeu des acteurs

CHAPITRE X

La théâtralité publique

La théâtralité publique marseillaise est excessive, Marseille est une ville qui exagère, chacun le sait, tout le monde le dit. Marseille est plébéienne, le peuple y est partout, même au centre, Aix paraissant, telle une éponge, avoir capté la bienséance et les formes aristocratiques. Longtemps elle a semblé la ville des affaires louches, avant que d'autres – momentanément, à coup sûr – ne la remplacent. Ville des règlements de comptes avant la Corse, elle a aussi inauguré la longue série des affaires de fausses factures publiques. Pagnol a rendu célèbres ses figures fortes en gueules et en sentiments, maritimes par dépit ou marins d'eau douce. Elle incarne le racisme et semble être la seule à avoir voté pour l'extrême droite, elle incarne le populisme et semble avoir été la seule à voter Tapie... De là plus que de tout vient son image de ville impossible, comme on dit d'un enfant qu'il est impossible sans affirmer que c'est entièrement un défaut.

Affronter cette question n'est pas chose simple : les arguments ne se défendent pas de la même manière face à différents publics, de Marseille, de Paris ou d'ailleurs. D'un côté, la susceptibilité est extrême tant les images marseillaises pèsent comme une caricature et une contrainte; de l'autre, on est assuré d'obtenir un effet d'écho en positionnant Marseille au voisinage de la Corse, du Maghreb, de la Sicile, etc.

La construction du récit des aventures marseillaises dans son espace, son usage, ses formes et ses forces nous a ouvert une logique de compréhension qui permet de changer de plan et d'affronter la théâtralité publique dans ce qu'on en sait et dans ce qu'on en raconte, portant le fer au cœur de ce port plébéien et fier de l'être, de cette ville instable de tant de passages, de cette enclave en terre de France qui ne cesse de prendre la Méditerranée à témoin, de cette avancée vers le sud d'une France qui a éternellement hésité entre les modèles anglo-saxon et allemand, et les sources latines et grecques. Personne ne sera jamais d'accord sur la théâtralité publique marseillaise. Seulement, quelques jalons éclairent les effets des passages, des spécificités méditerranéennes, de la place du travail et enfin de la construction imaginaire du Sud au travers des temps récents.

La ville porte donc le poids de son image, souvent peu amène, de grand passage d'hommes, de mots, de représentations, de souvenirs, de regrets et d'espérances. Vraie ou fausse, là n'est pas le problème, mais la production des images n'est jamais sans lien avec le réel, même si elle a sa course autonome en fonction des enjeux entre ceux qui les colportent et ceux qui les reçoivent – sans oublier ceux qui habitent dans l'image et dont le comportement est marqué de cette désignation. Il est clair que marcher sur le Vieux-Port n'implique pas les même comportements, gestes et regards, que si l'on déambule sur le boulevard Saint-Michel ou dans la casbah d'Alger. On se coule dans l'image d'un lieu et on y exprime une facette de soi-même. Les villes n'échappent pas à cette désignation. Aussi n'est-il pas possible de distinguer complètement entre images et représentations, leurs sources et les gestes des acteurs dans le cadre ainsi posé. Il est seulement possible d'y mettre un peu d'ordre.

Une culture portuaire

Dans une grande ville portuaire, l'air est plus libre qu'ailleurs. On s'y sent un peu marin en goguette, croisant le monde à chaque coin de rue. En outre, on s'y sent en voisinages sociaux par niveaux de richesse plus que par ancienneté. Le bruissement permanent de la promotion sociale et de l'enracinement des familles a induit une multitude de déplacements, rarement appuyés sur une formation scolaire et peu encadrés dans les règles d'un groupe social bien constitué et défini.

La longue domination de travaux simples, manuels et matériels, a influé dans le même sens, comme les pratiques communautaires qui perpétuent savoirs, hiérarchies, codes et règles d'origine; ainsi les comportements importés, souvent d'origine rurale, sont plus durables. Tout cela contribue à donner à Marseille ce côté peuple qui attire ou révulse.

La logique du port et du passage, celle des communautés et des quartiers, la particularité d'un monde de commerce, tout cela favorise une culture collective du mouvement, de la promotion sociale et de la richesse plus qu'une appartenance professionnelle ou un partage d'acquis lentement élaborés sur place. D'où la faiblesse d'une vraie structuration en classes dans cette cité où culture pratique, logique du trajet et appartenance communautaire dominent. Si cela pèse sur la lisibilité du fait social et la définition d'appartenances « normalisée », cela produit aussi des savoir-faire originaux. Peut-on croire au hasard si deux grands ministres de l'Intérieur aux pratiques parfois discutées comme Gaston Defferre ou Charles Pasqua sont passés par Marseille? Si l'on regarde ces hommes comme des emblèmes de savoir-faire, on voit une culture du réseau, du service dû et rendu, facilement opposable à un contre-modèle élitiste. On voit aussi que le particularisme marseillais n'est peut-être pas là où on le croit, mais dans la hiérarchie qui est faite de différents modes de relations.

Chaque société est dichotomique : trajets, filières, réseaux mais aussi groupes et classes. Suivant les cas, un aspect est dominant sur l'autre, dit comme tel en tous les cas, en fonction de la grille de lecture et de la conscience que les acteurs en ont. Dans une ville où la promotion des arrivants fait partie intégrante de la dynamique sociale, la perception de l'origine et du trajet domine sur celle du groupe auquel on a, en permanence, le sentiment de n'appartenir que provisoirement. Par conséquent, communautés et réseaux renvoient mieux à la réalité perçue par chacun et, par là même, organisent mieux la réalité et la stratégie des acteurs.

Marseille incarne ici une identité méditerranéenne, face à une transparence de groupe légitimée par la structuration politique dominante très marquée par la culture politique anglo-saxonne. Le clientélisme est opposé à la démocratie. Nous analyserons plus loin la scène politique marseillaise dans ses enjeux et ses jeux, mais il est amusant de souligner que, dans une société française où la place du commerce et des communications a crû sensiblement, le poids des réseaux a l'air de surprendre, comme l'affaiblissement concomitant, bien que souvent exagéré, des cultures de classes. Il se pourrait, assez simplement, qu'une société s'organise en fonction de ce qu'elle produit et des techniques pour y concourir. Marseille, commerçante contre vents et marées, maintient ici des savoir-faire, et des airs de faire savoir, d'une société moins dominée par l'hégémonie des fabriques.

Cela dit, plus généralement les ports, parce qu'ils sont des frontières de mondes, produisent des images de trafics les plus divers. Ces villes à marins et à contrebande ne peuvent qu'inquiéter les populations sédentaires et les honnêtes bourgeois. Et cette inquiétude traverse la ville même, et notamment ses élites qui voudraient que la ville devienne « autre », avec une « autre image ». Cette inquiétude encercle la ville dans sa région et dans l'Hexagone. Mais, rapportée à l'image d'Anvers ou de Rotterdam, elle est déjà moins à part.

La sensibilité méditerranéenne

Non seulement port et société de réseaux, mais ville méditerranéenne, Marseille incarne vraiment des formes multiples de l'altérité. Ce n'est pas le lieu ici de typer la culture méditerranéenne, mais posons quelques repères de cet univers symbolique si structurant pour le passé dans notre patrimoine, et tellement mis à distance depuis quelques décennies.

Entrons dans le sujet par une contre-allée, en citant Philippe Vague, professeur de nutrition : « Nos régions sont des zones dotées pour la plupart d'étés secs et d'hivers relativement froids, un nombre restreint de terres cultivables et une mer assez peu poissonneuse. Conséquences : c'est la notion de frugalité qui a longtemps prédominé dans les pratiques alimentaires du Sud. Épicure lui-même ne disait-il pas : " Donne-moi un pot de fromage pour que je puisse faire bombance "? Aux côtés des trois aliments sacrés, blé, olive, raisin, l'alimentation méditerranéenne est caractérisée par la consommation de légumes frais et de fruits. La viande, faute d'élevage, y occupe traditionnellement peu de place [1]. » Et son collègue, le professeur Vialettes, ajoute : « Le profil alimentaire méditerranéen pourrait se définir autour d'un plat traditionnel comme le couscous : il représente l'équilibre nutritionnel parfait, à condition qu'il ne soit pas trop chargé en viandes. [...] Ce n'est pas une gastronomie faite de ripailles, mais de saveurs [2]. »

Autrement dit, il existe un univers original des goûts et des odeurs, du cru et du cuit, dans le bassin méditerranéen, qui découle des conditions climatiques et des sols, et celui-ci a favorisé une culture frugale, à l'approvisionnement en produits presque continu, sauf pour le blé,

1. Philippe VAGUE, « La Méditerranée marque des points », *Terres marines*, n° 8, décembre 1994.

2. Bernard VIALETTES, « Les saveurs du Sud », *ibid.*

base des échanges. « Et le luxe, ce qui vaut cher, vient de l'extérieur : le fromage, le sucre, le riz, les épices [1] », conclut Louis Stouff, historien. Ce seul exemple illustre bien l'originalité du monde où Marseille plonge ses racines. On peut y ajouter la populaire bouillabaisse, ragoût de poissons amené au niveau du grand art culinaire et célébré naguère par une chanson non moins populaire.

À partir de l'alimentation, on entre dans les fondements mêmes des mondes que s'inventent les hommes, de leur art de stocker et conserver, de leurs rapports au travail et à l'activité. Et cela n'a rien à voir avec l'énergie mise à travailler où l'image du Sud est si différente de ce qu'on peut observer, quand, dans les restanques, l'homme devait tout apporter, même la terre.

L'idée qu'ici les gens sont moins travailleurs vient sans doute en partie du fait qu'on a pu historiquement se procurer le nécessaire dans un autre rythme d'activité, en partie parce que la vie y a été plus frugale, en partie parce que le climat diminuait certaines charges et entraînait plus de soins continus que d'activités concentrées ; et aussi parce les métiers du commerce ont toujours souffert de cette image-là par rapport à celles de la fabrique, de l'usine et des champs car l'effort y est moins visible.

Gardons donc en mémoire cette différence forte entre le monde de l'Europe plus nordique et le méditerranéen ; comme nous garderons en mémoire que celui-ci, parce que plus extérieur par nature, a moins favorisé d'investissements dans l'intérieur des maisons comme des lieux publics qu'une recherche sur le visible que l'on retrouve dans le design ou la mode, dans l'art de la parole ou la gestuelle du corps.

Marseille n'a jamais cessé de se ressourcer aux rives de sa mer du fait de son commerce et des migrations. Malgré la place croissante prise par les Français du Nord dans la ville, sa « méditerranéité » reste largement dominante. Ici on voit bien comment les flux d'échanges, le

1. Louis Stouff, « La Provence sans cuisine », *ibid.*

long de la façade française, mélangent les cultures. Nice ou Montpellier ont suivi une autre voie, Marseille, principalement tournée vers le sud, est restée la plus méditerranéenne des cités françaises... et pas forcément avec les facettes de la Méditerranée les plus à la mode dans l'Hexagone ! Elle a agi avec la force d'un univers culturel et symbolique déprécié dans un pays qui pense son évolution au sein de la « banane bleue » qui va de Milan à Londres. Ce pays a tendance à sous-estimer l'apport original de l'univers méditerranéen dont Marseille est comme la vestale.

La question du travail

On ne peut éviter de s'interroger sur la place du travail dans la cité de Marseille. Sans prétendre analyser tous les processus culturels, il est quand même flagrant que cette place soit particulière dans l'organisation sociale. D'abord parce que le travail y est traditionnellement rare. Le nombre d'emplois par habitant a toujours été faible, plaçant le département et la ville en quatre-vingt-dixième position pour le taux d'emploi de la population en âge de travailler : juste avant la Corse [1] ! Cette rareté d'emplois ne doit d'ailleurs pas s'assimiler simplement à un chômage plus fort qu'ailleurs, même si c'en est un des éléments. Alors pourquoi un travail si rare ? Par manque d'énergie, d'occasions, de traitement administratif et statistique ? La question interfère à la fois avec celle de la pauvreté, du mode de vie, de la valeur symbolique du travail, des formes de la sociabilité et de la visibilité dans la ville des inactifs.

Marseille a des caractéristiques spécifiques que l'on retrouve tout au long de son histoire. D'une part, les liens familiaux et la solidarité permettent de vivre avec moins

1. André De Los Santos, *Bouches-du-Rhône : la ressource humaine*, éditions de l'Aube, 1989.

d'emplois que dans d'autres régions; d'autre part, les « moyens d'existence » n'équivalent pas aussi fortement qu'ailleurs à des revenus salariaux; de multiples « transferts », comme on dit aujourd'hui, s'y ajoutent, de sources officielles ou non. Plus qu'à la marge toujours un peu floue de la légalité et de l'illégalité dans un grand port et au sein de populations en migration, cette rareté relative des emplois doit être envisagée en relation avec le statut, et la place du travail dans l'organisation sociale et l'identité. Le rôle structurant du travail dans le lien social serait donc plus faible que dans la France du Nord.

La rareté du travail n'a donc pas que des causes économiques et elle a en tout cas des effets culturels multiples. On a déjà mentionné dans cette région un retard dans la « mise au travail » des femmes; les femmes marseillaises, moins que les autres, travaillaient à l'extérieur de leur domicile. Cette situation, qui est l'une des causes de la faiblesse du nombre des actifs, a contribué au maintien d'un modèle « archaïque », du moins jusqu'à ce que l'industrie recule, débauchant des hommes, et que le tertiaire progresse, engageant des femmes... Comment comprendre ce phénomène? Les causes en sont multiples. Je voudrais en développer trois, qui me paraissent explicatives.

Le statut de la femme dans les sociétés méditerranéennes joue un rôle indéniable. Plus on descend vers le sud, plus la place de la femme est localisée au sein de la maison au détriment de son rôle dans le monde professionnel et dans la vie publique; ce qu'on a appelé l'émancipation féminine a été une mutation nordiste avant de se répandre, lentement, à l'ensemble du corps social et, parfois, aux autres pays de Méditerranée. C'est pourquoi on peut parler de « retard », sans qu'il y ait là le moindre jugement de valeur – on ne fait que constater un décalage entre pays et régions. Une des évolutions les plus sensibles de la société marseillaise depuis quelques décennies est d'ailleurs le rattrapage de ce retard, qui a contribué à l'aggravation du chômage. Mais ce retard ne doit pas être confondu avec un manque de formation des jeunes filles, le Sud étant depuis longtemps une région de plus forte scolarisation.

Ce « retard » ne tient pas seulement à des traits culturels. En effet, ville de migrants pauvres originaires de son territoire méditerranéen historique, Marseille a toujours su trouver des bras quand elle en avait besoin ; aussi les tensions du marché du travail n'appelaient-elles pas spontanément les femmes pour remplir des emplois. De plus, ces bras en permanence offerts étant essentiellement masculins, ils attiraient à nouveau des compagnes professionnellement inactives. Ainsi on peut penser que c'est la spirale même du peuplement de la ville qui contribua à la faible activité des femmes et au prolongement dans les temps modernes des pratiques culturelles anciennes.

Enfin, ville à dominante commerciale, Marseille a favorisé des types d'activités qui n'avaient pas toutes besoin d'être clairement déclarées. Combien de femmes travaillant avec leur mari n'étaient pas prises en compte dans les statistiques, combien d'activités ponctuelles n'étaient pas enregistrées ?

C'est là, je crois, que nous sentons le mieux le décalage entre les faits et les chiffres. Dans une société de réseaux et de clientèle, de famille et d'entraide, les chiffres de l'administration ne saisissent qu'une part du mouvement social. Chacun le reconnaît pour l'Italie qui comptabilise d'ailleurs une partie de ce travail périphérique dans son produit national brut. Comment le mesurer à Marseille et dans le Sud français ?

La rareté traditionnelle du travail, dans la ville et la région, est donc liée à des caractéristiques de modes de vie et d'environnement culturel. Et si Marseille se rapproche peu à peu d'une structure plus classique du marché du travail, cela est en grande partie dû aux migrations nord-sud des quarante dernières années ; nombre de cadres du privé, comme de l'administration, sont des Marseillais de fraîche date. Il ne faut pas oublier qu'en Provence, chez les actifs, les migrants sont majoritaires.

Ces migrants apportent avec eux une autre culture du

travail, une autre réflexion sur le statut de la femme. Aussi est-il difficile de dire si la culture locale traditionnelle se modifie par imitation du modèle national, ou si ce sont les migrations qui influent sur les statistiques. Les deux jouent de toute manière et font de la valeur attachée au travail un des enjeux de la société locale.

La rareté du travail, quelles qu'en soient ses causes, induit une plus forte disponibilité temporelle à d'autres activités, notamment liées à la vie sociale et collective. Et c'est là sans doute que la différence avec d'autres régions est sensible.

Une identité « sans objet »?

Ainsi, au-delà des questions de mesure, nous retrouvons la relation entre corps social et valeur attachée au travail : les cultures du Sud n'ont pas bâti un piédestal au travail aussi fort que les cultures du Nord. La rupture que le protestantisme a introduite au sein des valeurs de l'activité dans l'ici-bas n'a que peu joué en société méditerranéenne, et ce d'autant plus que l'extraordinaire potentiel d'échange que les voies maritimes ont toujours constitué a favorisé plus longtemps qu'ailleurs le commerce au détriment de la production.

Le lien social entre individus et groupes n'est pas historiquement noué de manière égale partout par la valeur travail; sur elle ne se fonde pas également l'identité des individus et des familles, le travail demeure un complément nécessaire à la relation interpersonnelle. L'entrée dans la culture « moderne » du travail a davantage procédé d'une imitation que d'une impulsion locale.

« L'objet » est moins qu'ailleurs une étape obligée de la relation « d'homme à homme », et ce refus ancestral d'objectiver les contacts humains a peut-être rendu plus difficile l'entrée des cultures du Sud dans nos civilisations techniques. Dans certains pays, ne laisse-t-on pas le travail aux femmes, ce qui, compte tenu de leur statut dans ces sociétés, peut être vu comme une marque du peu d'importance qu'on lui accorde? La place du travail comme organisateur culturel et source de l'identité est un élément central de différenciation entre les grands ensembles culturels. Les rapports complexes entre honneur, travail et salariat sont inséparables de la longue histoire de la culture européenne et du rôle important que les « barbares » de l'Est y ont joué [1]. Jusqu'où exactement vers le sud? Et avec quelle différence de période? Ces réflexions sur la structure même des cultures touchent au plus profond non seulement les processus individuels et collectifs liés à l'identité, mais aussi l'enjeu en chaque culture des relations entre familles et activités, travail salarié et employeur.

Il n'est sans doute pas exagéré de considérer que Marseille et le Sud français ont perpétué, au sein de l'époque moderne, une hiérarchie des valeurs originales au sein de laquelle la structuration de l'identité par le travail est plus faible que dans l'Europe du Nord. Ceci ne veut en aucun cas dire que les gens travaillent mieux ou moins bien ici que là-bas, comme on le sous-entend communément. Cela veut dire que les relations entre les individus sont moins dominées par les hiérarchies professionnelles et par la rareté des actifs, et que le statut des gens n'en est pas affecté.

La contrepartie de cette situation est que l'échange y est nourri d'autre manière, en particulier par la parole, la vie associative, le jeu... l'OM, bien sûr! C'est cette réalité que ne peuvent comprendre ceux qui confondent clientélisme et carambouille, ou soleil et farniente. Que la périphérie de la politique soit parfois trouble est une réalité universelle, mais que la place du jeu politique, justement comme jeu, comme moment et moyen d'échange et de contact, soit une des forces des sociétés méditerranéennes, à l'égal des palabres autour des affaires, doit être reconnu et compris. Et la même réflexion pourrait être faite sur le football.

1. Philippe d'Iribarne, *La Logique de l'honneur*, Seuil, 1993.

On peut même aller plus loin et faire l'hypothèse que l'absence de travail – mais non de revenu – est moins destructrice des individus et des familles que dans d'autres. régions. Le travail structurant moins l'identité, son absence ne détruit pas le statut familial et social de l'individu de la même manière. Certes, le manque d'argent est partout difficile à vivre mais, dans des sociétés où la famille et la solidarité ont plus de sens qu'ailleurs, dans des sociétés où l'homme « n'est » pas son travail, la capacité à résister à l'adversité demeure plus forte, et c'est, paradoxalement sans doute, une des chances de Marseille, notamment pour les communautés immigrées « derniers arrivants ». La structuration de l'identité par les appartenances d'origine et les appartenances sociales non professionnelles y joue un rôle plus fort.

Une des conséquences de la prééminence du lien interindividuel sur le lien par le travail est la prédilection locale traditionnelle pour l'étude des humanités au détriment des formations techniques. Et il y a là une des tâches immenses de cette région qui consiste à se doter des écoles d'ingénieurs et de techniciens dont son nouvel univers économique a besoin.

Cela dit, l'héritage de la culture méditerranéenne du travail n'a pas été assez étudié et mis en valeur ; on ne sait pas suffisamment les liaisons entre l'art de vivre du Sud et cet héritage. Si, dans nos sociétés économiquement intégrées, l'adaptation des traditions aux règles communes est grandement nécessaire, on peut retourner la proposition telle qu'elle fut historiquement posée, et se demander si Marseille et la Méditerranée ne sont pas des réservoirs d'expériences et de savoir-faire pour un monde où le travail sera devenu un bien universellement rare [1] !

1. Voir à ce sujet Club de Marseille, *Parier l'homme*, éditions de l'Aube, 1994.

Le jeu des images

Arrivés au terme de ces analyses, les éléments pour que la mentalité et l'ambiance de Marseille s'éclairent sont en place, nous permettant de mieux comprendre la logique des images qui dessinent la ville dans l'imaginaire national. Marseille est déterminée par la géographie, celle de sa proximité comme celle de sa position entre mer et continent. Elle n'y fait pas l'histoire, elle est d'abord site, et un site n'est pas un acteur avec une stratégie et une volonté. La cité s'inscrit dans le mouvement de l'histoire essentiellement en fonction de la volonté des autres, des puissances qui s'affrontent, des hommes qui fuient ou partent à l'aventure et à la guerre. Parfois se constitue un groupe d'acteurs locaux qui porte un moment le devenir de la ville, comme pendant la longue période grecque ou comme encore après 1880.

Mais si la ville ne fait guère l'histoire tant la géographie la domine, elle appartient quand même au groupe restreint des cités qui transmettent un récit de l'origine, sans cesse réactualisé par la structure même de son peuplement. Elle a donc une mémoire, bâtie sur la succession des appropriations du site par des négociants ou des pauvres. Cette mémoire est organisée autour du havre que chacun y a trouvé. De Foe aurait pu être son Épigone. Par conséquent, le sentiment d'appartenance y persiste, c'est celui concentré dans l'horizon que l'œil a saisi le premier jour, d'où le rôle des collines qui barrent l'horizon. Et sans cesse ce vieux fond resurgit même quand la ville devient française.

Ce sentiment est connu, et utilisé, par les acteurs méditerranéens qui veulent séduire la vieille cité : ils jouent de cette image de la terre adjacente pour se rapprocher du continent en en isolant Marseille. Celle-ci résiste difficilement à ce « nous » méditerranéen stratégique et séducteur où elle retrouve les racines de son identité.

Sans doute ne peut-on pas comprendre tout à fait l'image de Marseille sans tenir compte de la montée en France, après 1870, d'un nationalisme puissant qui contribue à vilipender tous les « métèques ». Marseille, en frontière méditerranéenne, devient un lieu particulièrement conflictuel, car le XIXe siècle vit dans l'idée que le développement est au nord et que le Sud de l'Europe est un monde en retard inadapté aux industries modernes, rétif à la modernité. Comme l'écrit Émile Temime, « ville méditerranéenne, Marseille participe de ce dénigrement collectif qui affecte en grande partie les régions méridionales de l'Europe au XIXe siècle dans la mesure où elles ne jouissent que très modestement de l'enrichissement que procurent les techniques et l'industrialisation [1] ».

À la fin du siècle se constituent dans l'imaginaire ce qu'on appelle les « maléfices des Suds ». Sans doute le rêve saint-simonien de l'Orient source de richesse et de croyance est-il déjà moins fort, et surtout il porte sur un monde plus lointain, différent. L'Orient contre la Méditerranée, si l'on peut dire. Ainsi peu à peu les sociétés se hiérarchisent sur un axe nord-sud, l'image industrielle de l'Angleterre comme des régions de minerai de fer et de charbon tendant à repousser celle, retardataire, de la zone méditerranéenne.

Faut-il n'y voir qu'un élément de conjoncture face à des développements différentiels ou bien le prolongement de vieilles tendances qui, depuis que la Méditerranée n'est plus le haut lieu de culture et d'économie qu'elle a été dans les siècles précédents, pourrait s'apparenter à une revanche du Nord? Ou même un prolongement de la montée en puissance des économies liées au protestantisme puis à des valeurs laïques qui sont souvent une religion de la permanence...? Toujours est-il que longtemps on n'a pas vu le développement industriel du Sud européen. On a oublié celui de Barcelone, très comparable au développement anglais; on a oublié les usines en bordure des massifs dans les zones de houille, en Cévennes, en

1. In *Migrance, op. cit.,* t. 2, p. 185.

Provence et bien sûr à Marseille. On a oublié la formidable aventure agroalimentaire de la façade française et mis du temps à accepter que la croissance de ces régions depuis 1960 fût due à autre chose qu'à des migrations de retraités.

On ne peut pas échapper à ces scénarios imaginaires par où chacun s'identifie contre les autres. On peut les questionner, les travailler, mais pas les ignorer. Il est frappant, à cet égard, d'observer que le travail actuel des historiens consiste à retourner aux sources pour contourner ces images d'évidence. Et l'on voit apparaître des signaux : là aussi, il y a eu démarrage industriel ; il n'y avait pas de houille, mais on en a importé ; il n'y avait pas de plomb, mais Marseille a été l'une des principales places de l'industrie du plomb. Et s'il est vrai que sur le long terme le développement industriel de cette région n'est pas comparable à celui du nord de l'Europe, il n'en est pas moins vrai que l'imaginaire est pour beaucoup dans cette lecture.

Il faut se demander si ce qui est qualifié de mythe de Marseille au XIXe n'est pas aussi dû à la nécessité d'exagérer la réalité d'un processus certes dynamique, mais finalement relativement banal pour un port de l'époque, pour le rendre visible dans une région qui, d'évidence pour chacun à l'époque, s'enfonce dans l'archaïsme. On ne peut sous-estimer ce repliement de la France après l'Empire, et Marseille, premier port français, commerçante et industrielle, eut bien sûr à souffrir de ces stratégies d'une France rurale qui ne comprenait pas encore que les lignes Maginot au bord des champs de betteraves ne protégeaient plus d'une industrialisation et d'un marché qui allaient devenir hégémoniques. Alors Marseille, toujours différente, a renforcé son « nous » protestataire et celui-ci est devenu un tremplin indispensable pour se faire élire et entendre dans la cité.

Ce « nous » si fort est sans cesse refondé par chaque vague migrante qui en fait son tremplin pour trouver une place. Qui est aujourd'hui plus « Marseillais » qu'un jeune beur ? Réciproquement, ce « nous » se heurte au regard des autres, ceux de la terre, ceux qui ont traversé la ville, ceux qui l'ont quittée pour « désencanailler » leur lignée, ceux qui ont dû émigrer pour trouver du travail, qu'ils soient nés de Marseille ou de la dernière vague migrante. Et depuis un siècle, ces « autres » sont incontestablement plus nombreux que les Marseillais, plus introduits dans les mondes des arts et des lettres, dans les médias, dans le monde des producteurs de messages.

Le sens et l'objet des textes sur Marseille fluctuent en fonction des époques et des passages [1]. La valorisation forte et permanente qui va de Madame de Sévigné à Stendhal, de Maupassant à Lamartine, de Cendrars, bien sûr, à Marcel Pagnol, cède peu à peu, à la césure du dernier siècle, en un mouvement de rejet qui s'affirme dans l'entre-deux-guerres. C'est que la ville orientale, premier pas d'un voyage vers l'Italie ou la Méditerranée, escale attendue d'un périple fatigant, est devenue un grand port industriel et colonial. Le peuple y domine et, « chez certains Marseillais des milieux intellectuels, un phénomène de rejet apparaît » : « Le plus souvent, Marseille est en horreur aux gens de pensée », écrit André Suarès en 1933.

Sans doute des Bas-Alpins comme Giono sont-ils encore pris dans les rais de lumière de la ville qui a éclairé leur jeunesse, mais déjà ils s'en sont distanciés et le tournant est pris. Marseille, submergée de pauvres, n'attire plus, et le rapatriement d'Algérie va faire cesser les passages. Jusqu'à ce que la ville réapparaisse dans des récits de l'immigration comme chez Michel Tournier ou J.M.G. Le Clézio. Ainsi la mise en images négatives de la ville est-elle pour partie celle des élites culturelles marseillaises elles-mêmes, reprise par ceux qui transitent rapidement entre gare et port durant la grande période coloniale. La ville en est réduite à un « étroit boyau », elle qui s'est étendue pour se mettre à l'abri du grand passage. Elle ne

1. Antoine de GAUDEMAR, « Au gré des mots », *Le Deuxième Sud. Marseille ou le présent incertain*, *op. cit.*

resurgit dans sa complexité que pendant le faste tragique des années de guerre.

Malgré le travail considérable des *Cahiers du Sud,* le poids inexorable des images négatives croît. Comment pourrait-il en être autrement quand la machine à transporter prend le pas sur le port cosmopolite de Méditerranée? Pour retrouver un peu cette ambiance, il faut aller à Salonique aujourd'hui.

On sent bien, dans cette évolution de la vision de Marseille dans la littérature, qu'il s'agit de la rencontre d'un mouvement interne et d'un mouvement externe autour du rejet de la ville peuple et portuaire. Souvent, encore aujourd'hui, certaines élites locales présentent leur ville non dans son authenticité complexe, mais dans ce qu'ils croient le plus séduisant, qui n'est pas tout à fait elle et qui donc n'est pas tout à fait convaincant.

À cette logique littéraire ont correspondu des jalousies stratégiques. Pendant la Grande Guerre, tout en étant loin du front, Marseille tourne à plein, soulevant des polémiques auxquelles l'histoire viendra rendre raison sur le courage des soldats marseillais. L'anticolonialisme toujours présent dans la société française ne favorisera pas non plus Marseille, ni non plus le passage des jeunes qui partiront faire une guerre dont souvent ils ne voulaient pas. Le grand silence enfin qui suit la guerre d'Algérie, la quasi-amnésie d'une génération, la fin du transit n'aideront pas à renouveler les images. La ville reste comme figée dans son corpus imaginaire précédent que la récession post-coloniale ne contribue pas à transformer.

Ces images fonctionnent admirablement, parce qu'elles sont bien construites, régulièrement répétées, et que les Marseillais se coulent volontiers en elles, comme nous le faisons dans celles qu'on nous renvoie sans cesse quand elles ont su saisir une part de vérité. On refuse d'être ainsi désigné, mais la désignation, qui ne part jamais de tout à fait rien, devient comme un double, d'autant que, dans une ville construite par des migrants toujours renouvelés, l'image est réimportée chaque jour par l'arrivant. Un jeu s'organise entre la désignation par l'autre et l'être de la ville, qui se met à produire des discours « anti », thème par thème : « ville sans monuments », elle ne les mettra que tardivement en valeur ; « ville clientéliste », elle sera antiparisienne ; « ville sans culture », elle ne valorisera pas ses créateurs ; « ville plébéienne », elle mettra du temps à recentrer ses élites...

Il est intéressant de faire visiter Marseille à quelqu'un qui ne la connaît que de réputation : la surprise est à chaque fois la même, totale. La beauté du site, la diversité des arts de vivre, la quantité des pôles scientifiques et même le patrimoine monumental séduisent à tous les coups et ce d'autant plus qu'on s'était préparé au pire. Au point souvent qu'on est tenté de tempérer le visiteur, car l'exagération n'est pas loin, comme par effet de retournement. Ainsi, parce qu'elle fut d'abord un site de passage, la cité vit sous la pression des images qui l'ont traversée et il n'y a pas encore une expression locale nouvelle suffisante pour venir effacer les images que l'actualité d'hier a produites les nouvelles élites locales n'ayant encore que peu accédé aux commandes.

Si on pense un moment à Lyon ou Grenoble, on voit bien la différence. Qui pense que les petites peines de leurs grands élus vont durablement affecter les images de leur ville et leur capacité de développement ? À Marseille, c'est l'inverse, tout ce qui a trait à la carambouille assure le succès des médias qui le traitent. Le même événement à Limoges passe presque inaperçu.

Dans la conscience nationale, la ville occupe ainsi une place à part, celle de l'insécurité, surtout parce qu'elle n'a pas de bases stables. Derrière ces images, on ne voit pas qu'elle est souvent en avance sur son époque car, plus mobile, elle réagit plus vite. Plus soupçonnée, on y cherche plus de délits et on y découvre ceux qui sont en cours d'invention. Les fausses factures, comme les soupçons de corruption des élites politiques, sans parler du vote d'extrême droite ou pour Tapie en sont des exemples, toujours perçus comme des particularismes...

Sans parler des intrigues qui ont entouré la succession de Gaston Defferre et qui ont préludé étrangement à celles qui agitent le parti socialiste depuis le congrès de Rennes... comme si la ville avait joué, avant la nation, la grande scène de la mise en cause d'un ordre politique forgé dans les années trente et quarante et fignolé pendant les « Trente Glorieuses ».

Les images qui recouvrent la ville sont en relation étroite avec ce que la ville a été, conflictuelle entre ses pauvres et ses élites, et ce d'autant plus qu'elle a appris à se mouvoir dans leur cadre. Ne pas vouloir reconnaître cet état de fait empêche les Marseillais d'agir pour les transformer. Or elles la limitent et l'entravent en masquant l'évolution profonde de la ville. Issues du temps du port dominant, du transit roi et de la colonie, elles tirent sans cesse la ville vers l'arrière; y compris localement, où elles sont utilisées par ceux qui les affrontent comme moyens de ne pas céder la place dominante aux nouvelles élites que la ville produit. Il y a là comme un arrangement bien réglé entre les vieilles élites des corps intermédiaires de la cité et les représentations nationales.

Aujourd'hui, les images que renvoie Marseille paraissent en cours de transformation. Sa vie culturelle est foisonnante, l'expression des communautés plus novatrice du fait de leur sédentarisation, la visibilité d'éminents chercheurs plus nette. Surtout, parce qu'elle s'ouvre plus aux mouvements de la façade française, son attrait est lié à l'affirmation de son authenticité, par exemple ses docks qui peuvent devenir son emblème, comme à Londres ou à Boston.

Pour sortir des plans fixes d'un film qui se serait arrêté en 1962, Marseille doit mettre en scène ses traditions, ses racines et ses particularismes pour en faire le décor de la vie moderne. Cette mise en désir par les Marseillais producteurs d'images, sans enfermement dans un localisme étroit, partageant la ville vraie par ses élites reconnues, est la clé de la période qui s'ouvre. Elle doit se doter des instruments aptes à lui faire incarner la vie de Méditerranée, la mémoire coloniale, le grand passage. Elle doit, pour sortir des images qui la tirent en arrière, s'aimer elle-même dans sa complexité sociale, culturelle et communautaire. Pour ce faire, il faut construire des totems célébrant les phases constructives de son aventure, y compris les récentes. Le savoir doit être mis au rang de la mémoire coloniale, la beauté du site valorisée. L'espace diffus, s'il est un atout incontestable, ne facilitant pas l'appréhension intégrale de la ville dans l'imaginaire, la question de la centralité urbaine est sans doute plus décisive qu'ailleurs, comme celle de la production d'une hiérarchie sociale adaptée à la réalité et non à la défense d'un ordre ancien.

C'est au cœur de ces scénarios imaginaires que la réflexion marseillaise doit porter pour organiser la production du nouveau Sud, celui qui attire et fascine, à base touristique et paysagère, ludique et charnelle. Il ne s'agit pas de chercher à se transformer pour y avoir une place, mais d'introduire son mouvement propre dans ce scénario!

Affaires, coups et rumeurs

Une autre dimension de la scène marseillaise ne peut être éludée : rumeurs et magouilles les plus diverses jouent avec les images et leurs mises en mouvement. Il est clair que certaines pratiques existant traditionnellement dans cette ville instable se sont perpétuées au sein de la culture politique et des pratiques collectives. On a vu, en 1965, *le Provençal* annoncer à la une, juste avant les élections municipales, une alliance secrète entre les communistes et les gaullistes ; la confusion jetée par cette information a sans doute permis à l'alliance socialo-centriste de garder la mairie. Au même moment, une des têtes de liste de Henri Matalon retirait sa candidature à minuit moins deux, après une soirée de libations plus ou moins volontaires dans une bastide isolée. On verra plus tard, le 4 mars 1982, l'affaire Lucet, cet homme suicidé de deux balles dans la tête et qui était au cœur du conflit des mutuelles avec la Sécurité sociale. Entre les deux tours des élections de 1983, un pseudo-attentat contre la grande synagogue aidera Gaston Defferre. Dans la même ligne, il y aura les affaires Guérrini, Venturi, Zémour, Zampa et, bien sûr, le tragique assassinat du juge Michel, le 21 octobre 1981... ; sans oublier l'affaire des grâces médicales qui permettaient habilement de faire sortir de prison les truands condamnés ; plus tard, le démarrage de l'affaire Urba au moment des municipales de 1989, etc.

Cette logique de la rumeur et de la magouille est intéressante à observer parce qu'elle est à double détente : d'une part, il y a l'usage local, le sentiment que, dans une ville aussi difficile à maîtriser, un petit coup de pouce pour la bonne cause est péché peu capital ; de l'autre, il y a le sentiment de décideurs nationaux – comme Pierre Joxe dans l'affaire Urba, par exemple – que ce qui se passe à Marseille relève d'une logique si particulière qu'il n'y a pas là *a priori* une situation générale. Du point de vue de la morale publique, on ne peut que se réjouir de cette particularité de Marseille, parce qu'au fond c'est grâce à elle que certaines affaires ont émergé et que la question du financement corrompu des affaires publiques finit peu à peu par être traitée au niveau de la République.

Mais s'il faut se garder de confondre ces affaires entre elles, on peut quand même saisir la théâtralité de la vie publique qui en ressort. Et on peut penser qu'à une gestion technique de la chose publique, où s'achève la scène ouverte avec la fin du vote censitaire, correspond le recul de la participation aux élections. Cette remarque vaut pour souligner le succès de Bernard Tapie dans cette ville, et ailleurs. On aurait envie de dire oui à une logique de saine gestion, mais avec la théâtralité qui mobilise les non-spécialistes. Mais peut-être suis-je en cela un peu trop Marseillais.

Malgré tous ces faits qui, forcément, éveillent des souvenirs chez le lecteur, il faut rappeler que Marseille n'est que la huitième ville en matière de crimes et délits et la troisième pour la grande criminalité en France. Cela montre bien le décalage entre l'image et les réalités objectives : elle a des formes de délinquance plus visibles que ses beaux quartiers mais, surtout, les images créées par l'entre-deux-guerres et une vie publique peu organisée par des règles verticales puissantes se répondent pour focaliser l'intérêt médiatique lié aux crimes et délits, comme aux coups politiques, de la même manière qu'on s'intéresse à Nice pour son tourisme, à Grenoble ou Montpellier pour leur *high-tech*, au Nord pour la crise industrielle... Là encore, la restructuration en cours et la montée en puissance, dans le corps national, d'une société du commerce et de l'échange, commencent à rejoindre la réalité et à effacer la représentation particulière qui lui était liée. À elle d'introduire d'autres messages au cœur de sa réalité infiniment plus complexe.

Ce questionnement des images de Marseille nous amène à nous intéresser à leurs producteurs locaux, aux élites et à leur place dans la cité : le pouvoir de créer et celui d'introduire des images sont différents. De même, la capacité des élites à saisir leur ville en entier diffère en fonction de leur position relative et de leur concentration au sein de celle-ci.

Face au courant populaire du dernier siècle, les élites de la culture marseillaise se sont souvent cantonnées dans une vie sociale en retrait, dominée par l'espace privé. Pensons à l'extraordinaire univers de la famille Pastré, ses propriétés raffinées au sud de Marseille comme en Camargue. Une vie brillante s'y déroula, notamment pendant l'Occupation, avec des artistes réfugiés. Ce jeu local, entre le visible et le caché, fait partie de la compréhension des images de cette ville. Par ailleurs, du renouvellement permanent des élites, lié à la spéculation maritime traditionnelle, résultent des dominations familiales de durées relativement courtes : généralement celles-ci investissent des lieux plus valorisés... ou disparaissent pour cause de ruine.

Paradoxalement, sur les cinquante dernières années, l'affaiblissement considérable de la bourgeoisie d'affaires, celle constituée de 1850 à 1900 et dont les descendants ont survécu en vendant des terrains pour construire la ville neuve, a sans doute ralenti cette émigration des élites, contribuant à leur sédentarisation mais dans des postes intermédiaires. Les Fabre, les Rastoin, les Frayssinet, les Roux, s'ils ont encore d'éminents descendants, ne tiennent plus l'économie de la ville. Ils sont en périphérie du pouvoir politique, souvent présents à la chambre de commerce, mais celle-ci n'a plus le pouvoir d'antan. Quant à la bourgeoisie protestante, celle dont sont issus les deux grands maires de la ville, le docteur Flaissières et Gaston Defferre, on sait partout sa traditionnelle retenue dans l'étalage des richesses.

Ce qui change à Marseille, depuis une dizaine d'années, c'est la montée en puissance de nouvelles élites culturelles et scientifiques, issues de la vitalité des communautés ou de la grande culture. Profondément marseillaises mais actrices de la vie nationale, ces nouvelles élites urbaines font progresser l'image de la ville et d'abord chez les Marseillais. Sans doute la tardive mise en route d'une politique forte de la centralité urbaine et le retard accumulé en matière de politique culturelle [1] n'ont-ils pas précipité le processus mais le tournant est pris. Reste à rouvrir Marseille sur la France et sur le monde, ce que, paradoxalement dans une ville hier tant traversée, on sait peu faire localement car on se croit toujours passeurs de mondes alors que la ville est devenue sédentaire.

Au terme de ce parcours dans ces images qui pèsent si fortement sur l'avenir, comprenons que la ville peuple du grand passage a dissimulé la ville méditerranéenne aux élites locales et nationales. La ville sédentaire d'aujourd'hui, où la multiplicité des cultures constitue un atout dans un monde globalisé, doit la révéler tant à

1. *Cf.* Jean Viard, *La Culture à l'ombre du soleil*, 1984.

elle-même qu'à l'Hexagone. Marseille, pour la France, n'est pas seulement une image, ni seulement une ville, mais une porte réelle et imaginaire vers l'autre, vers la Méditerranée, vers les mondes du sud qui explosent à nos limites. Et cela les Marseillais le savent.

La ville et la scène

Pour résumer cette approche de la théâtralité publique marseillaise, je voudrais renverser l'image traditionnelle qu'on a de l'Olympique de Marseille. Il ne s'agit pas de dire que le rôle du vieux club est secondaire, il ne s'agit pas de revenir sur la comparaison entre le nombre de supporters et les fauteuils de théâtre, ni non plus de critiquer le superbe travail de Christian Bromberger [1]. Celui-ci a montré que le stade est comme une photo de la ville, que l'on y marque son âge et son évolution sociale par un parcours qui va des virages d'ultras aux loges. Non, tout à l'inverse, la place de l'OM à Marseille vient justement du fait que la cité est organisée comme un stade. Et c'est cela que révèle l'OM. Un peuple occupe un espace délimité par le relief, les collines formant gradins où bougent des hommes en mouvements rapides, par ensembles compacts, riches et pauvres ayant la même vue du spectacle, celui des spectateurs organisés par grandes vagues colorées comptant presque autant que celui des joueurs. Le Vieux-Port est sa pelouse où s'amarrent certains bateaux d'élus, la mairie est le banc d'arbitrage d'où Bernard Tapie a été exclu avant de l'être du jeu du pouvoir.

Provocation paradoxale? Pas vraiment, car si le stade tient ici cette place, avec ceux qui le fréquentent et les autres, ceux qui sont au courant et ceux qui feignent de tout ignorer, c'est qu'il était préexistant. La ville n'a-t-elle

1. Christian Bromberger, « Les Dieux de l'Ohême », *Marseille, histoires de familles*, Autrement, 1989, p. 160.

pas toujours eu une ambiance de stade, des populations repérées par quartiers, les derniers arrivés indispensables au match, comme supporters, les arbitres contestés mais à qui l'on finit par pardonner, comme aux politiques... sauf si le spectacle est mauvais! Et les équipes adverses qui dénigrent les grands du jeu, même quand il sont momentanément dans une division inférieure. L'OM, comme Marseille, fascine toujours, et énerve, y compris ses supporters.

Et quand un jeune Marseillais est tué par un colleur d'affiches d'extrême droite, le stade et la ville se répondent : la ville, en laissant la rue aux milliers de Français des Comores qui pour la première fois s'expriment en tant que communauté ; le stade, en imposant une minute de silence avant le match, à tous, spectateurs, joueurs, arbitres quelles que soient leurs convictions politiques. Les deux théâtralités alors n'en font plus qu'une, pour une jeune vie brisée, et en cela Marseille exprime ce qu'elle a de plus sensible.

Chapitre XI

La scène politique

La vie politique fait partie des images de Marseille, en son sein comme à l'extérieur. Chacun connaît la personnalité de Gaston Defferre, le rôle qu'il a joué dans la ville comme au niveau national, à l'intérieur du Parti socialiste comme dans les Indépendances africaines, dans l'avènement de François Mitterrand comme dans les lois de décentralisation et en tant que ministre de l'Intérieur. Chacun connaît aussi les souvenirs souvent sulfureux qu'a laissés son pouvoir municipal, les relations parfois ambiguës qu'on lui a prêtées avec des familles du milieu comme les Guérrini, et l'inculpation, par la suite, de certains de ses grands adjoints.

On a beaucoup parlé également des conditions de certains succès électoraux, naguère contre Henri Matalon, qui a été le premier dissident socialiste à s'allier aux communistes et qui, dans une démocratie formelle stricte, aurait peut-être gagné la mairie; on a parlé aussi du célèbre face à face Defferre-Gaudin en 1983, où le retournement de tendance entre les deux tours a été surprenant. On a parlé bien sûr de sa dramatique succession, de la mise en scène qui s'en est ensuivie, des guerres fratricides au sein de la jeune garde du vieux maire, du rôle de sa veuve, de l'avènement d'un bon docteur jusque-là discret. On a parlé enfin de la ville où Jean-Marie Le Pen tenta de se faire élire député, de celle où, pour la première fois en France, un maire a été élu contre l'ensemble des partis en s'appuyant directement sur la société civile, de celle qui, si elle échappe en 1995 à Bernard Tapie, ne le devra qu'à des raisons judiciaires.

Le spectacle politique, l'art des coups et des mises en scène, le rôle du « patron », la volatilité récente de certains électorats malgré une continuité de la gauche, la très faible participation aussi, tout cela caractérise la vie politique locale. Mais après ce parcours dans la ville, nous avons beaucoup appris sur Marseille, sur son rôle de gestionnaire des passages et de passeurs de mondes, sur l'extrême mobilité de la population dans la cité, sur la faible structuration par le travail, sur la force protestataire à l'encontre, et à côté, du continent, sur l'ancien sentiment de puissance et le deuil difficile qui en est fait. Enfin, nous avons dessiné le tournant en cours, où la ville se sédentarise, s'interroge sur ces relations avec la Provence, tout en continuant à recevoir les derniers immigrants des bribes d'empire.

Nous avons donc les clés pour analyser la scène politique et la succession de ses actes dans une ville où le pouvoir politique est le seul vrai organisateur social, qui gère les relations entres les communautés comme celles avec l'État central. Il a pour ce faire un constant double discours, vers l'intérieur pour valoriser le « nous », vers l'extérieur pour négocier avantages, investissements et adaptations des règles et des normes. Cette double position du notable est la nature même de sa fonction qui vise à incarner le dedans pour le représenter au dehors. Mais, suivant la culture des villes, les deux facettes de cette unique fonction sont plus ou moins en continuité, les discours tenus plus ou moins dédoublés, les rôles d'autres partenaires plus ou moins décisifs. Ici, la concentration autour du politique est particulièrement forte et la discontinuité est extrême, car la cohésion de la cité est dans son particularisme alors que sa fonction même est d'effectuer des transits et de gérer une cité fortement colbertisée.

Une scène à double face

Le cœur de la chose publique marseillaise a longtemps été le port. Base de la richesse, il déterminait logiquement le destin de la cité. C'est pourquoi Louis XIV avait confié la ville à ses négociants en 1666. Ceux-ci, avant et après les tumultes révolutionnaires, en assurent la direction jusqu'en 1892, directement et par le biais de la chambre de commerce qui les réunit. Par la suite, le port a gardé un rôle politique décisif, même si la vie publique s'est de plus en plus affirmée à côté de lui, souvent même en apparence indépendamment de lui.

Le rôle politique du port change en fait de nature au cours du dernier siècle : avec le développement des industriels négociants et la colonisation, la ville est submergée par les hommes qui passent et qui s'installent. On voit s'affronter le pouvoir des décideurs économiques et celui des professions ou des structures qui s'occupent de ce flux d'hommes, les accueillent, tentent de les loger, de les soigner, de leur procurer des papiers et du travail... Et dès la fin du XIXe, les gestionnaires du transit des corps prennent le pas sur les leaders économiques, dotant d'une autre facette la vie publique, une face côté port et une face côté ville. Ils sont plutôt marqués à gauche, nous y reviendrons, mais ce n'est qu'un aspect de la question.

De 1892 à aujourd'hui, leur pouvoir sera sans partage, sauf durant trois courtes périodes : de 1902 à 1919, quand une droite libérale favorable à la colonisation prend la mairie car la ville est massivement pour la colonisation ; de 1939 à 1947, quand la ville est mise en tutelle par l'État et que le premier maire issu de l'immigration est destitué ; de 1947 à 1953 enfin, quand les conflits internes à la gauche à la suite du retrait des ministres communistes laissent passer un avocat gaulliste.

Cette dualité, avec d'un côté le port qui soutient l'activité, de l'autre une masse d'hommes à organiser, tend la politique de la ville. L'enjeu est de tenir les deux champs en même temps et d'empêcher que cette masse d'hommes pauvres ne soit entraînée par des acteurs politiques qui bloquent pour leur revendication la libre circulation sur le port.

Tenir le port est donc un enjeu central. C'est un monde rude où l'on verra s'affronter au fil du temps Simon Sabiani, ancien combattant de 14-18, communiste finalement rallié à l'extrême droite, Charles-Émile Loo, grand organisateur du defferrisme s'il en fut, Henri Matalon, dissident socialiste rallié à l'union de la gauche et qui faillit bien être élu en 1965.

Mais tenir le port, ce n'est pas seulement assurer la libre circulation, y compris pendant le plan Marshall et les guerres coloniales. C'est aussi accéder à tous les réseaux qui là se croisent et irriguent l'ensemble de la ville. Réseau des emplois et des sociétés de transports, notamment les taxis, réseau des entreprises dont l'activité est liée au port, réseaux illégaux qui y transitent, réseau des hommes qui débarquent et qui cherchent logement, papiers, travail, femme..., réseaux financiers enfin. Tenir le port est indispensable pour tenir les hommes par une structuration horizontale de cette société mobile, par les communautés, les clans, les familles, les trajets individuels.

Après les hautes grilles qui cernent les quais, il y a la ville où les hommes s'installent. Ils s'y regroupent par connaissances d'arrivée, se tassent autour du port, repoussant au sud les élites qui les craignent. Atteignant à la position d'habitants, ils sont alors repris dans les réseaux de l'Église, de la solidarité, de la santé, du logement, du syndicalisme et, bien sûr, du politique.

Tenir Marseille de 1860 à 1960, c'est tenir en même temps les deux dimensions de chaque homme en suivant son trajet du lieu d'arrivée, le port, à l'espace récepteur, les quartiers. D'où une stratégie politique bâtie sur la bonne gestion d'une somme d'individus qui doit entraîner une faible gestion de la totalité urbaine en tant qu'ensemble. La ville est ainsi de mieux en mieux « tenue », mais sans vision d'un destin collectif, éclipsée par l'agrégat individuel.

Les logiques politiques se succèdent ainsi en fonction de la relation entre masse passagère, masse sédentarisée, rôle du port, croissance des autres activités. Le clientélisme fondateur qui découle de ce modèle d'activité et de peuplement est lié à ces deux modes de création du lien social : par l'arrivée et par l'installation. Le pouvoir municipal se résume à un couple entre l'homme de la ville et l'homme du port. Le premier dirige la cité avec le deuxième qui tient le port.

Cela est vrai dans l'entre-deux-guerres avec Siméon Flaissières, maire, et Simon Sabiani, lui-même relayé par Edgar Ferri-Pisani, leader du syndicat des inscrits maritimes. Cela est vrai après-guerre avec Gaston Defferre et Charles-Émile Loo, qui deviendra en 1953 président de la coopérative d'acconage – qui embauche les dockers –, quand Ferri-Pisani sera devenu, lui, leader de la CGT-dockers. Chaque fois, le premier est l'homme public, le bon maire attentif au social, le second l'homme de l'ombre, plus sulfureux. Après 1962, Charles-Émile Loo se déplacera du port au secteur de la construction dans la future ville balnéaire, cumulant dès lors les deux casquettes porteuses du système des réseaux marseillais, explicitant ainsi, mieux que tout, le basculement d'une ville vers l'autre.

Le rapport de forces entre les deux hommes n'est pas une constante : le rôle de la mairie est plus faible en début qu'en fin de période, celui du port suivant une course inverse. Alors Siméon Flaissières sera doublé par Simon Sabiani et la vie publique versera avec Carbone et Spirito quasiment dans le gangstérisme. Defferre, quant à lui, tentera en 1983 d'écarter Charles-Émile Loo.

Gaston Defferre, l'homme de la ville qui s'est vue changer dans les années soixante-dix, sent la montée des nouvelles populations, la croissance des couches moyennes du secteur de l'économie publique et parapublique, autrement dit le recul de l'effet clientéliste côté ville. Sans doute croit-il un peu tôt que, pour autant, on peut se passer des vieilles méthodes. L'histoire ne lui a pas donné raison, car un zeste de bon clientélisme reste indispensable pour rattraper l'affaire, relayé par une gesticulation opportune vis-à-vis de la communauté juive. C'est Charles-Émile Loo qui sauve sa mairie entre les deux tours, lui qu'on retrouvera encore auprès de Robert Vigouroux puis de Bernard Tapie.

Pourtant, sur le fond, Gaston Defferre avait raison : plus la ville se sédentarise, moins il y a d'emplois ou de logements à distribuer, plus le vieux clientélisme perd en pouvoir. Mais il demeure significatif. La somme des deux sources du clientélisme n'est certes plus, comme hier, suffisante pour organiser la ville. Celle-ci s'affronte depuis dix ans à des vagues électorales successives, en faveur de Le Pen, de Vigouroux ou de Tapie. Mais le port ne peut en être absent, ne fût-ce qu'à cause des vieux réseaux qui s'y croisent et de l'imaginaire qu'il manipule.

Cette pompe aspirante et refoulante d'hommes a donc toujours organisé le jeu politique jusqu'à ce que le grand passage se ralentisse. En toile de fond, la nécessité d'écarter une partie des joueurs, les communistes, qui ont repris après-guerre la fonction tribunitienne que Sabiani tenait dans l'entre-deux-guerres. Ici la lutte est frontale, et l'union anticommuniste forme la base de la politique de l'après-guerre. Mais la lutte a lieu aussi au sein du Parti communiste, entre une ligne nationale à base de discours de classe et une ligne plus populiste à base horizontale.

La stratégie du ciseau

Il faut rappeler ici un élément fondamental du jeu politique marseillais. Les élections ont lieu par secteurs dont les limites ont d'autant plus d'importance que nous y avons montré le rôle des clivages géographiques. Aussi, la politique a toujours été finement gérée avec des ciseaux, surtout quand ce sont des ministres de l'Intérieur, « enfants du pays » aptes à travailler finement, quartier par quartier, parfois rue par rue, ou immeuble par immeuble, qui les tiennent! Ainsi le découpage des arrondissements électoraux qui servent de base à la constitution des équipes municipales a-t-il toujours été plus habile que démocratique.

Les communistes dirent même, au moment de la percée autoroutière jusqu'à la porte d'Aix, que cette dernière, discutable d'un point de vue urbanistique, avait comme avantage, non forcément négligeable, de casser un ensemble d'habitations qui « votaient » mal. On n'a d'ailleurs jamais assez travaillé, ici comme ailleurs, sur les stratégies des hommes politiques en matière de logement ou d'aménagement aux fins de conforter leur pouvoir dans le long terme.

Cette réalité, qui vaut pour Marseille mais pas que pour elle, a pris une importance d'autant plus forte qu'en trente ans on a beaucoup construit et beaucoup tracé de voies de communication. Or il est clair que plus vous faites de HLM, plus vous avez de chances d'avoir un électorat de gauche, longtemps PC; même si à la fin, vous vous retrouvez surtout avec des immigrés parce que vous avez un peu oublié que, traditionnellement, les ouvriers sont des migrants de première génération... avec en parallèle une montée du Front national.

On ne parle pas assez de l'impact qu'ont eu des stratégies politiques de réélection sur les logiques urbaines et de leurs effets sur les ségrégations et la segmentation sociale. Si nous prenons tant de précautions tout en disant clairement les choses, c'est que Marseille ne doit pas être pensée ici comme si typiquement marseillaise.

Ainsi, lire politiquement un espace, ce n'est pas simplement décrire une réalité, c'est aussi considérer que cette réalité a été produite pour des raisons politiques. Or Marseille, ayant ses banlieues dans la ville a dû, par des découpages internes de ses secteurs électoraux, opérer en son sein ce que d'autres, à Paris par exemple ou à Lyon, ou dans tant d'autres villes, ont opéré en repoussant vers l'extérieur les populations qui posaient problème au pouvoir en place, souvent en créant des « ceintures rouges » qui sont comme la part du feu que les élites concèdent au peuple.

Ici, tout cela devait se faire dans la ville ; difficile situation pour dégager un pouvoir légitime enraciné dans chacun des milieux et chacun des espaces de la ville. Quand les différentes origines et les différents niveaux de richesses sont dans le même espace, le danger est qu'un seul groupe accède au pouvoir alors qu'il est concentré et donc peu porteur de l'unité urbaine. Et Marseille est bien, comme nous l'avons vu, coupée en deux par la Canebière, population ouvrière et étrangère concentrée au nord, du côté des ports, et une population plus aisée ayant glissé vers le sud, vers les plages, suivant un modèle post-touristique. Elle a donc couru, et court encore, le risque de voir ses deux parties s'affronter politiquement.

Au nord, jusqu'au milieu des années quatre-vingt, la correspondance entre la population ouvrière et le vote communiste est flagrante. On confond les cartes, à les lire. Au sud, le conflit a toujours été plus chaud entre un « defferrisme » tenté par le centre et l'UDF. C'est encore là que Bernard Tapie avait su regagner une circonscription justement au point de bascule des deux sensibilités. Le RPR, quant à lui, était logiquement faible dans cette partie si fortement marquée par le passé colonial, mais il a toujours eu de bons bastions en limite de cette ville balnéaire et de la vieille ville aisée.

La stratégie du ciseau est à double détente. L'une découpe les cartes électorales, l'autre construit les plans de la ville en tenant compte de ces découpages, l'ajustement entre ces deux niveaux de pratiques étant un élément-clé de la scène politique. Le décor étant ainsi posé, revenons aux acteurs qui vont s'y mouvoir.

Un monde de passeurs

Pendant un siècle, Marseille a donc été dominée politiquement par une masse d'hommes en mobilité. La vieille hiérarchie induite par le pouvoir du négoce cède progressivement la place à une nouvelle, liée aux transits. Cela impliquera des formes particulières de la chose publique : un rôle de la force et de la mise en scène d'une part, avec leur cortège de manipulations et de coups spectaculaires, une politique d'homme à homme d'autre part où les liens interpersonnels sont la vraie base de l'organisation sociale.

Côté port – et activités annexes –, les acteurs sont sélectionnés par leur position dans le système portuaire : les représentants de la puissante Union patronale, d'une part, qui auront un long compagnonnage anticommuniste avec Gaston Defferre par le biais de la famille Rastoin mais qui tenteront leur chance, de temps à autre, sans succès ; les responsables de l'embauche, d'autre part, les acconiers.

Côté ville, deux forces se sont dégagées depuis un siècle pour sélectionner les candidats : le palais de justice et la médecine. Le premier produit des orateurs reconnus, le second des personnalités compétentes. Autrement dit, à une ville de flux a correspondu une classe politique de gestionnaires de ces flux, dont la particularité est qu'elle appartenait à des milieux où la formation des hommes et leur organisation hiérarchique sont fortes. Tout se passe donc comme si la qualité professionnelle de l'avocat ou la réussite de carrière du professeur de médecine étaient un système de sélection pour postuler à la magistrature suprême. Comme si, dans la ville du grand passage, où le corps est central, affronté à la matière sans beaucoup de technique, la gestion des corps était devenue base du pouvoir. Et ainsi on voit s'organiser, au sein de ces deux institutions, des rivalités droite-gauche entre patrons de médecine, des rivalités PS-RPR entre avocats au palais.

Donc, Marseille, ville de passage, va être gérée par des passeurs. Ceux qui sauvent les corps ou les font passer vers l'au-delà, ceux qui traitent les affaires entre l'intérieur et l'extérieur, ceux qui aplanissent les écueils de la justice et de la police, ceux à qui l'on s'adresse pour avoir des papiers quand on vient de l'étranger, etc. Et cette domination des médecins et des avocats sur la chose publique entraîne de multiples conséquences. La première, c'est que ce sont deux professions à clientèle, toutes deux portées par des hommes qui acquièrent au fil de leur carrière réputation et reconnaissance.

La deuxième particularité est que médecins et avocats sont en contact avec le milieu, qui pour soigner, qui pour plaider. Il va donc y avoir une relation professionnelle, si l'on peut dire, entre ces deux mondes dominants et le milieu. Le milieu à Marseille est au fond le quatrième pilier d'une ville de passage. Négociants et acconiers, médecins, avocats et bandits sont des figures normales d'une grande remue d'hommes. En outre, dans un port, le milieu a toujours une place particulière. Par les quais on touche au monde dans son entier, donc cigarettes, drogue, marchandises diverses et volées sont naturellement présentes dans la ville.

Mais le milieu, en tant que système organisé, n'existe plus vraiment. Sa force était liée à l'importance du passage dans la ville et donc aux trafics qui l'accompagnaient. Aujourd'hui, s'il reste de la délinquance, bien entendu, le milieu en tant que structure organisée n'a plus d'utilité. Il a sans doute disparu après la grande époque d'Antoine Guérrini et cette disparition, après celle de la classe entrepreneuriale, marque bien le tournant de la ville dont nous avons parlé. Et puis, dans une ville comme Marseille, où les activités pendant la guerre sont importantes, une partie du milieu avait acquis une sorte de virginité morale en servant d'hommes de main à la Résistance. C'est ce qui explique cette forme de compagnonnage un peu particulier entre le monde politique et le milieu marseillais. Mais, plus profondément, ce qui est particulier sur le milieu, c'est le sentiment de respectabilité qui l'entoure dans la ville; je ne dirais pas que les bonnes familles se côtoient mais c'est tout juste, au moins jusqu'à la fin des années soixante-dix, et sans doute faut-il comprendre cette petite faiblesse pour ceux qui, par certains côtés, représentent la survivance des prises en haute mer des siècles passés.

Mais ce milieu en retrait, lié au recul du port, n'est en fait qu'une des faces du changement. Il accompagne le recul des acconiers et des négociants, la montée du « côté ville » comme grand ordonnateur de la vie publique. L'affrontement des médecins et des avocats demeure, mais déjà il est battu en brèche par les nouveaux enjeux de la ville, où se sont avancés Jean-Claude Gaudin, enseignant fils de maçon, et Bernard Tapie. La période qui s'ouvre est celle des affrontements ou des alliances des diverses faces du « côté ville ». L'enjeu politique marseillais en est bouleversé, et rendu d'autant plus imprévisible.

Le clientélisme marseillais a puisé sa force dans cette politique des passeurs organisée par le suivi individuel des patients-électeurs. Sa prolongation côté ville a été un siècle de bataille pour le logement, le travail social, l'encadrement sur une base locale. Ainsi le socialisme municipal marseillais sera-t-il dominé par une logique du territoire, laissant aux communistes les entreprises, un encadrement sur la base du quartier permettant de récupérer politiquement le travail effectué pour faciliter la vie des hommes, relayé par une syndicalisation à Force ouvrière quasi municipalisée.

« C'est donc à travers le problème des gens que sont perçus les problèmes de la ville [1]. » La ville est gérée comme une masse mobile à organiser sur un territoire donné. Le maire est le capitaine dans cette bataille sans fin avec les flots tumultueux. Calmer le jeu est son problème. Alors, au-delà de ce qu'il fait pour les individus perçus au travers de leurs trajets dans l'ici-bas, son activité essentielle consiste à activer les territoires, non seulement par des constructions, des routes et des écoles, mais aussi par un discours de la suprématie du quartier relayé par un discours sur Marseille, son altérité, son particularisme, sa distance avec l'État central gaulliste.

Ce « nous » et cet « autre », qui produisent l'imaginaire collectif du groupe et réactualisent une vision d'enclave en terre ferme, sont la base politique du grand notable. En 1995 encore, Robert Vigouroux laissera écrire sur les murs de sa ville : « Bonne année aux Marseillais », extraordinaire slogan si significatif de l'utilisation restrictive de l'appartenance archaïque, slogan relayé trois mois plus tard par une affiche du même auteur : « Marseille, libre », qui reprend étrangement la banderole déployée à l'OM en haut des virages, « Marseille indépendante ».

Cette totalité autonome n'est qu'une des faces de l'imaginaire politique. Vers l'intérieur du groupe, cette appartenance partagée est divisée et relayée par les microlieux dont on valorise les particularismes : les quartiers, la structure profondément géographique de l'unité marseillaise renvoyant à cette double appartenance territorialisée, chaque échelle spatiale renvoyant à la fois à un « dit », le « nous » qu'il exalte, et à un non-dit, le « eux » qu'il sous-entend.

Les 111 quartiers sont, il est vrai, anciens. Étant donné

1. Bernard MOREL, Philippe SANMARCO, *Marseille, l'endroit du décor, op. cit.*, p. 107.

en outre la taille de la ville, ils sont des pôles indispensables de repérage dans l'espace. La complexité du relief et des rues ne favorise pas des localisations normalisées comme dans des villes plates et rectangulaires, même si en bien des cas les noms de quartiers correspondent à ceux des rues principales. Nous sommes dans des campagnes urbanisées, et la coutume a été conservée de nommer l'ancienne route du nom de la destination qu'elle dessert, coutume reprise par le tramway. Enfin, ce système-là est simple, y compris pour une population aux langues diverses et à la lecture du français en partie incertaine.

Les quartiers marseillais ont donc une histoire et une utilité. Aussi l'imaginaire politique du quartier est-il d'abord en prise avec le maillage ancien du territoire. Et nous avons vu que c'est justement là que le defferrisme est le mieux enraciné, dans le lieu mythique de son imaginaire territorial. La maîtrise sociale à l'œuvre « côté ville » va faire des quartiers le cadre de l'action publique... avec les problèmes que cela posera quand, au fil du temps, l'essentiel de la population vivra en réalité en habitat collectif. En attendant, l'investissement dans chaque quartier est un argument électoral de poids, avec une triple conséquence spatiale : le saupoudrage d'équipements, l'affaiblissement fonctionnel du centre et le sous-équipement des quartiers mal-pensants.

En outre, dans une ville de communautés, chacune dotée de quartiers significatifs – même si l'ensemble de la communauté n'y vit pas – comme Beaumont pour les Arméniens, Belsunce pour les Maghrébins, Menpenti pour les Italiens, Château-Gombert pour les Provençaux, une politique des quartiers est la partie visible de la stratégie d'intégration communautaire. Un équipement à Menpenti satisfait tous les Italiens, une inauguration de « rue du Génocide-de-1915 » à Beaumont, la veille d'une élection, satisfait tous les Arméniens, l'élargissement d'une rue à Belsunce qui supprime une partie du commerce satisfait ceux qui trouvent qu'il y a trop d'Arabes. Ces quartiers ont donc une double fonction, de repérage et de leurre.

Les grands ensembles, quant à eux, s'identifient généralement par « cités ». C'est pourquoi on avait inventé l'expression « quartiers Nord » pour regrouper « hors normes » cités et quartiers de cet ensemble. On parle également de « ZUP n° 1 ». Les mots masquent et désignent ; on sent, au choix fait par les uns ou par les autres, une indication de leurs idées de la ville, de ses fondations et de son mode d'organisation. Le quartier renvoie à une logique horizontale du fait social, lecture transversale aux milieux et aux origines, voisinage valorisé par des pratiques politiques territorialisées. La « cité » est un quartier en hauteur, une concentration construite d'un seul geste et peuplée d'un seul coup suivant des logiques autres que celles, lentes, des regroupements communautaires. Le « tri », nous l'avons vu, se fait après le peuplement, en négatif. On a « choisi » un quartier, on est perçu comme « resté » en cité. Aussi, jusqu'aux années quatre-vingt, le discours politique des quartiers est-il la base d'une action publique qui a oublié les habitants des cités. La redécouverte des habitants, que l'on a vue avec Michel Anselme, amènera plus tard à retravailler l'imaginaire spatial à l'œuvre derrière les politiques publiques, le but étant d'inscrire les habitants « redécouverts » dans la trame ancienne des quartiers. À partir de là va se concevoir une structuration des cités enclavées dans les quartiers, autour des noyaux villageois anciens ; tout ce qui ailleurs est regroupé dans la notion de banlieue qui est ici inopérante.

On voit bien ainsi la logique des quartiers, qui a été la logique defferriste du socialisme municipal du cadre de vie, la base du clientélisme « côté ville », en ce qu'elle a à la fois de structurant et de déstructurant. Elle découle d'une réalité bien saisie, mais dans un aspect seulement dont on fait une totalité. En outre, elle n'est pas miscible avec la culture de « l'homme nouveau » telle que la concevaient les architectes et les urbanistes souvent liés à la charte d'Athènes. Nous voyons ici à l'œuvre un conflit théorique et politique sur la nature du lien entre l'homme et le territoire. Or, dans une ville de travail rare, le territoire a de tout temps dominé l'organisation sociale, car c'était l'appartenance la plus partagée. Par conséquent, ceux qui étaient logés dans des tours étaient voués à s'en éloigner... et tendaient par leur position spatiale à ne plus pouvoir être socialisés que par des idéologies, ou par un accès symbolique à la ville qui soit l'emblème de la ville même. Cet espace existe, c'est le centre.

Un centre en creux

Seulement, l'imaginaire politique du quartier nuit au centre : le centre, c'est d'abord le regroupement des quartiers qui le composent, donc des habitants qui y votent ! Rien de plus, rien de moins, et ce primat de l'habitant électeur est en contradiction avec une politique de centralité urbaine. Mais c'est là que le maire se fait élire, dans une vision féodale du lien politique qui veut que le patron soit l'élu du quartier où se dresse l'hôtel de ville. Comme le patron du département ira construire un conseil général pharaonique à côté de son canton, légitimant ainsi d'évidence, *a posteriori*, sa position.

À Marseille, le centre est dominé, nous l'avons dit, par les Corses, les personnes âgées et les immigrants du Maghreb. L'emploi municipal y est déterminant, le petit commerce encore souverain, les associations nautiques qui gèrent le plan d'eau du Vieux-Port puissantes. Là sera la base politique du defferrisme. « Chez lui », Gaston Defferre incarnera la ville par délégation de l'espace central où il est élu. Cette fonction identifiante du centre concourt au dessaisissement des fonctions urbaines qui devraient naturellement aller au centre, au profit des quartiers au coup par coup, car le maire ne peut pas tout concentrer « chez lui » du fait de la culture politique mise en œuvre. Alors, quand on veut dépenser cent francs dans un projet au centre, il faut dépenser plusieurs fois cent francs sur l'ensemble de la ville, pour respecter l'équité politique.

Cette coûteuse logique contribue, jusqu'aux années quatre-vingt, à affaiblir le centre qui est en outre soumis à l'engorgement automobile, renforcé par la dispersion dans l'espace des fonctions centrales traditionnelles. Cela dit, la crise de la centralité marseillaise n'est ici qu'accompagnée, elle n'est pas créée, car la crise a été ouverte avec le déplacement du port vers la Joliette. Depuis, la fonction centrale étant « décentrée », le Vieux-Port est entouré d'un « vieux centre » qui n'est puissant que comme centre du passage des hommes.

Mais ce simple accompagnement de la logique urbaine nuit à la perception des nouveaux enjeux de la centralité et à leur visibilité. Déjà, au moment de la Reconstruction, on a vu que les Affaires maritimes avaient bloqué l'idée de piétonniser une partie du Vieux-Port. Par la suite, le développement des services administratifs et financiers le long du Prado, comme la concentration des universités, du CNRS, de l'INSEE vers le sud et l'est dans des bribes d'espace disponible, sera largement la conséquence de cette perception politique du spatial. Elle sera prolongée par la production d'un discours de « deuxième centre », au sud à Bonneveine, qui visera le contrôle de ces espaces de migrations tenté dans les années soixante-dix. Cette idée de deuxième centre en limite sud de la villc balnéaire illustre bien la confusion à l'œuvre : nous avons là un centre qui relève plus de la notion de « centre commercial » que d'une centralité urbaine.

L'idée de la centralité urbaine mettra du temps à émerger, car le vrai centre de Marseille c'est le port jusqu'aux années soixante. L'idée d'un centre proprement urbain est ainsi en creux dans l'imaginaire politique. La ville à l'époque est perçue comme une fédération de quartiers autour de ce qui donne sens à la cité. Or ce rôle est dévolu au « côté port » qui est le point de contact de tous les « côtés ville ».

Le premier defferrisme a donc été une politique de conseil général bâtie sur la suprématie de microterritoires voisins, organisés et pensés à côté du port qui ne relève pas de sa souveraineté directe. Le lien entre ces microterritoires est politique, c'est celui des appareils socialistes et municipaux. Partant, la vision du département est en parfaite continuité intellectuelle avec ce modèle intérieur à l'œuvre : chaque commune et chaque canton reprennent la fonction du quartier. Gaston Defferre ne saura pas passer de ce type de lien au modèle de la communauté urbaine au moment de la création de Fos et de Vitrolles : communauté urbaine veut dire explicitation des choix et des logiques, partage de responsabilités avec des adversaires politiques et l'État. Sa culture urbaine n'a pas permis cette évolution.

Jusqu'à l'émergence de l'extrême droite, le seul acteur unifiant de l'espace urbain marseillais fut donc la nébuleuse socialiste, qui sut allier les populations traditionnelles localisées dans l'habitat ancien avec les couches moyennes administratives du centre et les nouvelles couches moyennes de l'est. De là découlait la légitimité du defferrisme qui, au-delà des chiffres, était spatiale. Elle permettait d'incarner la ville entière et de nouer des contacts par le biais des quartiers avec les différents groupes. Ce n'était pas un homme, une voix, mais un quartier, une couleur politique! La plupart des choix effectués durant la première période du defferrisme découlent de cette culture urbaine, notamment le long délaissement des quartiers communistes qui ne « jouaient » pas le jeu. Non seulement ils étaient dans l'opposition, mais en plus il s'y tenait un discours de classe désorganisateur de cette société horizontale.

Sans doute ce rouge était-il habilement dissimulé dans un seul secteur électoral. Sans doute celui-ci pesait-il plus que les autres secteurs, mais, que voulez-vous, le quartier était plus dense. La vieille règle de la représentation proportionnelle aux espaces n'est-elle pas aussi dans nos démocraties? Ainsi l'histoire politique marseillaise a-telle cette particularité que, de la guerre à 1981, le Parti communiste fut souvent le premier parti de la ville sans atteindre jamais au pouvoir. Il sécréta des hommes de talent qui durent se cantonner dans la contestation.

Cependant, ce quartier rouge était dans la ville, ce qui lui donna quelques avantages et, longtemps, beaucoup d'inconvénients. Des avantages en termes d'appartenance : les gens y étaient indéniablement Marseillais, et cela n'était pas rien quand souvent ils étaient nés ailleurs, eux-mêmes ou leurs parents. Ce monde rouge était très italien. Comme en Italie, on ne pouvait manquer de penser à une transmission culturelle entre l'Église et le Parti. Mais de lourds inconvénients en termes de services municipaux, de localisation de maternités – là est la jeunesse, mais les maternités sont au sud et à l'est – et plus généralement d'attention publique.

Il y a eu quasi-coïncidence entre le renversement d'alliance municipale qui fait entrer les communistes à l'hôtel de ville, la visibilité de la crise des banlieues et une modification d'attitude publique. À partir de ce moment-là, ces quartiers défavorisés profitent à plein de la puissance de la machine municipale d'une ville de huit cent mille habitants. Cette absorption politique des quartiers Nord dans la ville-mère devrait faire réfléchir ceux qui travaillent sur la crise des banlieues car, malgré des difficultés extrêmes, le travail effectué a été immense. Si l'émergence de la question dite des banlieues n'est pas originale à Marseille, les traditions sociales locales auraient, dans un autre contexte politique, certainement permis beaucoup plus tôt une autre activité municipale.

Ainsi la culture politique du quartier a-t-elle une histoire et des effets. Elle est fille du grand passage et de la ville à côté du port, elle a généré la montée en puissance du centre et une bonne intégration des cités. Mais elle a permis le contrôle politique d'une cité instable soumise aux soubresauts violents de la décolonisation et une vaste politique d'équipements et de logements. À chacun de faire une analyse coûts-avantages.

La fin du clientélisme ou le retour du centre

On peut dater de 1977 le début de la mutation du vieux système du double clientélisme – 1977, année électorale, n'étant prise que comme un repère. En fait, avec le recul du port depuis 1962 et la formidable sédentarisation qui a saisi la ville enfin construite, où les bidonvilles et les camps, souvent présents depuis 1915, ont quasiment disparu, est née une grande ville à côté du port. Pour beaucoup de Marseillais de cette époque, on peut soutenir que le port n'existe pas. Fermé par ses grilles d'un côté où l'on ne va jamais, peu visible dans l'action publique, géré avec le statut de Port autonome qui lui octroie un président nommé de Paris, le port est un ailleurs sous-estimé. Sa position changera avec les crises qui le marquent et surtout la visibilité nouvelle qu'il acquiert avec l'autoroute en hauteur qui le traverse. Une bonne part des Marseillais vivent pendant vingt ans avec l'idée que Fos-sur-Mer a capté les fonctions industrialo-portuaires et que la ville qui doit naître est une cité tertiaire dynamisée par la construction et les fonctions régionales de commandement. Peu à peu les vieilles usines disparaissent, remplacées par des immeubles, la corniche puis les travaux dans la baie travaillent lentement l'imaginaire urbain, le métro étant comme la figure emblématique de cette nouvelle cité. La ville devient alors un lieu en soi. Le port est, avec la santé, le bâtiment et les services municipaux, un des grands secteurs d'emploi. Le port, c'est le coin du PC et de la CGT, qui mènent des luttes souvent mal comprises contre des évolutions technologiques vouées à transformer en profondeur le métier de docker. Le combat ressemble à celui des mineurs, il est défense d'un statut, d'une culture et de traditions familiales.

Mais la ville n'y tient plus tout entière sa force repliée, le deuil colonial ayant en outre cassé l'imaginaire méditerranéen. À partir de là émergent peu à peu les différentes « villes dans la ville ». Le problème politique marseillais consiste à réunir dans un projet urbain les trois villes par une politique de centralité autour de l'utilité nouvelle du site, et d'organiser l'espace en fonction de cet objectif. Ce changement de perspective, avec les conflits « frontaliers » qu'il induit, impose de changer d'échelle d'analyse : il convient désormais de se poser la question de l'organisation de l'aire métropolitaine marseillaise pour définir le rôle des trois villes intra-marseillaises. Celle de la main-d'œuvre peu qualifiée est au centre géographique de l'ensemble, la ville balnéaire est comme un double de la région aixoise, le centre périportuaire ayant vocation à capter une part des fonctions de centralité de l'ensemble ainsi constitué.

Poser sur ces bases l'analyse des enjeux du politique revient à s'interroger d'une manière nouvelle sur les espaces d'appartenances, les relations hiérarchiques entre ceux-ci et le partage de leurs fonctions. Mais le remplacement de l'entité quartiers-ville par celle de l'intercité et des grands sous-ensembles urbains de Marseille transforme la logique même du lien politique. Hier, la fusion de la double appartenance et de la citoyenneté était le fondement même du modèle. Aujourd'hui, il ne peut plus en être de même. L'échelle de la citoyenneté doit se fonder sur l'ensemble de l'agglomération, car c'est à ce niveau-là que peuvent se penser une aventure commune et une solidarité avec les plus défavorisés. Les Marseillais du Sud n'ont pas plus de raison, et bien sûr pas moins, que les Aixois ou les habitants autour de l'étang de Berre de contribuer à la requalification du « triangle de la pauvreté » dans le cadre d'une logique commune de création de richesses nouvelles et de partage des richesses anciennes.

Face à ce fléchissement du quartier comme base imaginaire du politique, on voit apparaître sur le devant de la scène l'appartenance communautaire heureusement intégrée dans le mythe marseillais lui-même, ce qui limite fortement les explosions. Mais l'espace de bonne gestion que la citoyenneté doit saisir est transurbain, ce qui renforce les tensions dans l'intercité. Le localisme ancien ne peut plus être le vecteur d'intégration et de voisinage des différents groupes parce que l'ancien local n'est plus le seul espace d'appartenance et de citoyenneté opérationnelle pour tous, ni pour tous les dossiers.

C'est dans la montée de cette nouvelle logique que s'affirme le « retour au centre » des politiques urbaines des quinze dernières années et de la stratégie actuelle d'Euroméditerranée. La ville tend progressivement à être un tout, non seulement identitaire comme hier, mais aussi économique et social. Alors se dégage peu à peu un imaginaire politique nouveau porté par le slogan « un Nouveau Marseille ». On parle de reconquête du centre; certains entendent par là *sur* les pauvres – lire immigrés –, d'autres *sur* l'ancienne centralité portuaire. Reconquérir le centre, de la préfecture à la Joliette, c'est poser au centre ce qui est devenu central, ou qui devrait l'être : le pouvoir gestionnaire de la cité sur la région, la formation des hommes, la recherche, les nouvelles activités tertiaires... Même le port au fond doit se réorganiser dans son aspect commercial « côté ville », les quais devenant secondaires en termes d'animation de la cité. Mais, là encore, on a mis du temps à le percevoir et l'essentiel du commercial est parti sans lutte vers les villes mondiales d'aujourd'hui.

On accède alors à une logique nouvelle. Le pouvoir local ne se pense plus seulement gestionnaire d'un état de la ville, mais producteur d'une stratégie urbaine globale. Les cadres imaginaires du politique sont amenés à changer sous l'effet d'une conjonction de causes, les unes locales, les autres plus générales. L'ancien modèle de la politique marseillaise est devenu un frein. Même si l'on doit conserver son savoir-faire social et sa capacité à structurer les sous-ensembles de la ville. Aux quartiers succéderont alors les noyaux villageois aptes à organiser les cités. Le quartier peut y renaître, lui aussi organisé sur un modèle fonctionnel centre-périphérie qui accepte des hiérarchies urbaines dans la proximité comme dans l'ensemble de la ville et, à terme, de la microrégion Aix-Marseille. Un développement différentiel des espaces devient possible, y compris pour favoriser la localisation d'emplois dans le triangle de la pauvreté ou une baisse spécifique des charges pour les jeunes qui y vivent.

Dans cette évolution, il ne faut pas sous-estimer l'affaiblissement des réseaux et des associations de quartiers dans les années soixante-dix, du fait, nous l'avons vu, de la sédentarisation de la ville. Le développement de nouvelles fonctions de commandement régional, même discrètes, contribue en outre à l'arrivée de populations différentes et à la mutation d'une part des populations traditionnelles.

Sans doute, avec les grands ensembles, puis peu à peu de manière plus générale, les politiques d'animation avaient-elles tendu, après 1968 surtout, à se substituer aux vieux cadres de vie. L'animation a joué son rôle, du moins tant que la crise économique n'a pas frappé trop durement. Elle s'adressait surtout aux inactifs, aux personnes isolées. Mais plus tard, avec la montée du chômage, elle a caché les nouveaux inactifs, qui étaient des chômeurs, demain des exclus. Et le travail social tend davantage à lutter contre l'exclusion. Sans doute aussi l'animation est-elle relayée par la vitalité créatrice qui puise dans la culture des jeunes d'où qu'ils viennent.

Le vieux système « côté ville » se défait, et il se défait d'autant plus dans cette région que, comme nous l'avons montré, elle est en plein développement démographique et qu'aux déstructurations internes du système de pouvoir dans la ville correspond parallèlement le délitement de ce système dans l'ensemble du département. En partie pour les mêmes causes, d'ailleurs, parce que la logique du quartier est prolongée par celle du canton qui n'est guère plus apte à porter le projet d'une aire métropolitaine. Ce n'est pas un hasard si la montée vers le pouvoir de Michel Pezet à cette époque s'affirme avec le soutien des « ruraux », c'est-à-dire des habitants des villes en croissance autour de l'étang de Berre, de Vitrolles, d'Aix-en-Provence. Le changement d'échelle de l'économie de la zone, la modification des avantages à distribuer, le reflux du pouvoir municipal sur un marché du travail qui s'est élargi géographiquement, tout autant d'ailleurs que l'offre concurrentielle de logement entre la zone de Vitrolles et celle de Marseille, la rurbanisation des élites, le recul du port et la fin des vieilles industries, tout cela est la base de la montée de la nouvelle génération, et le clientélisme tend à devenir une injure comme dans le modèle politique national.

Ajoutons pour finir que la dernière migration, celle des Maghrébins, est particulière, car elle ne sait pas encore qu'elle ne retournera pas au pays. Elle se pense en passage, s'intéresse peu au vote et n'intéresse donc pas la machine politique du clientélisme – ce qui ne sera pas le cas des Comoriens qui arrivent déjà Français avec une culture coloniale fraîche.

Le clientélisme a donc cédé face à la réalité sociale, face aussi à la montée des individualités et à l'affaiblissement des réseaux. Cette mutation, en touchant Marseille, atteint au cœur une organisation politique légendaire. Il y a là comme une parenthèse politique qui semble bien avoir été celle de la ville de transit.

Bien sûr, il y a une autre question que nous n'avons pas abordée ici. C'est celle de savoir si réseaux, clans et clientèle sont typiquement méditerranéens. Rien là-dessus n'a été apporté de probant. Sans doute, dans des sociétés où les relations entre les hommes sont d'autant plus importantes que l'on est dans des cultures de l'échange, ces formes de structuration du lien social sont-elles plus fortes. Sans doute, dans une ville où l'on vient souvent avec l'idée qu'on y connaît un cousin ou un enfant du même village, les clans se reforment mieux que dans des grandes villes organisées différemment. Mais les bougnats de Paris sont-ils vraiment différents des Corses de Marseille?

La montée des « vagues »

La politique apparaît, dans les années quatre-vingt-dix, de plus en plus proche de l'ambiance du stade. De grandes vagues la traversent, contradictoires dans les valeurs qu'elles agitent. Déjà en 1983, le retournement entre les deux tours de l'électorat tenait des prémices de cette logique, la vague « lepenniste », la vague « vigouriste », la vague « tapiste » accentuant par la suite le mouvement. On voit Marseille prête à se donner avec un peu d'irrationalité à une personnalité qui lui promet un changement profond. Les orientations sont différentes, mais la ville, toujours, n'a-t-elle pas quelque chose à dire, que la classe politique sait mal entendre? Ou alors ces grandes vagues ne sont-elles que le mouvement d'une ville qui s'ébroue au sortir d'un long deuil? Ce qui est sûr, c'est que le discours politique pour la période qui s'ouvre n'est pas en place. Personne ne porte politiquement le projet de la mégapole régionale seule apte à redéfinir l'utilité de la cité, sa place dans son environnement local, son rôle entre le Nord et le Sud. Personne n'a encore vraiment produit le discours de l'alliance des trois peuples fondateurs de la ville naissante, les natifs, les nordistes et les rapatriés d'empires.

Si on mène l'analyse plus au fond, on perçoit le décalage considérable entre le corps politique et les corps intermédiaires dominés par les natifs et les mondes savant, administratif, technique et même économique de plus en plus dominés par des migrants du Nord. Cette région a traditionnellement été le lieu d'opposition entre un vieux socialisme bâti sur le primat du local, un communisme de classe et un centrisme enraciné dans les milieux propriétaires, nous l'avons vu. Elle a subi les fluctuations nationales, passé la fin de la guerre d'Algérie. Mais aujourd'hui, la page est tournée.

Discrètement, on voit monter dans la cité de « jeunes

loups » du RPR, souvent chiraquiens comme Renaud Muselier. Ils sont les représentants locaux d'une logique qui progresse régulièrement d'Avignon à Toulon ou Nice. Le gaullisme n'est plus celui de 1962, il est davantage porteur des valeurs nationales sur des valeurs plus européennes. Face à lui, les forces de gauche, de même que celles de l'UDF, sont restées dominées par le poids du natif, porteur d'un localisme archaïque du territoire dont elles ont du mal à se dépêtrer. Les migrants du Nord, qui ont ce rôle si considérable dans l'économie et l'administration, y sont tenus à l'écart. La montée même du Front national comme le phénomène Bernard Tapie sont au fond l'expression du décalage entre le monde politique qui reste dominé par des natifs et les populations migrantes, pieds-noirs, ou gens du Nord, qui dominent pour l'essentiel l'administration et la nouvelle économie. Ainsi, l'on peut dire que si l'agora reste dans le Sud-Est aux mains des natifs, l'essentiel de l'économie post-touristique et des fonctionnements administratifs liés au tourisme est, quant à lui, pris en mains par des migrants du Nord. Ici on voit bien ce conflit dont nous avons parlé d'un point de vue esthétique et de modes de vie créer une rupture au sein même du monde des élites et, par là même, défavoriser des projets porteurs du sens nouveau de cet espace et d'une bonne gestion. Il n'y a guère eu renouvellement de la pensée politique dans cette région, il a pu y avoir des ralliements individuels, mais le bouleversement qu'a connu le Languedoc est ici encore à faire.

Ce phénomène est en partie dû au fait que les ingénieurs et techniciens qui migrent avec leurs familles viennent dans cette région au sein de la poche culturelle construite par le tourisme; ils ne sont donc pas attirés naturellement par les systèmes politiques locaux traditionnels. Ils portent en eux une force de transformation de ce système, qui s'effectue bien souvent contre le clientélisme et qui comporte sans doute la volonté de participer à la vie citoyenne sans avoir à passer sous les fourches caudines des vieux modèles. D'autres régions françaises ont connu ce genre d'évolution qui concourt souvent à un changement de couleur politique. Dans le Sud, l'incapacité de la gauche à s'ouvrir a certainement favorisé des coups de boutoirs contre les structures en place qui peuvent apparaître aussi contradictoires que des soutiens à l'extrême droite, parfois aux écologistes, parfois à Bernard Tapie et à de jeunes parachutés de l'Élysée, et peut-être demain à un RPR modernisé.

Nulle part en cette région les vieux patrons issus de la Résistance n'ont su promouvoir des successeurs aptes à suivre l'évolution de la société locale. Ni Édouard Soldani dans le Var, ni Gaston Defferre dans les Bouches-du-Rhône, ni Jean Garcin dans le Vaucluse ; ni même, d'une autre manière, Jacques Médecin à Nice... Comme si la région avait bougé trop vite, bousculant les hiérarchies et les échelles du pouvoir d'hier sans que les vieilles équipes trouvent le moyen de s'adapter.

À Marseille, Robert Vigouroux est arrivé en 1989 à ouvrir une brèche mais sans pour autant être porteur du discours politique de son aventure. L'élection contre les partis n'était pas le fond de l'affaire. C'est contre une culture archaïque du lien politique par le territoire morcelé qu'il a été élu. Mais il n'a pas su, ou pas pu, transformer cette victoire électorale en victoire culturelle. Aussi Bernard Tapie allait-il trouver une place car, au-delà de ce qu'il est, il incarnait cette nouvelle culture. Celui-ci mis sur la touche, une bataille incertaine s'ouvre qui apparaît à première vue dominée par des références archaïques, une alliance du local traditionnel et de la culture de classe contre un traditionalisme culturel porté par le slogan « La région ma deuxième patrie ». Sans doute faut-il savoir laisser le temps au temps mais nous sommes dans une bien curieuse période qui voit ainsi resurgir des cadres archaïques à l'aube d'un siècle si nécessairement planétaire.

CHAPITRE XII

Chronique de la vie municipale

L'histoire municipale de Marseille a été marquée par deux maires aux multiples mandats, tous deux protestants, tous deux morts au pouvoir, Siméon Flaissières et Gaston Defferre. Le premier était médecin, le second avocat, chacun représentait le côté ville et avait son double côté port, tous deux furent socialistes, tous deux firent des alliances politiques pudiquement qualifiées de « locales ».

Mais ces proximités ne doivent pas cacher que, de la naissance politique de l'un en 1892 au décès de l'autre en 1986, le rôle du pouvoir municipal a considérablement évolué. Élu depuis 1882 seulement, le maire a d'abord peu de vrai pouvoir décisionnel. « La politique municipale est un spectacle, surtout pour les classes populaires [...] et le moins qu'on puisse dire en comparaison de notre époque, c'est que la politique locale permet à la sociabilité naturelle des Marseillais de se manifester sous les formes les plus diverses [1]. » C'est pourquoi « les grands leaders politiques se gardent bien de briguer l'hôtel de ville ».

Or, en moins d'un siècle, le pouvoir du maire est devenu considérable, son prestige également ; chacun s'accorde aujourd'hui à reconnaître que cette fonction très valorisée par l'électorat est le vrai lieu de l'apprentissage du « métier » de politique. Suivre la chronique de la vie municipale marseillaise amène ainsi à découvrir en

1. Antoine OLIVESI, in *Marseille au XIXe siècle, op. cit.*, p. 59.

parallèle l'avènement d'une pièce maîtresse de notre démocratie.

1892-1935 : la fondation du socialisme municipal

Le docteur Flaissières prend donc la mairie en 1892 dans une ville où la gauche avait commencé à progresser depuis 1869, où Gaston Crémieux avait été fusillé au Pharo sous la Commune, où en 1881 Clovis Hugues, élu à la Belle-de-Mai, fut le seul député socialiste de France. La ville a dépassé les 400 000 habitants alors qu'elle n'en avait que 150 000 il y a cinquante ans.

Surtout, pour comprendre cette élection, sa logique et la tradition qu'elle fonde, il faut remonter aux politiques haussmanniennes. Celles-ci, en déplaçant les hommes, déstructurent les réseaux sociaux qui organisaient la population et favorisaient l'intégration des nouveaux arrivants. « Alors vont éclater certains cadres religieux, professionnels, sociaux et politiques... L'Église catholique, malgré les efforts d'Eugène de Mazenod, ne peut plus contrôler la masse des nouveaux arrivants. »

Cela induit une segmentation sociale entre les quartiers qui favorise le développement de pensée politique distincte, légitimiste dans la partie haussmannienne aisée autour de la préfecture, protestataire dans les prémices des quartiers populaires qui démarrent vers le nord de la ville ou, comme à la Belle-de-Mai, sont le refuge du peuple exclu par les grands travaux. Cette relation entre travaux urbains et destruction des cadres sociaux se répétera dans les années soixante-dix du siècle suivant avec la construction des grands ensembles et les déplacements importants de population qui y sont liés.

Le « collectivisme municipal » qui se crée sous Siméon Flaissières est une tentative de réponse à cette évolution portée par une attention aux pauvres et aux exclus en réunissant le politique et le social dans un même projet.

Pour la première fois, le pouvoir municipal, qui traditionnellement s'occupait peu des conditions de vie, et le mouvement associatif qui s'occupe de l'entraide s'associent. Cette fusion originale constitue la base de la tradition socialiste locale. C'est à travers elle que Marseille a acquis, en matière de gestion sociale, une expérience et une efficacité qui sont pour beaucoup dans la relative paix civile actuelle.

Médecin des pauvres à Endoume, le maire est venu à la chose publique par cette confrontation avec les conditions difficiles de cette ville surpeuplée. Il inaugure ainsi le rôle nouveau du corps médical dans le corps de la ville. Son action est logiquement centrée sur le social, l'hygiène et le logement. Mais comme cette question ne relève pas encore du pouvoir municipal, sa politique consiste à développer les transports publics qui doivent diffuser dans l'espace la population en surnombre dans la vieille ville. Pour résoudre le problème du logement, le choix est fait de développer les quartiers ouvriers qui jalonnent les lignes de tramway, ces quartiers si typiques que l'on trouve encore vers Saint-Henri, la Viste. Ce choix posera par la suite d'autres problèmes, d'égouts, de routes et d'équipements mais pour l'instant il désengorge le centre.

Siméon Flaissières est aujourd'hui curieusement oublié dans sa ville. Il est battu en 1902 parce que sa politique sociale est coûteuse et que le pouvoir municipal est de plus en plus perçu à gauche comme un tremplin pour soutenir les luttes ouvrières et dénoncer la colonisation. Or « l'opposition doctrinale au colonialisme ne rencontre pas un soutien unanime de la part de ceux qui vivent du trafic colonial et s'interrogent sur l'opportunité d'une telle position ». La ville sera administrée jusqu'en 1919 par une alliance libérale « engagée dans le combat idéologique de la colonisation [1] ».

Après la Première Guerre mondiale et le congrès de Tours, les clivages politiques ne sont plus exactement les

1. Bernard Morel, Philippe Sanmarco, *Marseille, l'endroit du décor, op. cit.*, p. 42.

mêmes. Socialistes et radicaux s'allient et Siméon Flaissières reprend la mairie, soutenu par Émile Rastoin, le patron de la chambre de commerce, permettant de rééquilibrer côté port une logique politique jusqu'ici dominée par le côté ville. Remarquons la place faite aux Italiens, notamment Henri Tasso, futur maire, et Simon Sabiani, qui rejoindra plus tard le parti communiste, puis glissera vers l'extrême droite.

La municipalité s'attaque à nouveau au problème du logement dont la crise est de plus en plus grave, cette fois-ci en créant un office d'habitations à bon marché. Mais cette politique « est le début d'un incroyable laisser-faire financier qui durera jusqu'en 1953 » et s'accompagne d'un processus général de corruption lié à des spéculations sur les terrains qui finissent par emporter une équipe qui, au départ, était au contraire réputée pour son honnêteté.

Parallèlement, dans les années vingt, la puissance du Parti communiste augmente, accentuant les coupures au sein de la gauche. « Le communisme est représenté à Marseille par Sabiani qui comprend vite que le système de réseaux, de clans et de groupes s'appuyant sur une intégration horizontale où le service rendu joue un rôle prépondérant, est difficilement conciliable avec une pratique politique de classe contre classe. La rencontre d'un ouvriérisme qui ne parvenait pas à cacher des ambitions personnelles et d'une logique clanique conduit directement à des formes de fascisme de type italien [1]. » Simon Sabiani, bien qu'ayant quitté en 1923 le parti communiste, est encore soutenu par lui en 1928 et il est élu député.

L'opposition entre la vieille SFIO, les jeunes communistes puis les « socialistes-communistes » de Sabiani est liée au mode d'organisation du peuple de la ville. Le discours classe contre classe s'oppose à une approche par le quartier, le cadre de vie, les réseaux, qui semble plus efficace. L'évolution de Sabiani le démontre.

1. *Ibid.*, pp. 43 et 44.

En 1929 à nouveau, le docteur Flaissières, qui a quitté la SFIO, profite d'une triangulaire pour revenir aux affaires, mais avec l'appui décisif cette fois de Sabiani et de ses méthodes. Toujours le couple ville et port, mais de plus en plus au détriment du côté ville. Siméon Flaissières meurt en 1932, et jusqu'en 1935 la municipalité est tenue par un radical, Georges Ribot, qui a peu de pouvoir. La corruption est reine, la mairie crée 2000 emplois. On sent, à l'arrière-plan de cette évolution, le poids des activités portuaires, du transit des hommes et de la crise du logement; la montée aussi d'une logique politique tribunitienne.

En 1935, un petit industriel socialiste, Henri Tasso, devient maire. Il avait déjà mené la gauche en 1929, s'était retiré sans donner de consigne de vote entre Flaissières et Émile Rastoin, et était devenu ministre de la Marine marchande. Il s'appuie sur l'action renouvelée des socialistes dans les quartiers, les associations. Son action au ministère contre des mesures protectionnistes lui avaient acquis le soutien d'Émile Rastoin et de grandes familles marseillaises, lui permettant de recréer l'équilibre traditionnel. Le Front populaire, en 1936, fait voler en éclat cette alliance marseillaise entre le « côté ville » tenu à gauche sur une base locale, et le « côté port » tenu à l'époque par les grandes familles du négoce industrialisant contre la montée en puissance des communistes.

La double base du jeu politique local se dégage nettement des péripéties de cette époque, la période la plus critique, celle qui est la plus connue, correspondant à un déséquilibre dans le système, les négociants étant hors jeu d'avoir tenté de regagner la mairie directement, le « côté ville » étant affaibli par l'âge du maire et les spéculations.

1939-1947 : la tutelle

Les difficultés auxquelles s'affronte le nouveau maire à la fin des années trente deviennent insurmontables : les caisses sont vides et la question du logement est cruciale. Parallèlement, « le PC mène en permanence une double campagne : l'une contre le patronat, l'autre contre la municipalité, avec comme mot d'ordre : " Marseille propre ". » C'est « l'époque joyeuse » où les jeunes ouvriers communistes descendent en bandes avec certains de leurs élus, pour mettre de l'ordre dans les bordels.

Mais on ne comprendrait pas l'enjeu de cette période si on oubliait l'opposition entre Édouard Daladier et Henri Tasso. Cette opposition entre le radical vauclusien et le socialiste marseillais d'origine italienne semble décisive dans la mise sous tutelle de Marseille en 1939. Le prétexte en est l'incendie des Nouvelles Galeries, le 28 octobre 1938. La municipalité se révèle totalement impuissante à le combattre, donnant un spectacle tragique au congrès radical réuni par hasard de l'autre côté de la Canebière. La mise sous tutelle qui en résulte de 1939 à 1947 marquera profondément la conscience marseillaise.

À la Libération, ceux qui ont combattu les armes à la main prennent les rênes du pouvoir et Gaston Defferre est élu président de la délégation spéciale. En septembre 1945, lors des élections législatives, le PC obtient 47 % des voix, la SFIO 26 %. Gaston Defferre démissionne et laisse sa place à Jean Cristofol, communiste. L'année suivante, en décembre 1946, un an avant les élections générales, sous le prétexte de dégager la ville de la tutelle qui donnait au maire fort peu de pouvoirs, de nouvelles élections sont organisées par décision gouvernementale.

Gaston Defferre était occupé à mettre de l'ordre dans la SFIO, comme avant lui Henri Tasso. Il se sépare notamment de Ferri-Pisani, ancien partisan de Sabiani, qui tenait toujours les dockers. Jean Cristofol est élu triomphalement avec le soutien silencieux des socialistes. Le PC à lui seul recueille 47 % des voix, la SFIO 15 %. En octobre 1947, de nouvelles élections municipales sont organisées, cette fois-ci au niveau national, au moment où les ministres communistes quittent le gouvernement. Les socialistes refusant de soutenir le maire communiste sortant, la ville bascule à droite et ce jusqu'en 1953, grâce à un avocat gaulliste qui laissera les finances dans un état catastrophique. Les communistes ne pardonneront pas à Gaston Defferre de leur avoir fait perdre une mairie qui leur semblait acquise. Mais le côté port n'aura pas emporté la mairie.

1959-1977 : le premier defferrisme

En 1959, Gaston Defferre ayant montré son opposition au parti communiste – notamment en empêchant le blocage du port –, la droite décide de le soutenir au second tour, au nom des intérêts locaux, et c'est ainsi qu'il passe avec une liste socialiste homogène. En fait, au conseil municipal, il entame une alliance avec les centristes qui se prolonge jusqu'en 1977 avec, en 1965 et 1971, la constitution de listes communes. Nous retrouvons l'équilibre de l'époque d'Henri Tasso, la place des Rastoin auprès du maire, l'alliance du côté ville et du port.

Bernard Morel et Philippe Sanmarco, qui sont en la matière des experts, écrivent : « Aux socialistes la responsabilité du logement et de l'habitat ; aux centristes, celle de l'urbanisme [1]. » Cette alliance anticommuniste, bâtie sur la volonté de voir fonctionner le port et ce y compris pendant le plan Marshall puis pendant les guerres du Viêt-nam et d'Algérie, ne se défera que quand la ville aura changé.

L'essentiel de la gestion de Gaston Defferre est un redressement des finances communales, et la politique massive que nous avons analysée en matière de logement et d'équipement. Cela est décisif dans la fidélité que les Marseillais lui ont toujours exprimée. D'une certaine manière, il est arrivé à résoudre les questions que se posait déjà Siméon Flaissières et il a largement contribué à élargir le champ des responsabilités communales à

1. *Ibid.*, p. 100.

Marseille et dans l'Hexagone, sa politique de décentralisation en étant comme le prolongement.

Sa bataille plus politique consiste à reconquérir l'électorat populaire capté par Sabiani puis par le PC. La politique logeuse et employeuse de la mairie et du parapublic en est l'outil tout en cherchant un appui nouveau sur les couches moyennes en développement. Sa politique sera poursuivie avec l'arrivée des pieds-noirs, pour les loger et les intégrer.

Côté port, nous l'avons vu, Gaston Defferre met en avant Charles-Émile Loo, qui devient le patron des acconiers par le biais d'une coopérative dont il prend la direction. Les dockers sont CGT, mais l'équilibre se maintient, d'autant que Jacques Rastoin fait le lien avec la chambre de commerce. Il ne faut pas croire que la gauche marseillaise soutient cette politique facilement. Dès 1965, une liste conduite par Henri Matalon, alliée au communiste François Billoux, manque de prendre la mairie. Cette alliance à nouveau bâtie uniquement sur le port sera battue dans les conditions que nous avons vues.

Le socialisme à l'époque, c'est le contrôle du social, des quartiers, des offices d'HLM, et grâce à ce pouvoir sur le logement, et aux 50 000 emplois au sens large qui en dépendent, le système Defferre s'est assuré une clientèle électoralement fidèle. « Un tel système n'est possible que s'il existe un véritable quadrillage politique de la ville. C'est ce quadrillage que la SFIO a mis en place de 1960 à 1977 [1]... » Cette idée est essentielle, car le système Defferre, qui est par certains côtés un prolongement du précédent bâti lui aussi sur le clientélisme et l'octroi d'avantages, est « moralisé » tout en gardant la même nature aux liens politiques. Ce système s'affaiblira quand la grande vague de constructions se terminera et que, dans les années quatre-vingt, la montée du chômage modifiera sensiblement le pouvoir employeur de la municipalité. Plus tardivement, l'attribution des RMI ou des CES ne sera plus qu'un ersatz de distribution.

1. *Ibid.*, p. 107.

Côté ville et vis-à-vis des couches moyennes, le syndicat FO joue un rôle décisif. Fortement favorisée par la mairie entre la CGT qui tenait trop fortement le port et la CFTC jugée trop cléricale, FO dominait « tout le tertiaire banal en pleine croissance suite à l'explosion démographique [1] », et ce jusqu'à l'émergence d'une vraie ville post-touristique dans les quartiers sud. À côté de ce mouvement, il y a bien sûr le monde associatif. Nous avons dit sa force à Marseille depuis la fin du siècle dernier : comités d'intérêts de quartiers, associations par nationalités, entraides professionnelles... Le tout est largement relayé par *le Provençal*, car n'oublions pas que Defferre était un grand patron de presse.

Ce premier defferrisme est une politique du cadre de vie comme système de relation avec les hommes au travers du trajet de chacun; cadre de vie, emplois publics et soutien aux PMI. Chacun y trouve sa place en fonction de son origine, de son lieu d'habitat, de son travail, de sa famille. Mais cela fonctionnera mal dans les grands ensembles où la population est brutalement installée en grand nombre, et dans les quartiers sud où arrivent des gens qui ont une autre culture politique. Et cela ne fera pas rêver les élites culturelles et médiatiques.

1973-1977 : la montée des tensions

À partir de 1974, la circulation avec l'Algérie n'est plus libre. Les immigrés deviennent donc des immigrants et ce au moment où l'économie française commence à avoir moins besoin de bras. Marseille va être un des hauts lieux de la montée des tensions racistes de cette époque, notamment face à une rareté du travail. La situation était déjà explosive : l'achèvement du grand chantier de Fos se mélange avec le recul de l'industrie marseillaise, laissant une masse importante de travailleurs sans emplois. Tout

1. *Ibid.*, p. 109.

est en place pour que les conflits prennent mauvaise tournure.

Le 24 août 1973, un Maghrébin pris de folie furieuse égorge un chauffeur de bus. Une marche de protestation dégénère. « Le 29, un manœuvre algérien est assassiné. Le 30 août, un Marocain se fait quasiment lyncher en plein centre-ville. Mais c'est l'exécution de Laïd Moussa qui le même jour soulève l'indignation de la France entière [1]. » Enfin, le 24 novembre, une bombe explose devant le consulat d'Algérie, faisant 4 morts et 20 blessés. En outre, les conflits se durcissent entre l'Amicale des Algériens et le syndicat des dockers. On n'embauche pas les Algériens sur le port. Puis 1974 est l'année où est rendue publique l'existence d'un centre clandestin de détention par la police « pour Arabes », le centre d'Arenc. Ce centre existe depuis 1965 mais il n'était pas jusqu'à présent un enjeu.

Ces tensions continuent jusqu'au cours des années quatre-vingt, où elles vont en partie s'exprimer sur le terrain politique. Belsunce est un quartier florissant du point de vue économique. Les étrangers, surtout des Algériens, sont nombreux dans la ville. Et les tensions sont donc doubles : d'un côté sur les emplois simples, de plus en plus rares, notamment après la fin du chantier de Fos, et de l'autre sur les emplacements commerciaux en limite de la Canebière.

Les modes de régulation du vieux système defferriste, qui fonctionnent bien avec les 100 000 Arméniens, les 70 000 membres de la communauté juive, la communauté grecque, la communauté corse bien sûr, mais aussi les 19 000 Italiens, les 17 000 Espagnols et les 5000 Portugais, sans compter les 5000 Asiatiques et les premiers Comoriens, ne fonctionnent pas bien avec la communauté maghrébine. Ses membres ne votent pas et ne se sentent souvent pas immigrants tant les échanges avec l'Algérie sont continus. Ces tensions vont contribuer à exacerber les différences entre la droite et la gauche marseillaise dans un contexte national d'union de la gauche.

1. Gilbert Rochu, *Marseille. Les années Defferre, op. cit.*, p. 38.

Enfin, 1977 est l'année de la crise de la réparation navale qui marque la fin quasi officielle du vieux système économique du port industrialisant et la perception du début de ralentissement de la croissance démographique de la ville. Marseille risque bien de ne pas devenir millionnaire ! Le bâtiment et les travaux publics ainsi que les activités périphériques, entretenues par la croissance urbaine, ne sont plus dans une aussi belle perspective. À l'arrière-plan, cela démontre l'incapacité du vieux clientélisme à continuer à être efficace. Le « côté port » était déjà très affaiblli, le « côté ville » n'est plus unifié. Comment alors faire passer une nouvelle logique urbaine et tenir quand même les vieux réseaux encore efficaces ? Le socialisme marseillais s'y affrontera avec difficulté.

1977 : le deuxième defferrisme

En 1977, les socialistes décident d'aller « seuls » à la bataille, ou plutôt sans les centristes officiels qui ont rejoint le président Giscard d'Estaing : Jean-Claude Gaudin, ancien adjoint à l'urbanisme, entre dans l'opposition ; Gaston Defferre s'entend avec les groupes d'action municipale, personnalités « socioéconomiques » dont le fils de l'ancien premier adjoint Jacques Rastoin, Pierre. Au fond, le front marseillais antiétatique et anticommuniste est encore passé entre les écueils. À cette occasion, on observe les bienfaits du découpage marseillais : avec 39 % des voix, Gaston Defferre a 56 élus. Avec 30 %, le PC en a 7. Avec 22 %, la droite n'en a aucun.

La gestion socialiste quasi homogène marque un tournant, le système a perdu son moteur portuaire mais la ville commence à sortir de sa gangue ancienne. Dans les tensions et les bouleversements que constituent les crimes racistes, c'est l'enjeu de l'utilité de la ville moderne qui commence à sourdre. Les différents niveaux de réalités se mélangent et se télescopent. Émergent avec retard les prémices de cette ville recentrée par les fonctions administratives, la recherche et la culture dont nous avons parlé.

1981 remet Marseille dans la situation de 1936 : la ligne nationale télescope la ligne locale. Gaston Defferre s'adapte, invente le statut des grandes villes découpées en secteurs et annonce qu'il se représentera en 1983 avec les communistes. Le front marseillais traditionnel est rompu, un autre émergera, rendu possible par le recul du port et la nécessité d'affronter la crise urbaine qui pointe. La montée du chômage, la désorganisation des quartiers Nord qui étaient structurés par le travail imposent un autre rapport entre le pouvoir municipal et les quartiers. Or l'essentiel de ces quartiers est communiste. La nouvelle alliance politique met en marge la ville balnéaire qui glisse vers la droite centriste, et recentre l'effort municipal. Mais l'enjeu dorénavant est bien ville-ville.

En 1983, Jean-Claude Gaudin rate de peu son élection. Vainqueur au premier tour, il est victime d'un sursaut entre les deux tours : comme une dernière flamme d'un feu qui s'éteint, les militants sont repartis à l'assaut des escaliers, la nouvelle gauche et les vieux réseaux se sont un moment ressoudés. Mais il faut voir, dans ce succès inespéré de Gaston Defferre, la cause des conflits futurs entre les hommes car, le 6 mars 1983, la droite chante sa victoire. « Deux cents journalistes étaient là à Marseille venus voir tomber Defferre », notent Bernard Morel et Philippe Sanmarco. Le désir de renouveau si vivement exprimé au premier tour n'a pas abouti, Jean-Claude Gaudin ne l'incarnant sans doute pas vraiment du fait de son côté trop localiste.

Gaston Defferre n'a pas su passer la main au bon moment. Mais n'est-ce pas le propre de maints grands leaders politiques de se croire irremplaçables jusqu'à la fin? Les jeunes qui l'entouraient avaient senti cette nécessité, notamment Michel Pezet et Philippe Sanmarco. L'impatience qu'ils manifestaient était à la hauteur de leur sentiment que la ville perdait du temps, qu'elle était encore dominée par son passé et qu'il fallait qu'elle tourne la page, que dans son voisinage « on lui tondait la laine sur le dos ». Il n'y avait pas de différence idéologique de fond entre ces acteurs, seulement la pesanteur d'une vieille culture face à une nouvelle. C'est aussi parce que ces jeunes-là crurent possible, avec les mêmes appareils, de reprendre le pouvoir au vieux patron qu'ils se firent battre. Ils pensaient qu'il fallait tenir le PS, créer des réseaux de quartiers, négocier une alliance de parti à parti avec le PC. Marseille leur a donné tort. En cela, la ville est profondément moderne.

On comprend comment cette ville anciennement sans structure se trouva à l'avant-garde du jeu politique dans un moment où partout dans les sociétés développées, les structures liées au travail comme à la proximité sont en train de s'effondrer. Marseille, de particulière qu'elle était, devint au début des années quatre-vingt une sorte de laboratoire d'une façon de faire de la politique différente, avec moins de partis, moins de structures fixes, plus de « société civile ».

Les nouvelles forces

Trois phénomènes marquent Marseille dans les années quatre-vingt. La poussée du Front national, l'arrivée de Bernard Tapie et l'élection contre les partis de Robert Vigouroux. Chacun, sans doute, a contribué à la transformation de la ville, dans la réalité, dans le jeu des acteurs et dans l'imaginaire.

Le pouvoir de la gauche à Paris contribue à l'émergence du Front national comme force politique majeure. Au départ, c'est le sentiment d'illégitimité de la gauche dans les palais de la République qui sert de tremplin au parti d'extrême droite. La montée des tensions racistes, dont nous avons parlé, y concourt mais elle date déjà. Or, en 1974, le Front national n'a recueilli que 3761 voix.

C'est en 1984, aux élections européennes, qu'il fait une percée nationale et notamment à Marseille. En deuxième position derrière la liste de droite, il totalise plus de 52 000 voix. En 1986, avec 85 000 voix, il est en deuxième position juste derrière le parti socialiste et, aux présidentielles de 1988, il est au premier tour le premier parti sur la ville avec 102 541 voix. Le Front national en tête dans la ville de Gaston Defferre, c'est quand même difficile à digérer pour le maire.

L'implantation de l'extrême droite dans la ville a, comme partout en France, une double histoire. Partie des beaux quartiers en 1984, elle gagne les quartiers du nord à partir de 1986, comme si la légitimité que la bourgeoisie lui avait donnée faisait sauter le verrou antifasciste dans les milieux populaires. C'est cette conjonction des deux électorats qui lui donne sa force. En 1988, « de la Pointe-Rouge à Notre-Dame-Limite, l'extrême droite est partout présente, mobilisant de 20 à 32 % de tous les électorats, dans tous les quartiers, dans tous les bureaux de vote. Cette structure électorale étant, à quelques particularités près, la même que celle du parti socialiste, Marseille se retrouve dans une situation radicalement nouvelle : posséder deux électorats interclassistes et interquartiers aptes à unifier un projet sur la ville [1] ».

Cette réflexion est à méditer en parallèle avec les remarques que nous avons précédemment faites sur la localisation de l'électorat UDF dans la ville balnéaire, de celui du RPR dans les pôles de vieille bourgeoisie et de celui du PC au-dessus des ports. Cette situation de légitimité géographique de l'extrême droite pour porter un projet municipal aura évidemment une influence considérable quand cette échéance se présentera.

Le deuxième événement majeur de la vie politique marseillaise est l'arrivée de Bernard Tapie. L'aventure de Marseille avec cet homme commence le 4 octobre 1985.

1. Jean VIARD, « Le dérangement marseillais », in Nona MEYER et Pascal PERRINEAU (dir.), *Le Front national à découvert*, Presses de la FNSP, 1989, p. 315.

Ce soir-là, il dîne à l'ambassade d'URSS à Paris pour fêter la visite de Mikhaïl Gorbatchev dans la capitale. Par les hasards du protocole, il se retrouve assis à côté de Mme Gaston Defferre, avec qui il évoque l'hypothèse de reprendre un club de football. La vérité oblige à dire qu'il visait plutôt Saint-Étienne ou Auxerre. Edmonde Charles-Roux tente donc de l'intéresser au sort de l'Olympique de Marseille, le célèbre club presque centenaire. L'idée intéressera Gaston Defferre, et l'on sait ce qu'il en advint pour le club de football qui finira champion d'Europe avant d'être disqualifié pour une histoire d'achat de joueurs. Mais Tapie a découvert Marseille et, comme l'écrit Serge Raffy, « vingt-six siècles après, Bernard Tapie pourrait bien être un nouveau Protis. Comme les Phocéens, Tapie est d'abord un marchand. Comme eux, il navigue. Il possède un bateau, un quatre-mâts de 74 mètres de long, " le plus beau bateau du monde ", dit-il, qu'il a baptisé, coïncidence, *Phocéa*. Comme eux il rêve lui aussi de poser ses rêves de bâtisseur quelque part, d'être autre chose qu'un " courant d'air " [1] ». Mais à l'époque, Tapie n'est pas encore un homme politique. Il est très proche, comme on dit, mais il n'a pas fait son choix.

Ce n'est qu'après la réélection de François Mitterrand, en 1988, qu'il franchit le pas. Et quand Le Pen décide, aux élections de juin 1988, de se présenter à Marseille, Tapie trouve enfin la faille qu'il cherchait. Il se lance contre le leader de l'extrême droite. Le Pen a choisi une vieille circonscription socialiste pour se présenter, une de celles où le socialisme marseillais est familial, où l'on se succède de père en fils, la circonscription des Masse. C'est un pari risqué : Marius est un enfant du pays, qui passe son temps à serrer des mains, à être attentif aux situations personnelles plus sans doute qu'à traiter de grands dossiers nationaux, mais c'est d'une redoutable efficacité. Le Pen, comme on le sait, sera battu, mais revenons à Bernard Tapie.

Le parti socialiste local, dirigé par Michel Pezet à

1. Serge Raffy, *Les Enfants de Gaston*, Lattès, 1989, p. 106.

l'époque, ne veut pas lui abandonner un de ses fleurons traditionnels et en outre, il compte bien aller lui-même à la bataille face à Jean-Marie Le Pen. Il est assez amusant, pour le devenir de cette histoire, de voir que Michel Pezet, qui a avancé en politique comme rénovateur du Parti socialiste, plutôt en amitié avec Michel Rocard, se retrouve dans cette affaire soutenir un socialisme traditionnel contre l'homme qui arrive avec le soutien de l'Élysée. Mais enfin, la politique a ses jeux... Bernard Tapie est donc envoyé dans une circonscription au cœur de la ville balnéaire qui est *a priori* donnée perdue pour la gauche. Il affronte un UDF local, ancien militant d'extrême droite reconverti. Tapie fait une campagne très dynamique soutenu par Charles Émile Loo – l'éternel faiseur de maires marseillais – qui est ici chez lui. Pourtant, Tapie est battu, de 94 voix seulement mais enfin cela suffit. Quelques mois plus tard, on découvrira que ces 94 voix ont été obtenues par une petite magouille sur le vote des personnes âgées.

Lors de l'élection partielle qui suit, Bernard Tapie est élu député de Marseille. Nous sommes à quelques mois des élections municipales de 1989. Cette nouvelle donne du jeu politique marseillais apparaît comme un coup de maître de l'Élysée qui a mis un nouveau loup dans la bergerie. Il est bien certain que Tapie ne sera pas inutile à Robert Vigouroux pour que celui-ci gagne la bataille de Marseille.

La progression de Bernard Tapie dans la ville est ensuite quasi continue. Lors des élections régionales de 1992, il est tête de liste et, s'il ne parvient pas à déloger Jean-Claude Gaudin de son siège de président, il le devance dans les Bouches-du-Rhône et réalise, dans un contexte beaucoup plus défavorable, le même score que Michel Pezet en 1986. La plupart des commentateurs le mettaient en position victorieuse pour les élections municipales de 1995.

Ce qu'il faut comprendre, au-delà de l'anecdote sur le rapport entre Marseille et Tapie, c'est que dans cette ville plébéienne, nourrie d'une vieille culture communiste et de l'espérance de retrouver un destin, Bernard Tapie réunit, en un seul personnage, l'ensemble de ces aspirations. Il incarne le renouveau auquel la cité aspire tout en perpétuant son vieux fond protestataire et populaire. Même une partie des élites de la ville balnéaire ont longtemps pensé, au-delà de sa personnalité même, qu'il était l'homme capable de casser les vieux systèmes politiques locaux et de tourner la page du deuil colonial. Tapie, en effet, arrive à gagner des voix avec un discours franchement antiraciste, franchement européen, ce qui ici surtout n'est pas banal. Là où des hommes politiques traditionnels sont parfois compréhensifs, lui est frontal et, si ses « affaires » ne l'avaient pas rattrapé, on ne voit pas ce qui aurait pu arrêter cette irrésistible ascension.

La mort du patron et l'avènement de Robert Vigouroux

Depuis 1981, les affrontements se sont durcis au sein du Parti socialiste marseillais et les raisons en sont multiples. D'une part, le patron est moins là, il est sans cesse à Paris, donc la réalité de son pouvoir s'est un peu affaiblie, souvent déléguée à des techniciens. D'autre part, la région a été confiée à Michel Pezet, qui dispose d'un outil puissant pour affirmer la nouvelle génération des socialistes marseillais. Et cette nouvelle génération s'appuie largement sur l'ensemble du département. Les nouveaux leaders marseillais ont une vision plus globale de cet espace, et ils ont le sentiment que la ville ne bouge pas assez vite, sans compter que la victoire de 1983 ayant été très fragile, ils craignent le futur, y compris pour leur avenir politique dans la cité.

Or, brutalement, Gaston Defferre meurt en cours de mandat. Chacun se rappelle sa mort, cette soirée où, sortant d'un comité fédéral du parti socialiste où il vient d'être mis à nouveau en minorité, le vieil homme rentre seul chez lui le soir tard, fatigué, et remonte dans son appartement rue Neuve-Sainte-Catherine. Il a un malaise. Il tombe, se blesse à la tête et meurt le lendemain dans la journée. Cette fin imprévue, au soir d'une réunion difficile, imprimera un sillon durable à la politique locale.

Michel Pezet, qui avait triomphé au comité fédéral la nuit même, se retrouve dans une situation impossible, parfois en position d'accusé. Pour les uns dans une réaction brusque de tristesse, pour d'autres sans aucun doute avec une volonté plus stratégique. L'enterrement de Gaston Defferre, retransmis par la télévision, aura lieu après des discours devant l'hôtel de ville, sur le quai, là où il amarrait son bateau, et à la cathédrale. Marseille n'aura jamais donné, autant que ce jour-là, l'image d'une ville communautaire, avec les représentants des différentes religions présents autour du cercueil.

La mort du « patron » est une rupture. Elle précipite les affrontements entre les hommes, mais aussi entre les visions de la ville, les réseaux, l'idée de la politique. C'est l'aboutissement des conflits entre les périodes du defferrisme. La vie politique marseillaise devient pendant un temps une scène de véritables pagnolades. On voit sortir de la mairie des groupes de conseillers exubérants qui vont discuter de leurs futures stratégies dans une arrière-salle de bar; des discours de tragédie grecque traversent la ville et les médias.

De tout cela, il ressort que Robert Vigouroux est élu maire, avec le soutien de l'Élysée et de la veuve de Gaston Defferre. Il n'est pas un homme neuf en politique mais il a toujours été un homme discret; il est surtout connu comme grand patron médical. Michel Pezet est écarté mais assez vite il est président du groupe des élus socialistes au conseil municipal et l'on voit se mettre en place jusqu'aux prochaines élections un jeu entre le maire et ses conseillers, chacun occupant, au sein de l'hôtel de ville, un territoire particulier.

1989 : nouvelles élections municipales. L'affrontement est inévitable. Le Parti socialiste soutient Michel Pezet qui s'allie aux communistes. Robert Vigouroux se présente en maire sortant, opposé aux partis. Une vague forte saisit la ville qui n'avait pas craint antérieurement de soutenir tout aussi fortement le Front national. Ces vagues se répondent et se croisent. La crainte de voir l'extrême droite prendre la ville existe, surtout si les partis de droite n'étaient pas stricts dans leurs stratégies d'alliances, ce qui ne s'affirme que lentement au cours de la période. Robert Vigouroux incarne à la fois une espérance magique de tourner la page et une alliance de tous ceux qui ne veulent pas de l'extrême droite.

Le vigourisme municipal garde, de la dernière période defferriste, la force et la compétence des services techniques. Il les augmente. La ville améliore ses équilibres financiers, mène une politique de mise en scène du centre-ville, une politique parfois hardie dans les banlieues, une politique de grands projets pour le futur. Il y a continuité avec la période précédente, mais dégagée des contraintes des liaisons politiques multiples, du poids des négociations avec les groupes, les quartiers, les communautés.

Peu à peu le maire perd pied dans l'électorat, parce qu'il ne fait pas de politique, au sens où une bonne gestion n'est pas le tout de ce qu'on attend dans une telle ville de celui qui l'incarne et l'unifie. La dignité des groupes, des communautés, les stratégies que l'on a vis-à-vis de leur monde d'origine, sont des éléments tout aussi décisifs de l'être-ensemble crée par la politique que la gestion. En outre, il n'y a pas de discours public pour définir la direction vers laquelle Marseille se dirige; il n'y a pas moyen de se solidariser dans un projet collectif qui serait porteur au moins d'espérance. Robert Vigouroux finit, en 1995, par se rallier à la candidature d'Édouard Balladur à l'élection présidentielle, peut-être par conviction personnelle, peut-être par tactique, sans doute aussi pour servir sa ville, dont l'avenir dépend de lourds financements publics, notamment avec Euroméditerranée.

Les logiques de la chose publique

Depuis Louis XIV, le négoce portuaire a dirigé la cité, et depuis la fin du XIXe en alliance avec les réseaux sociaux du quadrillage urbain. Peu à peu, avec le recul du port, différentes villes se sont constituées dans le corps même de la cité, chacune ayant ses prolongements hors les murs. La fin du grand passage sédentarise les hommes mais dans une nouvelle métaculture de la mobilité. Les grandes vagues politiques expriment cette mutation à Marseille sans doute plus fortement qu'ailleurs, comme hier le clientélisme a plus qu'ailleurs permis le contrôle social d'un peuple instable.

La question se pose aujourd'hui de savoir, entre la ville balnéaire, la ville historique et la ville ex-industrialo-portuaire, quels peuvent être les projets et les cultures politiques aptes à produire de l'unité urbaine constructive. Et quelles formes de sélection « professionnelle » des politiques y sera à l'œuvre. L'affaiblissement de la fonction de passage rend la réponse incertaine. La médecine restera certainement un grand pôle : Jean-Claude Chermann, ex-député, spécialiste du sida, l'illustre. L'avenir du monde judiciaire face à la chose publique est plus incertain ; celui des aventuriers ou des « bonapartistes » peut être un temps prometteur si ne se réorganisent pas des transversalités entre les groupes porteurs de développement et les exclus du développement.

Où seront les nouveaux structurateurs de l'espace politique ? Ils pourraient émerger des champs nouveaux de la vitalité marseillaise : la culture, populaire, communautaire ou créatrice, le monde des savants, de l'administration, des techniciens. Mais pour que ces milieux accèdent à la chose publique, ils ont besoin d'un travail de visibilité dans la ville qui n'est pas encore achevé. Nous l'avons assez explicité sur la logique urbaine. À un horizon de quinze ans, penser que des cadres d'Euroméditerranée pourront accéder à la mairie en alliance avec des jeunes « beurs » qui auront animé des centres culturels ou sportifs et quelques chercheurs de renom est loin d'être une absurdité. Cette perspective montre bien en quoi le champ du politique est en cours de transformation. Et cela montre bien aussi l'une des grandes particularités de Marseille, qui est d'être unifiée par son site, par sa mémoire, par le politique en tant que scène symbolique, et non par une structuration sociale réelle.

L'aventure de Robert Vigouroux – une gestion plutôt serrée mais un déficit politique – qui termine notre chronique écrite au seuil des élections municipales de 1995 amène à une double question. La première sur les cadres du politique : les crises – portuaire, du travail, du logement... – ont eu raison du vieux clientélisme, « côté port » comme « côté ville ». Celui-ci n'est pas mort pour des raisons politiques, mais il est devenu obsolète pour organiser la ville en cours de sédentarisation. Cette obsolescence progressive explique les secousses des vingt dernières années, les paradoxes des hommes. Se pose alors la deuxième question : que fait-on d'un monde de gens qui, faute d'emploi, ne partagent pas une culture du travail? qui, faute de moyens, sont assignés à résidence dans des HLM dont ils auraient dû partir pour une autre trajectoire sociale? qui, faute d'activité, sont enfermés dans des quartiers sans âme? Et je poserai la question jusqu'au bout : que fait-on sur ces différents plans, groupe par groupe, quartier par quartier, communauté par communauté, trajet par trajet, homme par homme? Mais surtout, comment le fait-on savoir à tous ceux qui ont besoin de l'entendre et, ne nous y trompons pas, qui partagent une méta-culture télévisuelle commune mais ne donnent pas le même sens aux mots et aux gestes? Des élites qui ne se poseraient plus ces questions, qui ne sauraient pas faire la mise en scène nécessaire au spectacle qu'elles ont à produire, s'éloigneraient de ceux qui ont peu ou pas d'espérance. Marseille, même avec le clientélisme, a longtemps su le faire. Saura-t-elle demain réaliser cette synthèse?

Conclusion

Si j'étais maire

Le titre provocateur de cette conclusion ne vaut pas proposition électorale, il veut seulement dire trois choses : la fonction décisive aujourd'hui pour Marseille est celle de maire ; le pouvoir local doit s'adapter sociologiquement à ce que la ville est devenue ; Marseille doit se concentrer sur ce qu'elle sait faire le mieux.

Nous avons montré au fil du dernier siècle la place nouvelle et décisive prise par le pouvoir municipal. Gaston Defferre a justement incarné, avec les lois de décentralisation, cette émergence du pouvoir urbain, même s'il a en partie laissé sur l'ouvrage la question des bonnes échelles de la décision, les communes ne correspondant plus vraiment à l'espace de vie des habitants et des entreprises, les départements ayant encore une autre vocation. Quand on voit les tensions ancestrales entre Marseille et la Provence, on comprend le pourquoi de ce chantier laissé ébauché, on devine aussi qu'il faudra aller plus loin et créer l'espace démocratique de l'aire urbaine moderne, celui de la gestion des mobilités de proximité et des images produites par le lointain, laissant aux municipalités les appartenances symboliques et la solidarité.

Dans cette mutation de longue période, Marseille aura une place à part car, fille de la mer, elle n'a pu se développer en tache d'huile dans sa périphérie. Toujours, elle formera avec la Provence un couple à la Janus. L'enjeu est d'en faire une force et non l'arène close de conflits de proximité.

Mais pour accélérer l'avènement de cette organisation nouvelle, il faut apporter au présent la logique contraignante et créatrice de l'histoire longue de chaque terroir. C'est ce que ce livre a tenté pour Marseille, c'est la conviction du nécessaire respect de chaque héritage qui en a modelé les partis pris. Le temps du grand passage s'achevant, il faut repenser les hiérarchies urbaines et produire le passé comme monument de mémoire. Le rôle des passeurs doit devenir second, celui des négociants entrepreneurs ne pouvant se restaurer car ils ont quasiment disparu.

Le poste de maire était hier déjà devenu central, et plus qu'ailleurs, pour organiser ce gigantesque brassage d'hommes, nous l'avons montré; les réseaux tissés autour du politique par le port et l'imaginaire politique des quartiers ont permis de faire face à une société sans (beaucoup de) classes, et au fil du temps sans bourgeoisie urbaine. Mais maintenant, chaque jour le poste est plus décisif. Et ce pour une raison simple : sans les transferts sociaux et les emplois publics et parapublics, municipaux, départementaux, régionaux, nationaux, Marseille n'aurait rien à envier aux métropoles les plus déshéritées du tiers-monde! Les emplois de fonctionnement, y compris l'enseignement, la recherche publique et la santé, sont à la base de la ville actuelle, avec les transferts de solidarité, Assedic, RMI, retraites et aides multiples. Le port y compte certes encore, comme le commerce et quelques industries, mais en retrait relatif dans la cité.

Or regarder l'économie en face n'a jamais rendu aveugle. Il en découle que si le politique a été l'agent structurant du lien social dans une époque du transit, il est en fin de période devenu indirectement l'employeur principal. Si Marseille – la ville et non la municipalité – était une entreprise privée, il est clair qu'elle serait mise en redressement judiciaire et qu'on nommerait un administrateur provisoire. Le maire, en tant qu'incarnation de la chose publique dans sa cité en fait actuellement office, mais l'État doit être déclaré « gestionnaire de fait » car il a pris une part décisive aux décisions stratégiques de l'entreprise-ville, notamment avec le choix colonial et des stratégies d'investissement en d'autres lieux de la façade méditerranéenne.

Cet administrateur provisoire a des atouts pour un redressement, une marque très connue mais à la notoriété ambiguë, deux secteurs – la façade française et les échanges maritimes – en pleine croissance, des actifs mobiliers et immobiliers considérables, des pôles de recherche et d'enseignement puissants, une solidarité d'entreprises forte, une culture de comités d'entreprises voués à l'entraide et la solidarité plutôt qu'au champagne à prix réduit, des cercles de qualité par ateliers souvent structurés par les cultures d'origines, quelques secteurs d'avant-garde – citons la Comex éternellement mise en avant –, un outil de travail portuaire potentiellement performant, de nombreuses démissions individuelles qui allègent régulièrement les effectifs et une trésorerie souvent placée hors la ville mais, dit-on, étoffée. Enfin, une perspective de reprise à moyen terme portée par Euroméditerranée, le grand projet aménageur de l'espace maritime urbain, apte à accumuler du savoir, de la recherche, de la formation, de la logistique portuaire, de l'imaginaire. Et ce sans oublier le technopôle de Château-Gombert qui, comme trop de réalisations locales, ne mobilise les énergies qu'au moment de leurs annonces.

Au passif, cependant, le poids est considérable. Des dizaines de milliers de travailleurs sur des postes non rentables, des jeunes embauchés sans qualification, une culture d'entreprise encore très liée aux activités abandonnées, des liens avec d'anciennes filiales à l'export en grandes difficultés, un morcellement considérable du secteur de la recherche, des conflits durs entre organisations professionnelles et syndicales, une équipe de direction urbaine souvent conflictuelle.

Cette vision ultralibérale est évidemment absurde mais

elle oblige à penser Marseille comme une entreprise en reconversion qui a subi une crise profonde des années soixante aux années quatre-vingt, crise dont la visibilité n'est vraiment apparente que du fait des grandes vagues politiques. Alors se pose la question qui est celle de toute entreprise en redressement : où est le cœur de l'entreprise? Sur quoi doit-elle se recentrer?

Une ville de l'immatériel

Une vérité profonde et simple apparaît en pleine lumière : Marseille est l'entreprise type de l'immatériel. La production de biens matériels y est venue en complément, par opportunité et hasard, mais la ville est d'abord un carrefour de mondes et de savoirs et elle est forte quand la circulation qui l'irrigue et la traverse est puissante. La vraie crise marseillaise ne doit pas être comparée à une friche industrielle mais à une bourse en déshérence!

Cela peut faire sourire, mais je pense quand même qu'il faut un temps s'y arrêter. Car Marseille a tiré sa puissance depuis un siècle d'abord de l'import-export de civilisations, de sa passion de découvrir des mondes inconnus, de recueillir et protéger des cultures en voie d'extinction par le feu, le fer, ou la démographie. Elle est la ville de toutes les religions révélées, chaque peuple de Méditerranée et de l'empire y a ses réseaux, chaque couleur d'hommes ses bases, chaque savoir scientifique ses antennes. Sans doute ces sous-ensembles urbains sont-ils moins mobiles qu'hier, mais c'est justement ce qui favorise l'accumulation sur place de cultures communautaires créatrices et de cultures scientifiques et techniques.

Certes, cet ensemble a produit de la richesse conjointement avec la production de biens et de marchandises. Mais comme les petites sœurs qui tiennent le restaurant de Notre-Dame de la Garde pour verser les bénéfices aux

« filles repenties », Marseille a dû créer une activité manufacturière pour survivre et faire survivre ceux qui dépendent d'elle. Mais là n'est pas son fonds de commerce. Ce fut une activité seconde comme dans toute entreprise en développement qui s'élargit par création interne en période faste. En période maigre, il faut savoir les abandonner et se reconcentrer. Ce que Marseille a fait, comme elle avait déjà su le faire plusieurs fois dans l'histoire, une ville de site ne semblant pas pouvoir échapper au destin que la géographie lui a donné.

Mais que vaut ce fonds de commerce-là dans le monde qui s'ébauche? Justement beaucoup, car le monde qui naît paraît saisi par un terrible face à face entre la montée des économies informelles au sud, et la domination au nord d'une mutation technologique informationnelle. Ce sont les deux grands enjeux du siècle qui s'annonce au sein desquels nous avons à définir ce qu'Edgar Morin appelle une politique de civilisation, « le bien-vivre prenant le pas sur le bien-être qui, réduit à des conditions matérielles, produit du mal-être [1] ». Si nous n'inventons pas des ponts entre ces deux logiques, dans chaque ensemble culturel comme entre eux, les tensions et les déséquilibres risquent bien de devenir incontrôlables.

Marseille est placée au cœur de ces enjeux par sa réalité actuelle, sa position et sa mémoire. Elle doit s'en faire non seulement le héraut, mais encore se produire comme laboratoire d'expérimentation de ce télescopage, lieu de production de connaissance et de savoir-faire aptes à passer entre ces mondes. Elle doit redevenir un carrefour, plaider pour plus de circulation – et sans doute moins de migrations – entre Nord et Sud, entre les Méditerranéens, jouer à fond la carte d'un tourisme historique et scientifique, mais le tout autour d'une fonction centrale enfin clairement placée au centre, les réseaux immatériels du savoir, de la culture, de la recherche, de la connaissance, de l'innovation alliés dans une perspective futuriste avec le vieux fond commercial et portuaire.

1. Edgar MORIN, *Tranversales*, n° 32, 1995, p. 33.

Ainsi Euroméditerranée, projet d'urbanisme plus que de contenu, doit devenir l'emblème de la prise de pouvoir du cerveau sur la main, de l'homme sur la technique et de la transformation des hiérarchies planétaires nées de la période manufacturière. Mais un emblème qui tienne compte du fait qu'on est entré dans l'ère de l'inter-civilisation [1], au-delà des vieilles hiérarchies issues de la conquête de la planète entière et de l'ordre manufacturier qui y est intimement lié.

Nos civilisations sont en train de chercher les voies d'une alliance originale entre son univers symbolique, les règles incompressibles du marché, et les savoirs techniques essentiels. Cette question préoccupe d'abord les plus pauvres, souvent entraînés par des scientifiques. Va-t-on s'étonner que ce soient souvent des civilisations qui n'ont pas accédé au fordisme que nous vient le message que l'homme est au cœur du monde, et que produire pour produire n'a pas de sens ? Triste époque où l'on croit toujours que l'autre veut devenir un autre soi-même. Quand entendra-t-on tout le message si fort du refus du colonisé ? Marseille est évidemment bien placée pour porter cette nouvelle vision du monde.

Il lui faut cette utopie pour qu'elle retrouve une position de passeur de mondes. Alors elle profitera de son air instable pour bousculer savants et ingénieurs trop souvent produits par un cocooning social peu apte à favoriser une saisie d'un monde mobile et divers. Quand fabriquera-t-on enfin ces ingénieurs de la ville dont la planète a besoin, y compris et surtout pour penser l'organisation de villes quasiment sans ressources qui seront les mondes du Sud de demain ? Quand pensera-t-on la formation des enfants du Sud qui, dans les décennies qui viennent, n'ont aucune chance d'avoir des maîtres mais auront sans doute la télévision ? Quels outils faut-il forger, quels savoirs, quelles utilités ?

Ce ne sont que des exemples pour éclairer un mouvement ; mais le monde de demain ne sera pas la mise à nos

1. Club de Marseille, *Parier l'homme, op. cit.*

normes de l'ensemble de la planète. Nous avons essayé avec la colonisation et nous avons dû regagner nos foyers. Cela, Marseille doit le dire. Qui mieux qu'elle peut le faire? Qui peut mieux penser le temps de l'inter-civilisation où l'on « sautera » les étapes de ce qui a été découvert par d'autres? Par exemple, notre savoir technologique peut permettre de faire gagner des décennies de drames à l'Afrique, comme le dit Edgard Pisani, ne fût-ce qu'en équipant massivement certaines régions de fours solaires pour que la population cesse de recourir à la coupe d'arbres de plus en plus rares.

C'est autour de ces thèmes que Marseille doit se concentrer en serveur de modernité technologique et scientifique adaptée à des organisations différentes du développement. Mais aussi en serveur de cadres intellectuels et statistiques pour qu'on cesse un jour de retrouver dans le même discours de pauvreté des sociétés traditionnelles et des « sauvages » urbains; pis, que l'on dévalorise avec nos messages les cultures traditionnelles au point que leurs héritiers désirent les quitter. Marseille peut être le site qui pense et propose des ponts entre les époques et les espaces, loin de ce qu'il est devenu courant d'appeler le « politiquement correct ». C'est au centre de ce virage fondamental que Marseille peut inventer sa nouvelle place, en anticipant sur ce qui déjà l'entoure.

Cette Marseille-là occupera, dans la chaîne des villes qui parsèment le front Nord-Sud en voie de constitution – ici de Barcelone à Odessa –, la place qui a toujours été la sienne, celle d'une ville dont le savoir-produire n'est pas d'abord lié à la terre et à l'usine, mais à l'échange, au négoce, à la mise en contact. Marseille, une ville qui anticipe par archaïsme préfordiste, un beau programme! Mais à condition de ne négliger aucune autre opportunité.

La logique des quatre cercles

Concentrée autour de cet objectif central, Marseille éclairera l'aspect positif des images qui la concernent. Elle substituera au mythe de l'Orient et au mythe colonial celui du monde où l'échange se transforme. Autour de cette volonté urbaine simple, à contrepied de l'évidence actuelle mais enracinée dans la fidélité au site et à la mémoire de ses habitants, Marseille doit s'engager dans un projet décennal en posant que demain on viendra à elle, car elle aura anticipé sur le monde naissant. Et ici le travail qu'effectue le Club de Marseille sous l'impulsion du président de la chambre de commerce, Henry Roux-Alezais, est d'avant-garde.

Les efforts du présent doivent alors tendre à capter dans la ville tout ce qui va dans ce sens, tout en ne délaissant pas les autres usages, productions et savoirs. Les deux objectifs sont inséparables. Là est le premier cercle de l'action publique nécessaire. L'État et l'Union européenne doivent en devenir les partenaires.

C'est par l'affirmation de son originalité par ce premier cercle que la ville trouvera sa place au sein des villes de la façade méditerranéenne de l'Europe. À nouveau elle y sera la ville du passage, sans volonté hégémonique dans sa proximité, mais appuyée sur la profondeur du continent.

Le deuxième cercle est lié au fait de rendre au passé ce qui lui est dû. Et d'abord à la colonie et aux migrations méditerranéennes. Marseille doit se doter de l'immense musée de ces aventures dans le double regard du colonisateur et du colonisé comme du migrateur et du sédentaire. On ne peut tourner une page de l'histoire du monde sans en fabriquer, peut-être pas la mémoire commune, mais au moins la mémoire voisine. Chacun doit y retrouver la fierté de son aventure, y compris en ne cachant pas les côtés horribles. Marseille doit devenir la grande ville du tourisme de la mémoire et de l'apprentissage par les générations futures de l'aventure occidentale du xve au xxe siècle et des conséquences pour les mondes ainsi détruits et recomposés. Là est le deuxième cercle, et la ville en a les atouts. Par là, on créera des emplois simples qui font cruellement défaut.

Le troisième cercle est celui du voisinage et du court terme. La bataille doit être âpre avec les cités de Provence si elles ne veulent pas chercher leur place avec ce projet urbain. Soit elles acceptent, et Marseille également, que dans le partage du travail au sein de l'espace national elles tiennent la place dévolue par Paris à la province : la fabrication, y compris de pointe, et une part de la recherche, des fonctions ludiques et touristiques, la captation des transferts vers le troisième âge; mais elles doivent accepter que cette affectation créatrice d'emploi et de richesse soit partagée dans le cadre d'une unité fiscale et fonctionnelle intégrant Marseille *et* la Provence. Soit elles le refusent, et préfèrent alors garder les avantages financiers d'avoir capté une part du port, une part des usines, une part des laboratoires, une part du grand commerce; alors sur tous ces fronts Marseille doit contre-attaquer au maximum dans une logique de bataille navale. Mais ce serait absurde en bonne logique et en bonne gestion. La ville s'équipera alors intra-muros de grandes surfaces, elle refusera au maximum tout transfert entre les deux zones. En gros, c'est ce qui a commencé. Cette bataille de voisinage est traditionnelle à Marseille, à défaut d'être intelligente, mais la différence entre la mer et la terre reste lourde à porter.

Certainement, ce troisième cercle gagnerait à être organisé dans le cadre de la mégapole. Ici nous aurions six sous-ensembles urbains, le carré ouest au nord de l'étang de Berre, Vitrolles et ses environs, Aix-en-Provence, Marseille balnéaire, Marseille-centre et le triangle de la pauvreté, ces six espaces à gérer en interrelation devant ouvrir à un outil citoyen de décision complémentaire des espaces d'appartenance communaux. Un conseil général rénové pourrait en être l'outil. Cette question est directement celle de la capacité d'un discours politique à entraîner les hommes, les convictions et les intérêts. Porté par un projet urbain central fidèle à la ville même, nourri de la production mémoriale du passé, organisé par une vision spatiale novatrice, un discours politique porteur, comme l'a été celui de Georges Frèche à Montpellier, doit se nourrir de l'alliance des trois grands trajets des hommes qui font la mégapole, ceux qui sont nés ici, ceux qui vivent avec le souvenir des terres de l'ex-Empire, ceux qui sont venus du Nord.

Le monde du travail relativement simple, y compris le tourisme, celui des hautes technologies du centre nucléaire de Cadarache au technopôle de Château-Gombert en passant par Aix, Les Milles et l'Arbois; celui des ports de la logistique et du négoce devant devenir transversaux aux territoires communaux pour puiser chacun leurs forces à différentes sources.

Le quatrième cercle de l'action publique est celui de l'invention de formes démocratiques pour un monde où les appartenances sont en crise, où les grandes structurations par le travail et le local s'effritent. On l'a bien vu dans notre analyse de Marseille, où la culture de classes n'a pas triomphé, où la culture de quartiers a en partie manqué la question des « cités » et des communautés. Or un monde de l'intercivilisation et de la mobilité repose fondamentalement la question de la dynamique des minorités et interroge nos règles d'intégration par le modèle de la nation, non le principe. Marseille peut être un lieu d'expérimentation de ces formes nouvelles de citoyennetés.

Un espace de gestion – la mégapole – démocratique et complémentaire aux communes est à même d'émerger, mais articulé sur une montée en démocratie citoyenne des microensembles qui la composent. Peut-on créer un conseil communal consultatif où chaque quartier et chaque cité importante auraient un délégué élu, et pourquoi pas chaque entreprise ou service d'une certaine taille? Les formes sont à débattre, mais Marseille, parce qu'elle est patchwork et que sa position l'amène à être une vitrine vers le Sud, doit se penser comme Berlin après 1945, mais un Berlin des temps nouveaux, démocratique toujours, mais aussi inventif des nouvelles modalités de l'échange dans un monde limité et technicisé. Là, la grande cité instable, celle qui a tant compté quand on a cru allier les mondes par les colonies, pourra retrouver un destin, dans son cheminement à elle, enracinée dans sa région et son continent, mais fidèle à sa propre histoire, mobilisatrice pour ses habitants si divers et si demandeurs de la nouvelle utilité du site.

Au terme de ce long parcours dans le temps et l'espace de Marseille, je vais devoir quitter ceux qui m'ont accompagnés jusqu'ici. J'ai tenté de leur dire ce que je voyais de « ma » ville, de leur construire le récit de l'aventure d'un site sous l'angle de ce que Michel Marié a appelé un jour une « sociologie du regard ». Je suis un promeneur, je flâne indifféremment dans les rues ou dans les livres, dans les cartes ou les séries statistiques. Ce livre, pour moi, répond à celui que j'avais écrit sur quatre petits villages du Luberon il y a près de vingt ans [1]. Entre ces deux lieux où j'ai vécu et où je continue à vivre, j'avais commencé par celui qui me semblait le plus accessible. S'affronter à Marseille posait un problème d'échelle. Ce n'est pas à moi de juger de l'intérêt du résultat de ces longues années de travail, et de compagnonnage avec le grand port phocéen. Mais j'y ai, comme avec « mes » villages, surtout rencontré le rôle considérable des territoires, de leur morphologie, de leur organisation. Peut-être la géographie fait-elle plus l'histoire que les hommes; mais les hommes peuvent modifier la géographie par leurs travaux et leur imaginaire. Avec des effets parfois imprévisibles comme ceux que le percement du canal de Suez a eus pour la place de Marseille,

1. Michel MARIÉ, Jean VIARD, *La Campagne inventée*, Actes Sud, 1977.

ou ceux que l'aristocratie décadente a ouverts du côté de Nice en mettant le Sud en désir. Peu à peu, nous devons apprendre que les lieux ont une parole dont nous sommes les messagers. Si on ne l'écoute pas, le lieu se révolte ou se destructure.

Marseille est de cela un admirable exemple. La force du site y a au fil du temps toujours fait renaître une ville, ce petit bourg de quelques hectares n'étant pas en soi suffisant pour que la vie jamais ne le quitte. Mais le site est impérissable. Et sa mémoire est puissante, masquée c'est vrai par un siècle de peuplement désordonné et de passage inquiétant, mais à nouveau observable aujourd'hui sous les stigmates de cette terrible et puissante période. Alors Marseille doit renaître comme le désert après la pluie. L'orage a été rude, l'œuvre de l'homme est d'y créer à nouveau les richesses, d'abord en retravaillant fortement la ville même et en la rendant à une méditerranéité de haute culture.

Annexes

Dates repères

600 av. J.-C.	Fondation de Marseille par les Phocéens.
49 av. J.-C.	Prise de la ville par Jules César.
1447	Jacques Cœur est fait citoyen de Marseille.
1481	Marseille devient française, installation des galères.
1660	Louis XIV entre dans la ville.
1666	Décision d'agrandissement de la cité.
1669	Monopole du commerce avec le Levant.
1793	Marseille « ville sans nom ».
1830	Prise d'Alger.
1831	Premier vapeur dans le port.
1848	Le train arrive à Marseille.
1849	Canal des eaux de Durance.
1853	Port de la Joliette.
1880	Marseille, premier port européen et premier port de Méditerranée, est dépassée par Hambourg.
1906	Exposition coloniale.
1939-1947	La ville est mise en tutelle.
1943	Destruction des quartiers de la mairie par les Allemands.
1953	Élection de Gaston Defferre.
1962	Indépendance de l'Algérie.
1967	Décision de créer le port de Fos-sur-Mer et la zone industrielle.
1994	Lancement d'Euroméditerranée.

Évolution démographique (estimations)

XIIIe siècle	25 000	habitants
XIVe siècle	10 000	
XVe siècle	25 000	
XVIIe siècle	45 000	
1789	120 000	
1821	110 000	
1831	132 000	
1851	195 000	
1864	300 000	
1914	650 000	
1946	636 000	
1968	889 000	
1975	908 000	
1982	870 000	
1990	800 000	
1995	750 000	environ

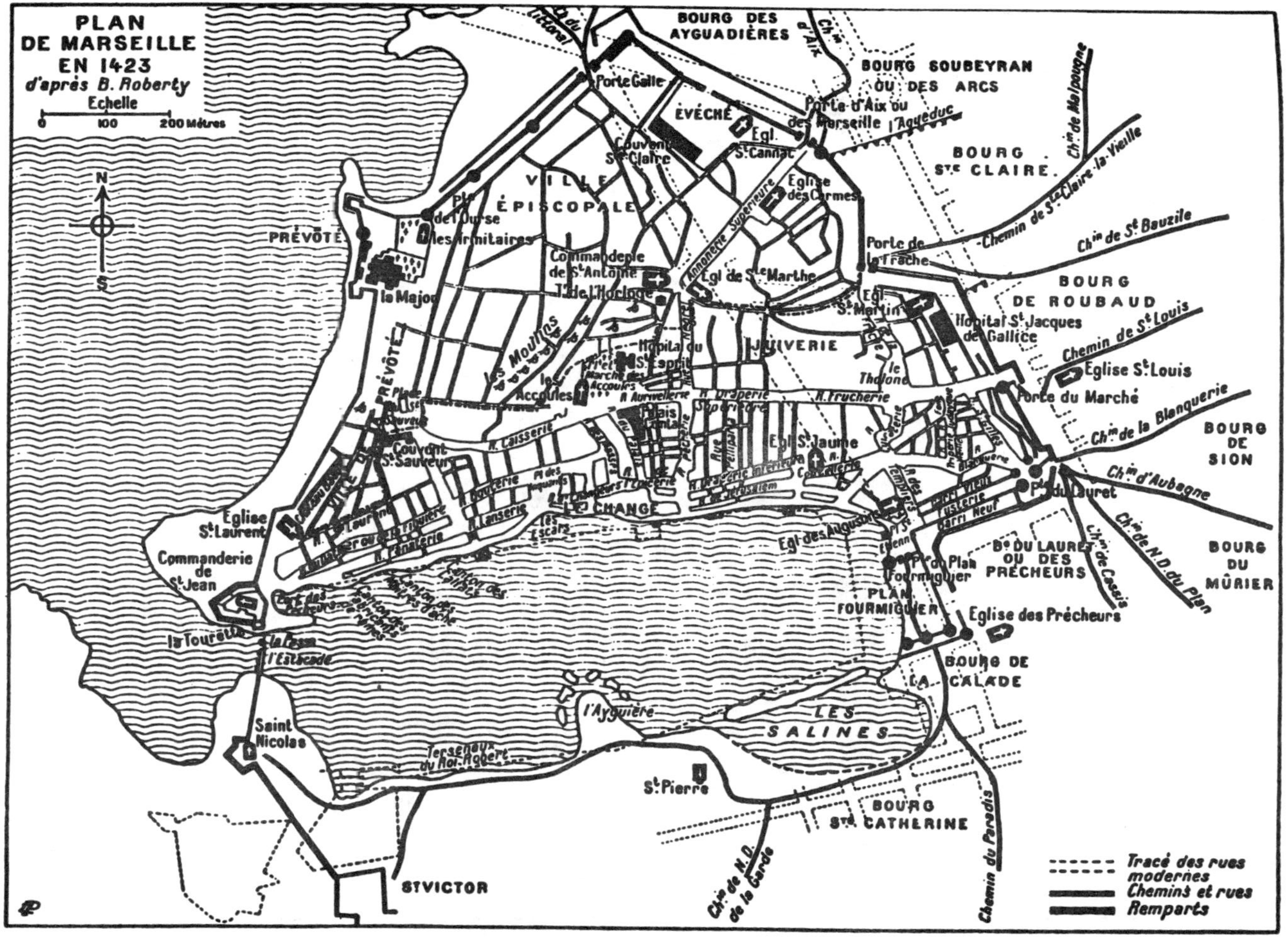
PLAN
DE MARSEILLE
EN 1423
d'après B. Roberty
Echelle
0 100 200 Mètres
N
S
BOURG DES AYGUADIÈRES
BOURG SOUBEYRAN OU DES ARCS
BOURG Ste CLAIRE
BOURG DE ROUBAUD
BOURG DE SION
BOURG DU MÛRIER
Bd DU LAURET OU DES PRÊCHEURS
BOURG DE LA CALADE
BOURG Ste CATHERINE
LES SALINES
VILLE ÉPISCOPALE
PRÉVÔTÉ
JUIVERIE
CHANGE
Porte Galle
ÉVÊCHÉ
Porte d'Aix ou de Marseille
l'Aqueduc
Couvent Ste Claire
Egl. St Cannat
Eglise des Carmes
Porte de la Frache
Egl de Ste Marthe
Commanderie de St Antoine
Tr de l'Horloge
la Majou
Les Moulins
Hôpital St Jacques de Gallice
Eglise St Louis
Porte du Marché
Egl St Jaume
Egl des Augustins
Couvent St Sauveur
Eglise St Laurent
Commanderie de St Jean
la Tourette
l'Estacade
Saint Nicolas
l'Ayguière
Tersenaux du Roi Robert
St Pierre
St VICTOR
PLAN FOURMIGUIER
Eglise des Prêcheurs
Chin de Malpougne
Chemin de Ste Claire-la-Vieille
Chin de St Bauzile
Chemin de St Louis
Chin de la Blanquerie
Chin d'Aubagne
Chin de N.D. du Plan
Chin de Cassis
Chemin du Paradis
Chin de N.D. de la Garde
Tracé des rues modernes
Chemins et rues
Remparts

La vieille ville et l'agrandissement avec les limites des paroisses à la fin du XVIIe siècle

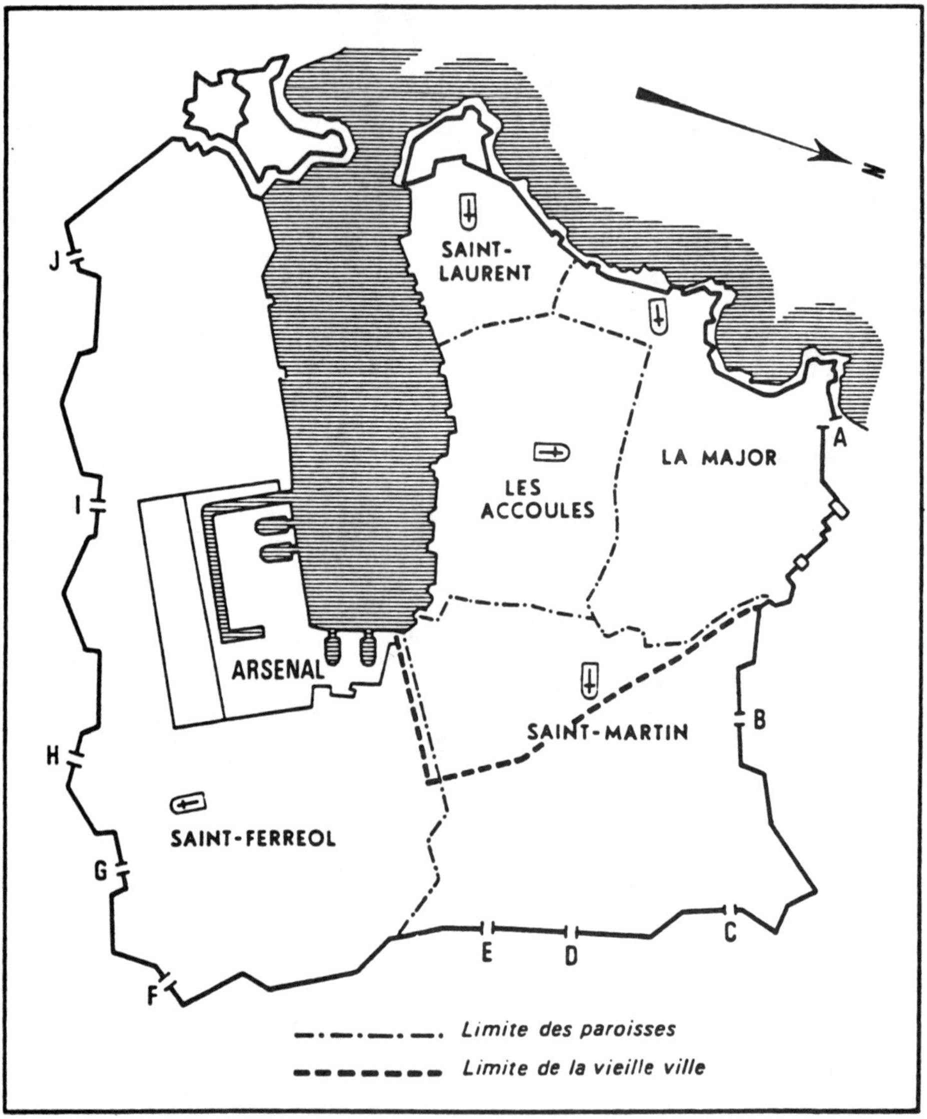

TIRÉ DE : ÉDOVARD BARATIER (dir.), *Histoire de Marseille, op. cit.*

Les portes :

A : de la Joliette
B : d'Aix
C : Bernard-du-Bois
D : des Fainéants
E : de Noailles
F : d'Aubagne
G : de Rome
H : de Paradis
I : de Notre-Dame de la Garde
J : de Saint-Victor

MARSEILLE PAR ARRONDISSEMENTS

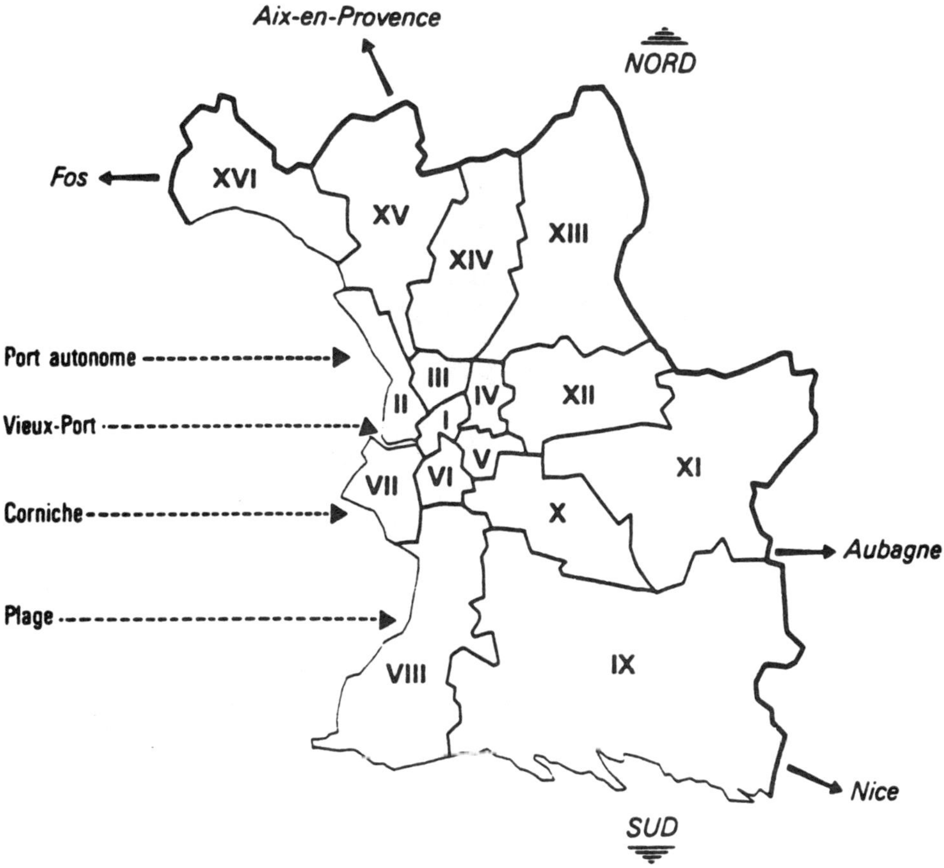

Tiré de : *Le Front national à découvert, op. cit.*

ÉVOLUTION ANNUELLE DE LA POPULATION
PAR ARRONDISSEMENTS DE 1982 À 1990

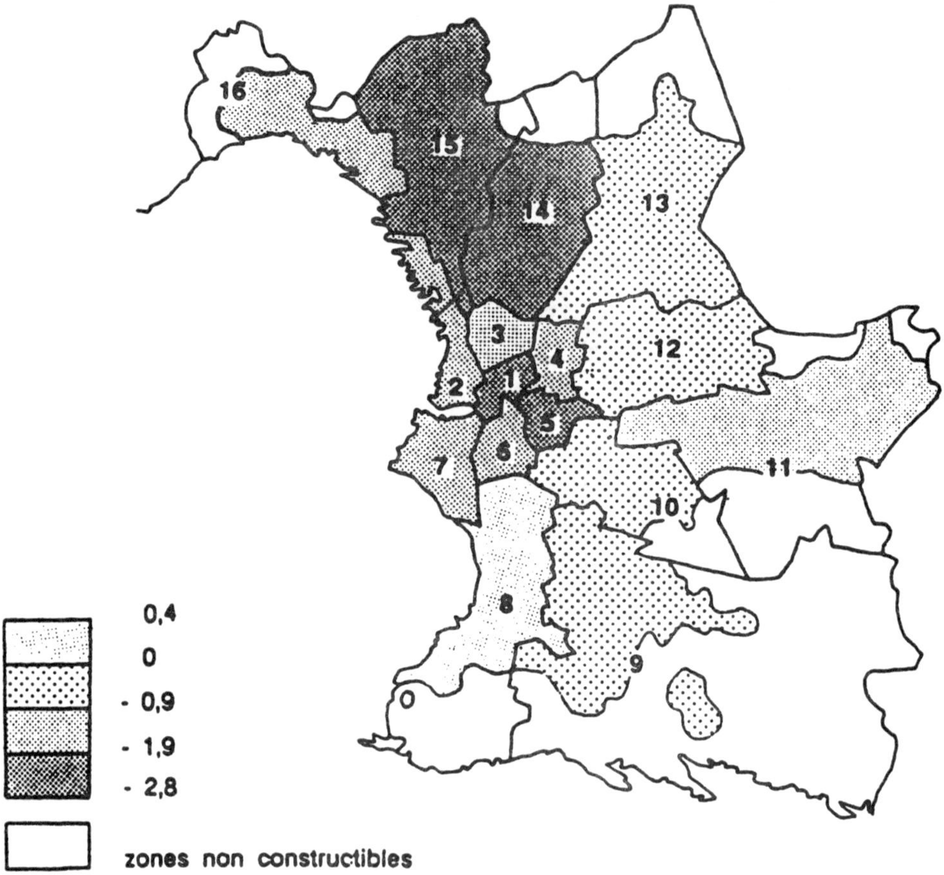

Familles à bas revenu : proportion de la population [1]
par arrondissements

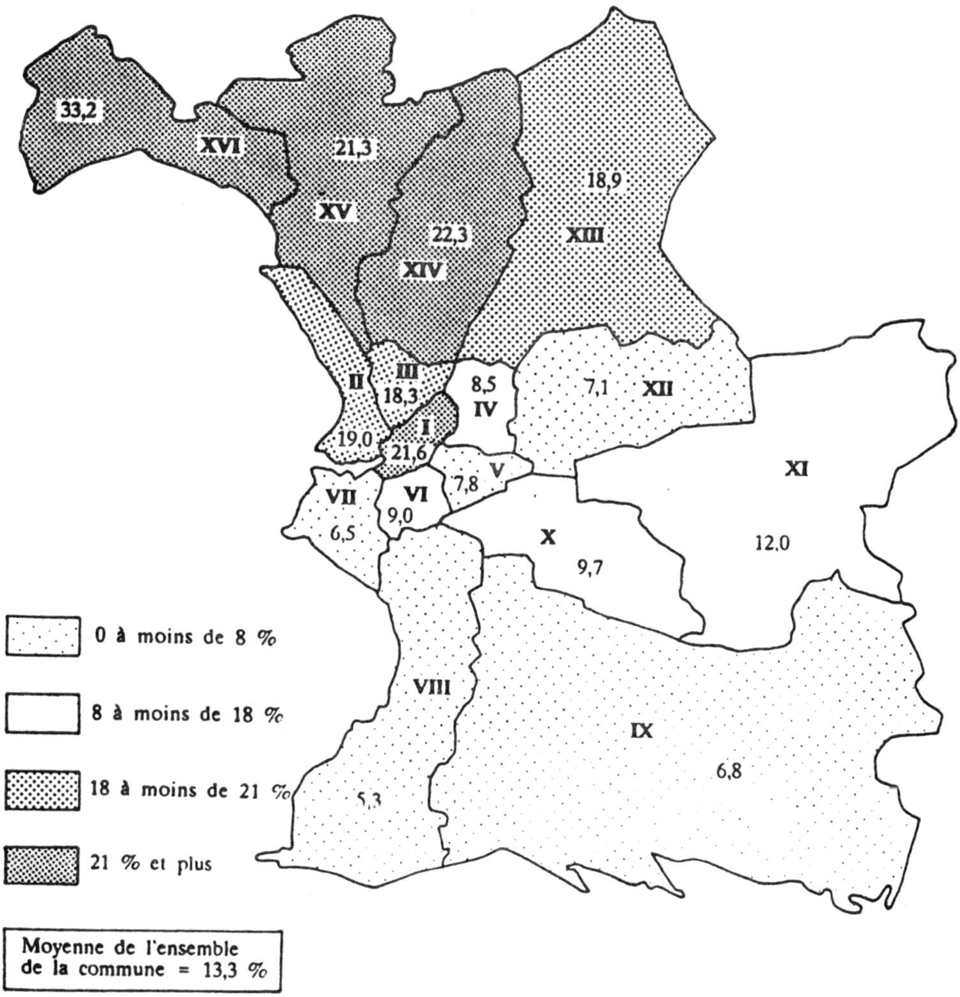

1. Population des familles à bas revenus rapportée à la population sans double compte au recensement de 1990 (INSEE).

Bibliographie

Principales recherches de l'auteur :

Agora et paysage ou Tourisme et post-tourisme en société provençale, CNRS-SRETIE, 1988, 133 p.
La Culture à l'ombre du soleil, Conseil régional PACA, 1984, 181 p.
Espaces et territoires dans l'aire Marseille/Provence, Datar, 1992, 40 p.
Marseille et ses 111 quartiers, Conseil régional PACA, 1989, 162 p.
Notes sur Marseille, DRI, 1992, 121 p.
Territoires, mutations et citoyennetés, en codirection avec Michel Péraldi et Alain Tarrius, Séminaire DRI, 1986-1989, 3 tomes, 121, 103 et 90 p.
La Ville-acteur. De l'utilité des cités dans le Sud français, Plan urbain, 1989, 212 p.

À lire pour mieux comprendre Marseille :

Jean-Claude Baillon (dir.), *Marseille, histoire de familles*, Autrement, 1989.
Édouard Baratier (dir.), *Histoire de Marseille*, Privat, 1987.
Simone de Beauvoir, *La Force de l'âge*, Gallimard, 1960.
André Bouyala d'Arnaud, *Évocation du vieux Marseille*, Minuit, 1961.
Albert Camus, *Carnets*, Club du livre, 1984.
Blaise Cendrars, *L'Homme foudroyé*, Denoël, 1960.
Jacques Derogy, Jean-Marie Pontaut, *Enquête sur les mystères de Marseille*, Robert Laffont, 1984.
Alexandre Dumas, *Le Comte de Monte-Cristo*.
Jean Giono, *Noé*, Gallimard, 1973.

Raymond JEAN, *L'Or et la Soie*, Seuil, 1983.
J.M.G. LE CLÉZIO, *le Désert*, Gallimard, 1985.
Albert LONDRES, *Marseille, porte du Sud*, Jeanne Laffitte, 1980.
Georges MARION, *Gaston Defferre*, Albin Michel, 1989.
Marseille au XIXe siècle, Musées de Marseille, Réunion des musés nationaux, 1991.
Bernard MOREL, *Marseille-New York*, André Dimanche éditeur, 1985.
Bernard MOREL, Philippe SANMARCO, *Marseille, l'endroit du décor*, Édisud, 1985.
Bernard MOREL, Philippe SANMARCO, *Marseille, l'état du futur*, Édisud, 1988.
Marcel PAGNOL, *Confidences*, Bernard de Fallois, 1990.
Anna SEGHERS, *Transit*, Alinéa, 1983.
André SUARÈS, *Marsiho*, Jeanne Laffitte, 1977.
Émile TEMIME, *Migrance. Histoire des migrations à Marseille*, Édisud, 1991, 4 tomes.
Michel TOURNIER, *La Goutte d'or*, Gallimard, 1985.
Anne TRISTAN, *Au Front*, Gallimard, 1987.
Jean VIARD (dir.), *Marseille ou le présent incertain*, Actes Sud, 1985.

Table

TROISIÈME PARTIE
Le jeu des acteurs

Cet ouvrage a été réalisé par la
SOCIÉTÉ NOUVELLE FIRMIN-DIDOT
Mesnil-sur-l'Estrée
pour le compte des Éditions Payot
en mai 1995

Imprimé en France

Dépôt légal : mai 1995
N° d'impression : 30681